Ullstein

Das Buch

»Ich fürchte, ich bringe den Frauen kein Glück« – so die Reaktion Hitlers auf den Selbstmordversuch einer seiner Verehrerinnen. Schwerwiegender als das durchwachsene Liebesleben vieler NS-Größen war aber die destruktive Haltung der Nationalsozialisten zu Lust und Gefühl. Stefan Maiwald und Gerd Mischler zeigen, wie das Naziregime versuchte, Familienleben und Sexualität vollständig dem Primat der Ausbreitung der arischen Rasse zu unterwerfen und gleichzeitig alle Formen der Sexualität auszumerzen, die nicht diesem Ziel dienten. Frauen wurden zunehmend auf die Funktion bloßer »Gebährmaschinen« reduziert, homosexuelle Männer sahen sich einer brutalen, generalstabsmäßig organisierten Verfolgung ausgesetzt. Der Rassenwahn mündete in Zwangssterilisation und Auslese durch linientreue Forscher.
Eine breit angelegte und brillant geschriebene Schilderung der Unterdrückung von Liebe und Sinnlichkeit im Dritten Reich.

Die Autoren

Stefan Maiwald, geboren 1971, studierte Politikwissenschaften in Braunschweig und Hamburg und schreibt unter anderem für die *Süddeutsche Zeitung*, *taz* und *Badische Zeitung*.
Gerd Mischler, geboren 1970, studierte Geschichte, Literaturwissenschaft und Jura in München, Passau, London, Norwich und Edinburgh und lebt als freier Publizist in München.

Stefan Maiwald/Gerd Mischler

Sexualität unter dem Hakenkreuz

Manipulation und Vernichtung der Intimsphäre im NS-Staat

Ullstein

Ullstein Taschenbuchverlag
Der Ullstein Taschenbuchverlag ist ein Unternehmen der Econ Ullstein List
Verlag GmbH & Co. KG, München
1. Auflage 2002

Umschlagkonzept: Lohmüller Werbeagentur GmbH & Co. KG, Berlin
Umschlaggestaltung: Morian & Bayer-Eynck, Coesfeld
Titelabbildung: Foto: Hedda Walter / AKG, Berlin;
Gemälde: Arthur Kampf / AKG, Berlin
Gesetzt aus der Janson Text
Druck und Bindearbeiten: Elsnerdruck, Berlin
Printed in Germany
ISBN 3-548-36326-1

Inhalt

DIE USURPATION DER KÖRPER – EIN VORWORT 7

I. DIE FÜHRER 13
1. Adolf Hitler 15
2. Joseph Goebbels 25
3. Hermann Göring 36
4. Ernst Röhm und die »schwule« SA – Homosexualität in NS-Organisationen 46

II. DIE FORSCHER 55
1. Liebe, Lust und Rassismus – Sex im Zeichen des »arischen Gedankens« 57
2. Zwischen »Auslese« und »Ausmerze« – Zwangssterilisationen im Dritten Reich 64
3. »Versuchslabor« KZ – Die NS-Medizin und die Sexualität 73
4. Heinrich Himmlers »Lebensborn e.V.« 83
5. Eros und Kunst 92

III. DIE FAMILIE 103
1. Die NS-Familie 105
2. »Da lernt man wieder das vornehme Sterben« – Krieg im Kinderzimmer 117

3. »Schweigend ehrt man den Schmerz am besten!« – Familien im Krieg 126

IV. Die Front 139
1. Die Soldaten im Westen 141
2. Die Soldaten im Osten 152
3. »Frau komm!« – Sexuelle Gewalt bei Kriegsende ... 158

V. Im Fadenkreuz 167
1. Männer mit dem rosa Winkel – Die Verfolgung homosexueller Männer im NS-Staat 169
2. Frauenliebe im Dritten Reich 184
3. Staatsdirnen und Verfolgte – Prostituierte im Dritten Reich 194
4. »Rassenschande – Angriff auf die Reinheit des deutschen Blutes« 206

Traumatisierung durch Schweigen – Ein Nachwort 215

Anhang 225
Anmerkungen 225
Bibliographie 255
Namensverzeichnis 276

Die Usurpation der Körper – Ein Vorwort

Die deutsche Geschichte steht im Schatten des Holocaust. Die Frage, wie es zu dieser blutigen Katastrophe kommen konnte, beherrscht die Schreibtische von Historikern ebenso wie die öffentliche Diskussion über die deutsche Vergangenheit. Mit dem Konzept des »deutschen Sonderwegs« haben Historiker auch die Jahrhunderte vor 1933 auf den Terror des Dritten Reiches hin ausgerichtet. Für viele führt die deutsche Geschichte über lange Strecken direkt auf den Nationalsozialismus hin. In Anbetracht des Mordes an Millionen von Juden scheint heute an den Universitäten wie in der Öffentlichkeit keine andere Frage der deutschen Vergangenheit wichtig zu sein. Dieser Diskussions- und Forschungsbedarf hat dazu geführt, daß sogar einzelne Aspekte des Dritten Reiches nicht als legitimer Gegenstand akademischen Interesses anerkannt werden. Auch die Geschichte der Sexualität unter dem Hakenkreuz entbehrt für manche Historiker jeder politischen Bedeutung und Korrektheit.

Es ist auffällig, daß bis heute nur einmal der Versuch gewagt wurde, alle Aspekte der Geschichte der Sexualität unter dem Hakenkreuz in einem Band zu beschreiben. Neben Hans Peter Bleuels umfassender Studie, *Das saubere Reich*,[1] die immerhin bereits 1972 veröffentlicht wurde, sind bislang immer nur einzelne Seiten der Beziehung zwischen Nationalsozialismus und Sexualität untersucht worden. Selbstverständlich haben sich Historiker mit der Geschichte der Frauen im Dritten Reich,[2] den menschenverachtenden Zwangssterilisationen,[3] dem nationalsozialistischen Familienideal[4] oder dem »Lebensborn e.V.«[5] beschäftigt. Auffällig ist auch, daß das Liebesleben von Randgruppen des Dritten Reiches, von homosexuellen Männern und lesbischen Frauen, nicht von Historikern, sondern von Publizisten, Soziologen, Feministinnen oder den betroffenen Personen selbst recherchiert wurde. Viele dieser Arbeiten stecken jedoch noch in den Anfängen und liegen erst als Aufsätze vor. Monographien sind selten.[6] Schließlich gibt es Aspekte der Sexualität unter dem Hakenkreuz, die selbst heute noch nicht richtig ernst genommen werden. Die Geschichte der Prostitution im Dritten Reich[7] und die von deutschen Soldaten während des Zweiten Weltkrieges ausgeübte sexuelle Gewalt sind immer noch Stiefkinder der historischen Forschung.[8]

Das vorliegende Buch kann nicht alle diese Lücken füllen. Trotzdem haben wir versucht, einen umfassenden Überblick über die Geschichte der Sexualität unter dem Hakenkreuz zusammenzustellen. Dem Liebesleben der Parteibonzen haben wir ebensoviel Aufmerksamkeit geschenkt wie dem ehelichen Schlafzimmer der deutschen Familien. Die Sexualität im Krieg war uns genauso wichtig wie die Untersuchungen über die Verfolgung und Vernichtung von Homosexuellen, Lesben, deutsch-jüdischen Liebespaaren oder einfachen Straßendirnen. Wir erheben nicht den Anspruch, auf den folgenden Seiten wissenschaftliche Erkenntnisse vorzustellen, die aus intensivem Quellenstudium entstanden sind. Wir haben uns der vorliegenden Forschungsarbeiten bedient, sie zusammengefaßt und versucht, eine Synthese und einen Überblick zu schreiben. Quellen haben wir nur dann studiert, wenn die Vorarbeiten anderer Historiker und Publizisten unsere Fragen nicht beantworten konnten und es galt, Lücken zu schließen. *Sexualität unter dem Hakenkreuz* ist keine wissenschaftliche, akademische Studie. Das ist nicht unser Ziel.

Wir haben uns als Publizisten mit zwölf Jahren in der Geschichte des deutschen Liebeslebens beschäftigt. Wir wollten eine Dokumentation schreiben, die die unverständliche Sprache und die an akademischen Kathedern weitverbreitete komplexe Aufarbeitung historischer Fragestellungen vermeidet, die plastisch ist, eindringlich und leicht zu verstehen. Wir bekennen uns zu einem populärwissenschaftlichen Anspruch im besten Sinne des Wortes und mißachten damit das ungeschriebene Gesetz, daß ein deutsches Sachbuch kompliziert bis unverständlich zu sein hat und sich nur an einen kleinen Zirkel auserwählter Leser richten darf. Das Recht auf historische Information gilt für jeden. Nur wer bildhaft und anschaulich schreibt, nur wer eindringlich ist, kann historische Aufklärungsarbeit leisten und seinem Leser Aspekte der eigenen Geschichte eröffnen, die ihm bislang nicht bekannt waren. Und dies ist gerade dann besonders wichtig, wenn es um die Geschichte der Sexualität unter dem Hakenkreuz geht.

Sexualität ist eine der wichtigsten Seiten der menschlichen Psyche. Die Kirchen wie die weltliche Obrigkeit wußten zu allen Zeiten um die Macht der Sexualität. Wer die Triebe des Menschen beherrscht, der beherrscht auch den Menschen selbst.

Das Dritte Reich unterscheidet sich hier nicht von anderen Epochen der Geschichte. Der braune Staat unterteilt seine Untertanen in zwei Gruppen: eine, deren Sexualität ausgebeutet wird, und eine, deren Intimsphäre vernichtet werden soll. Doch ob Manipulation oder Vernichtung, das Regime wollte die Herrschaft über das Liebesleben der

Deutschen erringen. Der Nationalsozialismus drang in die intimsten Lebensbereiche ein und bemächtigte sich der Sexualität der Deutschen. Die zwölf Jahre des »Tausendjährigen Reiches« haben in unserem Land tiefe Spuren hinterlassen, im kollektiven Gedächtnis und dem historischen und politischen Selbstverständnis der Bundesrepublik ebenso wie in der Biographie zahlreicher Menschen.

Sexualität hat für die Nazis nicht lustvoll zu sein, sondern reproduktiv, pragmatisch und politisch. Furcht, Prüderie und ideologische Borniertheit führen zu Manipulation und Vernichtung des Liebeslebens. In ihren Schlafzimmern sollen die Deutschen ihre Intimsphäre in den Dienst an Gesellschaft, Staat und Volk stellen. Ehepaare sind aufgefordert, Soldaten zu zeugen und für die zahlenmäßige Steigerung der »arischen Rasse« zu sorgen. Das Regime usurpiert die Körper seiner Untertanen. Im nationalsozialistischen Weltbild gibt es keine eigenständige, aktive Sexualität der Frau. Für Männer ist die Ehe ein sexuelles Versorgungswerk. Mit der Zeugung seiner Kinder hat der Mann seine eheliche Pflicht erfüllt. Familien, die sich ihrer Reproduktionsverpflichtung stellen, werden vom braunen Staat mit Steuervergünstigungen und Ehestandsdarlehen belohnt. Reicher Kindersegen wird mit dem »Ehrenkreuz der deutschen Mutter« und Ehrenpatenschaften honoriert.

Geburt und Mutterschaft werden im Dritten Reich militarisiert. An der Front des Kreißsaals schlagen Frauen in den Augen der Nazis Schlachten um Sein oder Nichtsein ihres Volks. Vom ersten Lebenstag an richtet das Regime das Leben von Kindern auf den kommenden Krieg aus. Im Kinderzimmer setzt sich das Schlachtengetümmel fort. Gefragt sind harte Menschen, die zäh sind wie Leder und flink wie Windhunde. Unerbittlich werden die jungen Deutschen zu Askese, Unempfindlichkeit gegen Schmerz und Härte erzogen.

Zärtlichkeit und sexuelle Aufklärung haben in der NS-Familie keinen Platz. Statt Liebe und Freundschaft ist Kameradschaft gefragt. Jugendliche sollen auf gar keinen Fall auf die Idee kommen, daß Sex auch lustvoll sein kann. Die Realität der nationalsozialistischen Jugendorganisationen entspricht diesem prüden Wunschdenken nicht. Das Dritte Reich ist dabei voller Widersprüche. Einerseits fordert der Bund deutscher Mädel seine Mitglieder 1935 zur »biologischen Ehe« auf, dem »One-Night-Stand« mit HJ-Burschen und SS-Männern. Denn die Nazis wollen um jeden Preis die Geburtenzahlen steigern. Andererseits gelten uneheliche Mütter mehrerer Kinder als »moralisch verwahrlost«. Der braune Staat brandmarkt sie als Asoziale, sterilisiert und vernichtet sie. Vom Tag der Machtergreifung an werden für gesellschaftliche Randgruppen die sexuellen Grundrechte außer Kraft gesetzt. Schwule Männer und lesbische Frauen werden mit einem menschenverachtenden Apparat aus Gestapo und Gesundheitsämtern, Erbgesundheitsgerichten und Sterilisationsrichtern ihrer Intimsphäre und Fruchtbarkeit, ihrer Persönlichkeit, Würde und Identität beraubt. Viele werden in Konzentrationslagern ermordet. Das gleiche Schicksal trifft Prostituierte, Jugendliche aus der Arbeiterschicht, sozial unangepaßte Personen, deutsch-jüdische Liebespaare und Menschen, die an chronischen Erkrankungen leiden.

Sexualität unter dem Hakenkreuz ist gewiß eine heikle Verbindung zweier Themen. Fundiertes Material und glaubwürdige Quellen waren an vielen Stellen unserer Recherche dünn gesät. Dennoch: Eine genaue Durchleuchtung dieses Komplexes war dringend notwendig.

I.

Die Führer

Dem Buch sind kurze Biographien der führenden Nazi-Größen Adolf Hitler, Hermann Göring und Joseph Goebbels vorangestellt. In einem derart personalisierten Terror-Staat ist davon auszugehen (und auch nachzuweisen), daß die totalitäre Spitze ihre eigenen Erfahrungswelten, Obsessionen und Neurosen zu geltender Politik generiert hat. Nach Hitler waren, zu unterschiedlichen Zeitpunkten, Göring und Goebbels die wichtigsten Männer des Dritten Reiches. Ohne sie, ohne ihre ganz speziellen Begabungen, hätte es Hitler wohl nicht geschafft, an die Macht zu kommen, Konzentrationslager zu errichten und einen Weltkrieg zu beginnen. Die beiden Erfüllungsgehilfen hatten, jeder auf seine Art, ein ebenso krankhaftes Naturell wie ihr geliebter Führer und Reichskanzler.

Die Beziehungen zu ihren Frauen haben das politische Leben Hitlers, Görings und Goebbels' stark beeinflußt. Hitler und Göring verloren beinahe zur gleichen Zeit, nämlich 1931, ihre große Liebe, und Biographen sehen zumindest in dem Tod von Hitlers Nichte Geli Raubal einen entscheidenden Einschnitt in seinem Leben – so spricht Joachim Fest gar von einem »Schlüsselereignis«.[1] Joseph Goebbels' Affäre mit der Schauspielerin Lida Baarova dagegen erschütterte die Diktatur in einem unvorstellbaren

Maße; besonders fatal ist, daß Goebbels, nachdem Hitlers Machtwort die Liaison beendet hatte, in der Gunst seines Herrn gefallen war und sich eifrig bemühte, wieder zur Nummer zwei zu werden und Göring auszustechen, indem er noch fanatischer als zuvor gegen die jüdischen Deutschen agitierte.

Beim Betrachten der Lebensläufe dieser drei Männer fällt auf, daß Frauen mehr Einfluß auf ihren Werdegang hatten, als die meisten Biographen dies wahrhaben wollen.

1.

Adolf Hitler

Niemand war monströser als Hitler, und kein anderer ist so vollständig gescheitert wie er. Keines seiner Ziele hat er erreicht; alles, was er wollte, kehrte sich schließlich ins Gegenteil. Adolf Hitler ist das denkbar Schlimmste, was Deutschland und der Welt passieren konnte.

Alle Aspekte seines Lebens sind untersucht worden. Historiker wie Psychologen haben sich bemüht, das schreckliche Phänomen »Adolf Hitler« zu erklären. Es gibt genügend Berichte von Zeitzeugen, es gibt Tonbandaufnahmen, Reden, Briefe und viele Dokumente von Hitler selbst, und trotzdem bleibt ein großes Stück Unerklärlichkeit. Niemand vermag ihn restlos zu durchschauen – und damit eine befriedigende Erklärung zu finden, wie das deutsche Volk ihm verfallen konnte und ihm beinahe bis zur völligen Vernichtung hingebungsvoll folgte.

Da erscheint es zunächst merkwürdig, die Sexualität Adolf Hitlers und seiner engsten Vertrauten in den Mittelpunkt einer Betrachtung zu stellen. Doch die Sexualität eines Menschen ist ein prägendes Wesensmerkmal. Hitlers Verhalten gegenüber den Frauen kann beispielsweise vieles (aber nicht alles) über den Menschen und sein Wertegefüge verraten; es kann wichtige Aspekte seiner Persönlichkeit entlarven.

Aufgrund der Betrachtung des sexuellen Verhaltens einer Person läßt sich kein komplettes Persönlichkeitsbild erstellen; es können jedoch wertvolle Hinweise ans Licht kommen. Daß es in diesem Teilbereich der Hitler-Forschung von zwielichtigen Gestalten wimmelt, macht das Vorhaben nicht einfacher.

Das Naheliegendste zuerst: Viele Autoren bemühten sich, Hitlers Judenhaß auf ein Schlüsselerlebnis mit einem jüdischen Mädchen zurückzuführen; auf eine Affäre mit einer Jüdin oder auf ein Eifersuchtsdrama mit einem jüdischen Mann als Rivalen. Dafür finden sich allerdings keine ernsthaften Belege. Immerhin glaubt der Nazi-Jäger Simon Wiesenthal, daß sich Hitler in seiner Wiener Zeit bei einer jüdischen Prostituierten mit Syphilis infizierte.[1] Dagegen spricht, daß Hitler nach Aussagen seiner früheren männlichen Bekannten, etwa seinem Freund August Kubizek oder den Kameraden im Ersten Weltkrieg, Bordelle stets gemieden hatte. Für die These spricht, daß Hitler in seinen Haßtiraden immer wieder Prostitution und Juden in einem Atemzug nannte – doch das dürfte eher daran liegen, daß er alles, das ihm zuwider war, den Juden zuschrieb. Außerdem litt Hitler nach allen vorliegenden Quellen nicht an Syphilis, obwohl er nachgerade panische Angst vor einer Infektion gehabt haben muß – so läßt er sich beispielsweise in *Mein Kampf* auf vierzehn Seiten über die Syphilis aus.[2]

Beleg für die Eifersuchts-These kann lediglich Josef Greiner geben, Hitlers zwielichtiger Kumpan aus dem Männerwohnheim in der Wiener Meldemanngasse.[3] Greiner, von Hitler-Biographen als mutmaßlich unseriöse Quelle klassifiziert, schlug sich, wie der junge Hitler, als Maler durch und hatte Erfolg bei den Frauen. In eines seiner Modelle namens Gretl verliebte sich der junge Hitler. Die aber verlobte sich mit einem gutsituierten Halbjuden. Hitler, so Greiners Schilderungen, stellte die beiden und brüllte sie auf offener Straße an. Außerdem schrieb er ihnen einen Brief, in dem er dem Verlobten mitteilte, Gretl sei bereits seine Geliebte gewesen und daß »ein deutsches Mädel, das des schnöden Mammons willen eine alte Freundschaft aufgibt, um sich einem stinkenden, borstigen, schwarzen Saujuden anzubieten, ein Schandfleck« sei. Der Adressat werde noch früh genug deutsches Heldentum kennenlernen. Diesen Brief hat Greiner angeblich zu Gesicht bekommen.

Auch will man Hitler hochgradige Perversität andichten – vielleicht, um es sich einfacher zu machen, seinen Wahnsinn zu erklären, und weil es sich auch in das Bild dieser kranken Persönlichkeit so glatt einfügen ließe. So soll er masochistisch veranlagt gewesen sein (»Tritt mich!« habe er seinen Partnerinnen befohlen); andere glauben, er sei impotent gewesen; wieder andere sehen in ihm einen braunen Casanova, der unter anderem mit den Stars des deutschen Kinos wie Inga Ley intim wurde.[4] Beweisbar ist nichts davon.

Was also gilt als gesichert? Gesichert scheint, daß Hitler relativ spät Kontakt zum anderen Geschlecht bekam. Vermutlich hatte er, der 1889 geborene, weder in seiner Wiener noch in seiner Münchner Zeit bis zum Beginn des Ersten Weltkrieges 1914 eine »tatsächliche Begegnung« mit einem Mädchen. Einmal, im Mai 1908, ging er mit August Kubizek nach dem Besuch des damaligen Skandalstücks *Frühlings Erwachen* von Frank Wedekind ins alte Wiener Hurenviertel in der Spittelberggasse. »Komm, Gustl. Einmal müssen wir uns doch den ›Pfuhl der Laster‹ ansehen.« Die Huren haben den jungen Hitler offenbar zu verführen versucht: »Ich erinnere mich«, so Kubizek, »wie sich eines dieser Mädchen, gerade als wir am Fenster vorbeizogen, veranlaßt sah, das Hemd auszuziehen beziehungsweise zu wechseln, ein anderes Mädchen machte sich an den Strümpfen zu schaffen und zeigte die nackten Beine. Ich war ehrlich froh, als das aufregende Spießrutenlaufen vorüber war.«[5] Anschließend ereiferte sich Hitler über den Pfuhl der Laster und die Verführungskünste der Prostituierten; die Flamme des Lebens sei bei diesen armen Geschöpfen längst erloschen.

Die Liebe allerdings hatte Hitler schon früher getroffen. Es handelte sich um ein blondes Linzer Mädchen aus gutem Hause, Stefanie Rabatsch. »Ich liebe sie nämlich«, hat er Kubizek im Frühsommer des Jahres 1905 gestanden,[6] und offenbar hat er ihr auch einmal einen Brief geschrieben. Sie hat auf Hitlers schüchterne Annäherungsversuche nie reagiert. »Jede Form des Flirts lehnte er ab. Er war überzeugt, daß Stefanie keinen anderen Wunsch kannte, als so lange zu warten, bis er käme, um sie zu bitten, seine Frau zu werden.«[7]

Auch Josef Greiner erwähnt die Scheu des jungen Hitler vor dem anderen Geschlecht: So soll er nie einen Laden betreten haben, wenn sich viele Frauen dort befanden. Für Hitlers Verklemmtheit spricht auch eine Erinnerung Henriette von Schirachs, Frau des »Reichsjugendführers« Baldur von Schirach. Sie berichtete von einem Silvesterabend bei ihrem Vater Heinrich Hoffmann, Hitlers Leibfotografen. Über der Türschwelle hing ein Mistelzweig. Nach englischer Sitte durfte unter dem Zweig jeder jeden küssen. Elsa Brümmer, ein Fotomodell, überraschte Hitler unter dem Zweig. Der Braunauer reagierte empört, ließ sich den Mantel geben und rief: »Wenn geküßt wird, bin ich es, der küßt.«[8]

1926, schon weit oben auf der Karriereleiter der NSDAP, hatte er eine Affäre mit der siebzehnjährigen Maria »Mizzi« Reiter, einer blonden Textilverkäuferin aus Berchtesgaden. Er ließ sich von ihr »Wolf« nennen und schrieb ihr Briefe, die mit »Mein liebes Kind« anfangen und mit »... und in Deine lieben Augen sehen können und alles andere vergessen ...« enden.[9] Später sagte er in einem seiner Tischgespräche: »Es gibt nichts Schöneres, als sich ein junges Ding zu erziehen: Ein Mädchen mit achtzehn, zwanzig Jahren, das biegsam ist wie Wachs.«[10]

Maria wollte heiraten, Hitler dachte nicht dran. Seit dem Tod seiner Mutter (der ihn zutiefst getroffen hat) spielten Frauen kaum noch eine zentrale Rolle für ihn: Die Kriegskameraden, das Männerwohnheim, die uniformierte Partei und ihre Schlägertrupps, die Bekanntschaften in den Bierkellern waren keine geeigneten Voraussetzungen für tiefe Beziehungen zum anderen Geschlecht. Gar als »Weiberfeind« hatten ihn die Kameraden an der Front bezeichnet.[11] Als Hitler die Heirat mit Maria ablehnte, wollte sie sich erhängen. Die Familie konnte sie gerade noch zurückhalten.

Es schien, als wollte Hitler sich auch aus taktischen Gründen nicht binden. »Meine Braut ist Deutschland« war zwar albernes Pathos; mehrmals ließ er durchblicken, daß eine Ehefrau seiner Karriere schaden könnte. Er wollte wohl, wie ein Star heutiger Tage, keine Popularität bei seinen weiblichen Anhängern einbüßen.

Doch die nächste blonde Siebzehnjährige wartete schon, sie hieß Geli Raubal. 1929 ließ Hitler sie zu sich nach München kommen, umsorgte sie, führte sie aus und bestimmte über ihr Leben. Er schien ernsthaft verliebt. Dummerweise war Geli Hitlers Nichte.

Dies nun ist eine interessante Koinzidenz, denn Hitler selbst stammte aus einer Ehe, über der eine Andeutung von Inzest schwebte. Der Vater, Alois Hitler (der unehelich geboren und erst mit neunundreißig Jahren unter merkwürdigen Umständen legitimiert wurde), und Mutter Klara waren weitläufig miteinander verwandt. Sie brauchten eine kirchliche Sondergenehmigung, um heiraten zu können. Das wußte Hitler. Außerdem erfuhr er nie, wer wirklich sein Großvater gewesen war. Damals kam der Verdacht auf, daß es ein Jude hätte sein können. Heute ist klar, daß das nicht stimmt. Hitler jedoch konnte das nicht mit Bestimmtheit wissen.

Einmal gab Emil Maurice, der Chauffeur Hitlers, Geli vor dessen Augen einen Kuß auf die Wange; daraufhin bekam Hitler einen Tobsuchtsanfall. »Ich fürchtete, er würde mich über den Haufen schießen«, erinnerte sich der Fahrer.[12] Angeblich entdeckte Hitler 1928 Maurice in Gelis Zimmer und trieb ihn mit einer Reitpeitsche zum Sprung aus dem Fenster. Dann suchte er nach einem neuen Chauffeur.[13]

Geli blieb wie eine Gefangene in der Neun-Zimmer-Wohnung am Münchner Prinzregentenplatz zurück, während »Onkel Alf« durch Deutschland reiste und »trommelte«. Er wollte sie zur Opernsängerin ausbilden lassen und ließ ihr Gesangsunterricht geben; immer stärker griff er in ihr Leben ein und wollte ihren Werdegang bestimmen – und immer unglücklicher wurde Geli.

Dennoch: »Sie war seine einzige und, so eigentümlich unangemessen es klingen mag, große Liebe, voll der Verbotsgefühle, der Tristanstimmungen und der tragischen Sentimentalität«, so Joachim Fest, der angesehenste Hitler-Biograph.[14] Nach einem Streit mit ihrem Onkel (sie wollte nach Wien zurückkehren, Hitler verbot es ihr) nahm sich Geli am 17. September 1931 das Leben.

Ob es zwischen Geli Raubal und Adolf Hitler zu sexuellen Beziehungen kam, ist umstritten. Eine Theorie bejaht dies und deutet den Selbstmord als Gelis letzten Ausweg aus der unerträglich inzestuösen Lage. Eine andere Theorie besagt, erst Hitlers perverse Zudringlichkeiten hätten Geli in den Freitod getrieben; eine dritte Theorie besagt, daß es zu keinerlei sexuellen Kontakten gekommen sei.[15] Zweifelsfrei zu beweisen ist keine der Theorien.

Unumstritten ist jedoch, daß der Selbstmord Gelis einen

Bruch in Hitlers Leben darstellt. Er überlegte sogar, mit der Politik aufzuhören und sich gar das Leben zu nehmen. Angeblich traten ihm bei der bloßen Erwähnung des Namens seiner Nichte Tränen in die Augen, und mit ihrem Nachlaß betrieb er einen regelrechten Totenkult. Verrückt, fanatisiert, dämonisch war Hitler schon vorher, doch nun schien, wie seine Vertrauten später aussagten, der letzte Rest Menschlichkeit aus ihm zu weichen.[16]

Als Machtmensch hatte er von Gelis Tod viel zu befürchten; tatsächlich gab es Versuche, ihm einen Mord anzuhängen. Politische Gegner streuten auch das Gerücht, Geli habe sich umgebracht, weil sie von Hitler schwanger war und die inzestuöse Schande nicht ertragen konnte. Sogar von einem Femegericht der SS war die Rede, das Geli tötete, weil sie Hitler von der großen Mission der Erlösung Deutschlands abbrachte. Das waren zwar haltlose Verdächtigungen, doch sie schadeten dem Ruf des Braunauers eine Zeitlang.

Allerheiligen 1932, ganz am Anfang der Beziehung zu Hitler, versuchte Eva Braun zum ersten Mal, sich zu töten. Angeblicher Kommentar von Hitler: »Ich werde mich in Zukunft mehr um sie kümmern müssen.« Richtig, denn einen weiteren Skandal konnte er sich zu diesem Zeitpunkt, kurz vor der entscheidenden Wahl, auf keinen Fall leisten. In der Nacht vom 28. zum 29. Mai 1935 unternahm Eva Braun einen zweiten Selbstmordversuch mit Schlaftabletten, und nun endlich lenkte Hitler allmählich ein und holte sie zu sich auf den Berghof[17] – allerdings erst 1936, nachdem Angela Raubal, Hitlers Halbschwester und Gelis Mutter, den Berghof verlassen hatte.

Dort war Eva aber nur die heimliche Geliebte, die ihren Führer siezen, Nebentreppen und Hintertüren nehmen und sich bei hohem Besuch verstecken mußte. »Sehr intelligente Menschen sollten sich eine primitive und dumme Frau nehmen«, so Hitler einmal zu seinem Rüstungsminister Albert Speer, denn »in meiner freien Zeit will ich meine Ruhe haben.«[18] Eva Braun saß dabei.

Hitlers Beziehung zu Eva Braun war profan, pragmatisch und herzlos. Ende der zwanziger Jahre hatte er sie im Atelier Heinrich Hoffmanns kennengelernt (auch diese Bekanntschaft könnte übrigens ein Grund für Geli Raubals Selbstmord gewesen sein). Eva war verliebt, er behandelte sie elendig. Einmal saß sie bei einem Abendessen in einem Hotel drei Stunden neben Hitler, doch er erlaubte ihr nicht, ihn anzusprechen. Kurz bevor er ging, gab Hitler ihr einen Umschlag mit Geld. »Im Unterschied zu Geli Raubal war Eva Braun lediglich seine Mätresse, mit allen Ängsten, Heimlichkeiten, Demütigungen, die diese Stellung im Gefolge hat«, schreibt Fest.[19] Erst im Verlauf des Krieges wurde sie nicht mehr auf ihr Zimmer verbannt, wenn Gäste kamen; sie gehörte in den letzten Jahren der Hitler-Herrschaft schließlich auch zum Kreis derjenigen, vor denen auch Hitler sich von der Herrscherpose entspannen konnte.

Hitlers Sekretärinnen dagegen schwärmten für ihren Chef mit seinem österreichischen Handkuß-Charme – so hatte er für jede seiner Verehrerinnen ein reizendes Wiener Wort parat, wie »Tschapperl« oder »Prinzeßchen«. Es wurde mit verklemmter Frivolität geflachst und geflirtet; auf die Frage seiner Sekretärinnen, warum Hitler denn nicht heirate, obwohl er auf die korrekte Eheschließung seiner Adjutanten immer soviel Wert legte, antwortete er: »Das kann ich keiner Frau antun.« Seine Sekretärin Traudl Junge nannte er nicht »Frau Junge«, sondern neckisch »junge Frau«. Sie hat Hitler so in Erinnerung: »Er war mir gegenüber ein so freundlicher, umgänglicher und sympathischer Mensch.« Und: »Er war ein sehr amüsanter und charmanter Tischherr.«[20]

Inzwischen unternahm eine weitere Frau in Hitlers engster Umgebung einen Selbstmordversuch: Unity Mitford, die britische Aristokratin, die Hitler anbetete und von ihm wiederum benutzt wurde, um Kontakte zum englischen Adel zu knüpfen. 1939, wenige Stunden nach Kriegsbeginn, schoß sie sich eine Kugel in den Kopf. An den Folgen starb sie Jahre später. Hitlers lapidarer Kommentar: »Ich fürchte, ich bringe den Frauen kein Glück.«[21]

Gleich vier Frauen wollten für Adolf Hitler in den Tod gehen, drei setzten ihr Vorhaben tatsächlich um. Das ist erstaunlich und von der Forschung nicht hinreichend untersucht. Verführte der Diktator die Frauen gleichermaßen, wie er die Deutschen verführte? Wie konnte er die Frauen in eine derartige Verzweiflung treiben? Die Parallelen zum deutschen Volk sind evident; Hitler hatte als Privatmann und als Politiker die gleiche fatale Wirkung auf die Menschen.

Alle Frauen, inklusive Geli Raubal, wurden von Hitler entsetzlich schlecht behandelt, doch dies auf verschiedene Weise. Während er Geli mit Hingabe zu seinem Idealbild formen wollte, redete er mit Eva Braun monatelang kein Wort.

Wirkliche Befriedigung verschaffte ihm nur der Auftritt vor der Masse; »Redeorgasmen« nennt Joachim Fest dies;[22] der Dichter René Schickele sprach davon, daß Hitlers Reden »wie Lustmorde« seien;[23] der großbürgerliche Ernst »Putzi« Hanfstaengl sagte: »Die Rednerbühne war ihm gleichsam das Ersatzbeilager, auf dem er die Kopulation mit der Masse vollzog.«

Schmachtende Liebesbriefe an berühmte Personen sind keineswegs ein Phänomen der heutigen Zeit: Auch Hitler bekam diese Briefe, in denen Frauen rührend bis verrückt ihre Zuneigung zum Diktator bekundeten. Diese Briefe gehören wohl zu den skurrilsten Dokumenten der Nazi-Zeit.[24]

Für einige der Schreiberinnen hatten die Briefe allerdings verheerende Konsequenzen: In manchen Fällen unterrichtete die Reichskanzlei die Polizei, die die Frauen in Heilanstalten einweisen ließ.[25]

Genauso schlimm dran waren die Frauen in Hitlers unmittelbarster Umgebung. Er demütigte Frauen auf unterschiedliche Weise, er erniedrigte sie. Er nahm sie nicht ernst, fühlte sich unter Männern wohler, vernachlässigte Frauen bewußt. Skrupel- und gnadenlos war er im Großen wie im Kleinen. Die unerklärliche Hörigkeit außerhalb jeder Vernunft, die die Deutschen dem Führer darbrachten, befiel auch die Frauen. Sein letztes Opfer: Eva Braun, die am 15. April 1945 freiwillig nach Berlin kam, um zwei Wochen später mit Hitler gemeinsam zu sterben.

Die völlige Selbstaufgabe der Persönlichkeit, die ausschließliche Definition des Ich über Gunstbezeugungen und ausbleibende Gunstbezeugungen Hitlers – der Diktator machte sich seine Frauen untertan, brach ihren Willen und führte sie ins Verderben.

Hitlers Sexualität war mehr als nur komplexbeladen. Er war ein Mann, der sich unter Männern wohler fühlte: im Männerheim, in der Kaserne, in den Unterständen des Ersten Weltkrieges, in den Wirtshäusern und Bierkellern Münchens, in der brachialen und uniformierten Kameradschaft der Partei. Er war ein Mann, der bei Frauen den Kontrollverlust fürchtete und die dominante Pose um keinen Preis aufgeben wollte. Kühl, distanziert, geradezu unmenschlich behandelte er die Frauen, die ihm doch offensichtlich etwas bedeuteten; er hatte »Angst vor allen selbstentäußerten Haltungen.«[26]

Am treffendsten formulierte es eine Vertraute: »Ich glaube, daß es Menschen gibt, die den Tod anziehen«, sagte Henriette von Schirach, »und ganz gewiß war Hitler einer von ihnen.«[27]

2.

Joseph Goebbels

»Wer ist denn das? Aber das ist doch der Vertreter der hochgewachsenen, gesunden, blonden und blauäugigen nordischen Rasse!« schrieb eine schweizerische Zeitung 1933 unter die Karikatur eines schwarzhaarigen, mißgebildeten Männchens. Joseph Goebbels war gerade als Vertreter des Deutschen Reiches in Genf eingetroffen.[1]

Was für eine Erscheinung war dieser Mann: Im Alter von vier Jahren hatte ihm Kinderlähmung seinen Fuß verkrüppelt. Dieser massive körperliche Makel schuf einen geltungshungrigen, übertrieben harten bis grausamen Menschen, der die Mißbildung um jeden Preis zu kompensieren trachtete. 1924 schrieb er als Siebenundzwanzigjähriger in sein Tagebuch: »Lange Behandlung. Fuß fürs Leben gelähmt. In Bonn an der Universitätsklinik untersucht. Achselzucken. Jugend von da ab ziemlich freudlos. Eins der richtunggebenden Ereignissse meiner Kinderzeit.«[2] Und zwei Jahre später »Mein Fuß macht mir viel zu schaffen. Ich denke unaufhörlich daran, und das verdirbt mir die Freude, wenn ich unter Menschen komme«[3] – ein Schlüsselzitat des jungen Goebbels. Noch als er längst mit Hitler und Göring das Machttriumvirat des Dritten Reiches bildete, rissen die rüden Braunhemden Witze über ihn; auch und gerade in den eigenen Reihen nannte man ihn »Jesuitenzögling«,

»Halbfranzose«, »Juppchen« oder »Unser kleiner Doktor«. Lange, aber nicht lange genug gelang ihm die Täuschung der Öffentlichkeit, indem er sich als Frontkämpfer gerierte und in seine Reden die Formel »Wir Zerschossenen des Weltkriegs ...« einfließen ließ. Daß der körperlich Unzulängliche, von schwächlicher Konstitution Gezeichnete seine Heimat ausgerechnet in der nationalsozialistischen Bewegung fand, »hat alle Merkmale einer grotesken historischen Pointe«.[4]

Am 29. Oktober 1897 kam Joseph Goebbels im rheinischen Rheydt zur Welt. Er stammte aus vergleichsweise intakten Familienverhältnissen – allemal im Vergleich zu Hitler und Göring. Sein Vater Friedrich, ein tief religiöser Katholik, arbeitete in der Firma W. H. Lennartz und hatte sich vom Laufburschen zum Angestellten hochgearbeitet. Josephs Mutter Katharina Maria, eine gebürtige Holländerin, erlebte Aufstieg und Fall ihres wahnsinnigen Sohnes und überlebte ihn um einige Jahre.[5]

Goebbels besuchte die Jesuitenschule und konnte mit einem Stipendium der Albertus-Magnus-Gesellschaft ein Universitätsstudium aufnehmen, das er mit der Promotion zum Dr. phil. beendete. Schriftsteller oder Journalist wollte er werden, und er schrieb fleißig drauflos, aber er brachte keinen einzigen seiner Artikel unter. Allein das *Berliner Tageblatt* lehnte Dutzende seiner Elaborate sowie seine Bewerbung als Redakteur ab.[6]

Auch einen Roman beendete er im Jahr 1922, ein schwülstiges Werk namens *Michael*. Der Romanheld ist niemand anders als die idealisierte Version Goebbels' selbst, ein echter Mann und Krieger und natürlich ein »Bauernsohn« (Goebbels hat Zeit seines Lebens von seinen Biographen verbreiten lassen, er stamme aus einer alteingesessenen Bauernfamilie), der über »dampfende Schollen« schritt – »Bauernblut steigt langsam und gesund hoch in mir«.[7] »In ihnen wohnt ein Dichter und ein Soldat«, sagt das Mädchen Hertha Holk im Roman zu Michael/Goebbels. »Ich setze meinen Helm auf, ziehe meinen Degen und deklamiere Liliencron. Manchmal überkommt mich so eine Anwandlung. Soldat sein! Auf Posten stehen! Man muß immer Soldat sein«, läßt Goebbels sein Alter ego sagen.[8] Erst als Goebbels Macht und Einfluß hatte, ließ er den Roman 1929 vom NSDAP-eigenen Verlag in kleiner Auflage drucken. So bekamen die Deutschen die Liebesgeschichte zwischen Hertha und Michael doch noch zu lesen, in welcher sich Dialoge wie dieser fanden:

> »Hertha Holk, du willst mich nicht verstehen!«
> »Ich kann dich nicht verstehen.«
> »Dann verlieren wir uns.«
> »Ich habe die Hoffnung noch nicht aufgegeben.«
> »In mir brennt alles aus.«
> »Weil du von anderen Gluten brennst.«
> »Ich kann nicht dagegen an.«
> »Du mußt, dann wirst du dich selber wieder finden.«
> »Du darfst mich nicht verlassen.«
> »Ich verlasse dich nicht, wenn du dich nicht selbst verlässest.«[9]

Die Schmonzette endet tragisch, Michael stirbt in einem Bergwerk, mit einem Lächeln auf den Lippen. In seiner Tasche findet man Nietzsches *Zarathustra*, darin den folgenden Satz zweimal dick mit Rotstift angestrichen: »Viele sterben zu spät und einige zu früh. Noch klingt fremd die Lehre: Stirb zur rechten Zeit!«[10]

Das Verhältnis Michael–Hertha ist offenbar ein Spiegelbild des ersten Liebeserlebnisses des jungen Goebbels; eine unglückliche Verbindung mit Anka Stahlherm, die von 1919 bis 1922 andauerte. Sie soll hübsch und charmant gewesen sein, doch ihre großbürgerliche Familie drängte wohl auf eine Beendigung des Verhältnisses mit dem mittellosen Studenten. »Aus einigen noch erhaltenen Briefschaften geht hervor, daß auch Goebbels selbst die Beziehungen erheblich trübte, indem er die Dinge komplizierte und die Geliebte mit Launen und Depressionen quälte.«[11]

Die Beziehung hatte ein bizarres Nachspiel: Mehr als zehn Jahre nach der Trennung meldete sich Anka bei dem nunmehr mächtigen Minister. Sie hatte eine unglückliche Ehe hinter sich, war geschieden und lebte in schlechten Verhältnissen. Goebbels besorgte ihr einen Posten in der Redaktion der Zeitschrift *Die Dame*. Einige Zeit später verärgerte Anka ihn, weil sie im Freundeskreis ein Exemplar von Heinrich Heines *Buch der Lieder* herumzeigte, das Goebbels ihr einst mit einer schwülstigen Widmung geschenkt hatte. Nicht die Widmung war Goebbels peinlich, sondern die Entlarvung als Heine-Freund – in den ersten Wochen seines Ministeramtes hatte er schließlich die »jüdischen« Werke Heines öffentlich verbrennen lassen.[12]

Die zweite Liebe seines Lebens war Else, ebenfalls Tochter einer wohlhabenden Familie und Schullehrerin. Die beiden verlobten sich, und Else mußte fein säuberlich die Artikel und Essays ins reine schreiben, die Goebbels in seiner nahezu unleserlichen Handschrift permanent verfaßte. Trotzdem wurde nichts gedruckt.

Briefe belegen, daß die Liebe wirklich groß gewesen sein muß; zu Weihnachten schrieb er Else: »Und wenn draußen das Geld klingt und der Liebe Hohngelächter entgegenschallt, soll nicht unsere Liebe, unsere große Liebe, gutes Mädchen, doch unser Leben umkränzen? Das ist meine einzige Hoffnung, und diese Hoffnung gibt mir Kraft, den Schritt in die Welt mit Mut und Entschlossenheit zu tun.

Ich bitte Dich bei allem, was Dir lieb ist, laß mir dieses Letzte, pflege es mit mir und freue Dich mit mir daran.«[13]

Elses Mutter war Jüdin, und Else konnte den Judenhaß ihres Verlobten von Monat zu Monat wachsen sehen. Das wurde naturgemäß zu einer weiteren Belastung für die ohnehin fragile, unter Goebbels' Launen leidende Beziehung. Der Wechsel zwischen Licht und Schatten geht aus Goebbels' Tagebüchern hervor. Am 3. August 1925 schrieb er: »Else ist da. Dienstag kommt sie angejubelt aus der Schweiz. Braun gebrannt, gesund und fröhlich. Sie ist gut zu mir und macht mir Freude ...« Zwei Tage später: »Else ist fort. Ich bin krank ... Schwermut!« Wiederum ein paar Tage später: »Sie schwärmt für mich wie ein Backfisch und sie ist so glücklich dabei, und ich gönne es ihr von Herzen und ich liebe sie von ganzer Seele. Sie ist so gut zu mir.«[14] Im Oktober schreibt er: »Sie ist so süß und so lieb zu mir, und manchmal muß ich ihr so schrecklich weh tun ... Warum, warum muß ich ihr weh tun? ... Wie grausam schön das Leben ist!« Im November schreibt er: »Mit Else Glück und Verdruß.«[15] Fast täglich finden sich Liebesschwüre in seinem Tagebuch, eingestreut zwischen politische Kommentare. Stets stellt er sich als Weiberheld da, erwähnt auch noch seine bereits verflossenen Liebschaften und strotzt vor Selbstlob: »Am Ende kommt eine junge Frau (...) und bittet, mir die Hand geben zu dürfen.«[16] Selbstzufrieden über seine Wirkung: »Die Frauen, die Frauen! Man lernt da nie aus. Aber ich habe sie trotz allem nötig wie das tägliche Brot. Sie sind der ewig treibende Motor unseres Lebens und unserer Arbeit.«[17] Einer seiner Biographen schreibt: »Im Gefühl physischer Zurücksetzung hat zweifellos auch seine erotische Aktivität ihr wesentliches Antriebsmotiv.«[18]

Im Juni 1926 ist endgültig Schluß: »Else schreibt mir einen kurzen und furchtbar sachlichen Abschiedsbrief. Was soll ich tun? Sie hat natürlich völlig recht. Wir können uns nicht einmal mehr Kameraden sein. Zwischen uns liegt eine ganze Welt.«[19] Der kühle Schwenk hat offensichtlich damit zu tun, daß Elses jüdische Abstammung von Goebbels zusehends als Makel empfunden wird; schließlich ist er auf dem besten Wege zu einer NSDAP-Karriere.

Und was für eine Karriere: Hitler und Goebbels ergänzten sich perfekt. Goebbels schuf aus den dumpfen Visionen des Braunauers die entscheidenden Schlagworte; er erfand die Bilder, die Mythen, die Kampagnen. »Niemand anders als Goebbels hat mit berechnendem Geschick aus dem zunächst durchaus unschlüssigen Adolf Hitler den ›Führer‹ gemacht und ihn auf den Blocksberg kultischer Verehrung emporgehoben.«[20] Und: »Kein Mensch hat unangefochten so sehr zur Festigung der NS-Diktatur im Deutschen Reich beigetragen wie der Propagandaminister.«[21] Goebbels' teuflisch plausibles Motto: »… je größer und ragender ich Gott mache, desto größer und ragender bin ich selbst.«[22]

Im Oktober 1926 schickte Hitler Goebbels als Gauleiter ins »rote« Berlin. Dort baute er aus der zerstrittenen Berliner Parteiorganisation eine aufsehenerregende Garde auf, die durch Saalschlachten, Krawalle und Schießereien auf sich aufmerksam machte. Über Affären ist kaum etwas bekannt. Nur einmal hat er ein Zimmermädchen verführt, worüber sich ihre Arbeitgeberin bei Otto Strasser bitterlich beschwerte. Der erwiderte lachend, ihre Mitteilung sei keine Trauerpost, sondern eine Freudenbotschaft. Er sei froh, daß dieser asketische »Savonarola« offenbar doch nicht nur schwarze Tinte, sondern auch rotes Blut in den Adern habe.[23]

Im Jahr 1930 lernte Goebbels Magda Quandt kennen. Sie war in erster Ehe mit dem Großindustriellen Günther Quandt verheiratet gewesen und hatte von ihm einen Sohn, Harald. 1929 war die Ehe geschieden worden. Magda hatte viel Geld und wenig zu tun, also besuchte sie aus Langeweile eine der Berliner NSDAP-Veranstaltungen. Sie war beeindruckt und wurde sofort Mitglied, sehr zum Ärger ihres geschiedenen Mannes, mit dem sie sich immer noch einmal die Woche zum Essen traf. Der bezeichnete Goebbels als politischen Betrüger. Auch Magdas Familie widersetzte sich der Verbindung; Magdas Vater nannte Goebbels einen Nichtsnutz, und Magdas Mutter bezeichnete ihn als Karikatur eines Mannes.[24]

Viele vornehme und hübsche Damen gab es nicht in der NSDAP, also kümmerte sich Goebbels persönlich um die neue Parteigenossin. Er lud sie ins Parteibüro ein, wo sie bald ehrenamtlich Arbeiten erledigte. »Goebbels war hingerissen von ihrer blonden Schönheit, von ihrem Charme und ihrer gesellschaftlichen Gewandtheit, besonders aber von ihrer unverhohlenen Bewunderung für die Partei und für ihn selbst«[25] – auch Hitler sollte später ihrem Charme erliegen und hatte sie von allen Frauen am liebsten um sich, bis zum bitteren Ende. Goebbels zeigte ihr im Büro seine Geheimdossiers; sie reagierte, wie erwartet, geschmeichelt. Bald wurden sie ein Liebespaar. Am 12. Dezember 1931 heirateten sie; Hitler war Trauzeuge. Die Hochzeit fand in einem Jagdhäuschen Günther Quandts statt, der eigentümlicherweise keine Probleme mit diesem Umstand hatte. Nach wie vor verachtete er die NSDAP; einmal ließen Hitler und Goebbels über Magda anfragen, ob er nicht bereit sei, der Parteikasse eine oder zwei Millionen zu spenden – er erklärte scharf, er würde der NSDAP nicht einen Pfennig geben.[26] Am 1. September 1932 wurde Helga geboren, es folgten Hilde, Helmuth, Holde, Hedda und Heide. Der Alliterationstick kam von Magda, deren Sohn von Günther Quandt bereits einen Vornamen mit »H« trug.

Im Jahr 1936 lernte Goebbels die knapp zwanzigjährige tschechische Schauspielerin Lida Baarova kennen. Sie war relativ erfolgreich in Filmen an der Seite des berühmten Mimen Gustav Fröhlich, mit dem sie auch liiert war. Die beiden wohnten in Schwanenwerder in der Nähe der Goebbels', und bald entstand eine Freundschaft zwischen den Paaren.

Zum Nürnberger Parteitag 1936, der viele gesellschaftliche Empfänge beinhaltete, kam auch die Baarova gereist. Goebbels fand heraus, daß ihre Beziehung zu Fröhlich kaum noch diesen Namen verdiente. Ein paar Minuten vor seiner Rede bat er die Tschechin unter dem Vorwand, mit ihr die nächsten Filmrollen besprechen zu müssen, in ein Nebenzimmer. Sie küßten sich und wurden schließlich ein Liebespaar, über das das ganze Reich klatschte. Während das Gerede den beiden Verliebten herzlich egal war, war es das zwei Leuten ganz und gar nicht: Magda Goebbels und Adolf Hitler. Magda bat Lida zu einer Aussprache nach Schwanenwerder, wo sich Magda überraschend verständig zeigte: »Erhalte ihm deine Freundschaft, weil er dich braucht, aber Lida, bitte störe niemals das Verhältnis zu unseren Kindern.«[27]

Die Aussprache änderte nichts daran, daß die Situation immer unerträglicher wurde; es wurde geklatscht, daß sich nun Magda Goebbels mit Seitensprüngen an ihrem Mann räche (was Goebbels-Vertraute später bestreiten sollten). Karl Hanke, Unterstaatssekretär im Propagandaministerium, stellte sich gegen seinen Chef und listete für Magda die Verfehlungen ihres Mannes auf; 36 Namen soll die Liste enthalten haben.[28] Hanke organisierte auch eine »Pfeifdemonstration«; bei der Uraufführung des neuen Baarova-Films *Preußische Liebesgeschichte* pfiffen die Kinozuschauer, wann immer sie ins Bild kam.[29] Goebbels und Magda lebten schließlich so gut wie getrennt – sie verwehrte ihm den Zutritt zu Schwanenwerder.

Als Hitler hörte, daß seine so geschätzte Magda sich

scheiden lassen wollte, beschloß er, die Sache in die Hand zu nehmen, und zitierte Magda zu sich. Sie blieb bei ihren Scheidungsabsichten. Nun befahl Hitler Goebbels zur Audienz. Der bekannte sich zu seiner Liebe und soll sogar erklärt haben, seine Parteikarriere gegebenenfalls beenden zu wollen und als Botschafter nach Japan zu gehen. Hitler tobte und befahl seinem Propagandaminister unwiderruflich, die Beziehung zu Lida Baarova aufzugeben. Auf Veranlassung Hitlers wurde die Baroova ins Berliner Polizeipräsidium bestellt, wo ihr der Polizeipräsident Graf Helldorf (der auch bei der Blomberg-Affäre eine unrühmliche Rolle spielte) sagte, sie dürfe Goebbels nicht mehr sehen. Baarova, die in Begleitung ihrer Freundin Hilde Körber erschienen war, fiel in Ohnmacht. Danach eröffnete ihr Helldorf, sie müsse Deutschland unter allen Umständen verlassen; ihre Sicherheit sei hier gefährdet. Daraufhin drohte die Schauspielerin mit Selbstmord; dann habe man ja erst recht den Skandal, den man hatte vermeiden wollen; sie wollte unbedingt noch einmal mit Goebbels sprechen. Dem Wunsch wurde stattgegeben, Goebbels rief sie an, während Göring daneben stand – Hitler hatte verlangt, daß bei dem Gespräch ein Zeuge anwesend sein müßte. Er verabschiedete sich von ihr und redete ihr Suizidgedanken aus.

Die Filme der Baarova verschwanden von den Leinwänden, ihre Verträge wurden storniert. Goebbels zog sich tagelang zurück. Es bleibt eine – historisch unzulässige, aber dennoch faszinierende – Gedankenspielerei, was passiert wäre, hätte der große Manipulator tatsächlich sein Amt seiner Liebe geopfert. Hitler zitierte Joseph und Magda nach Berchtesgaden, wo er die Ehe der beiden mit viel Mühe kittete. In der *Berliner Illustrierten* erschien ein vielbeachtetes Foto der drei. Nur Hitler lächelt. Magda gebar im Oktober 1940 die Tochter Heide, die im Volksmund »Versöhnungskind« genannt wurde. Goebbels jedoch bekam vom Volk einen spöttischen Spitznamen verpaßt: »Die Kaulquappe, nur Maul und Schwanz, sonst nichts«.[30]

Unterdessen wurde der staatlich initiierte Antisemitismus in Deutschland immer perfider, und Goebbels wurde der hartnäckigste aller Judenverfolger: die Reichspogromnacht am 9. November 1938 fiel zusammen mit dem Ende der Baarova-Affäre. Ein unfaßbarer Verdacht dämmert nun den Historikern: »Gewiß haben dabei auch persönliche Antriebe eine Rolle gespielt, und möglicherweise war sein Judenhaß die nach außen gewendete Form seines Selbsthasses. Wer so wenig wie er, den seine Mitschüler zeitweise den ›Rabbiner‹ genannt haben sollen, dem elitären Idealbild des Nationalsozialismus entsprach, mochte in den Machtkämpfen am Hofe Hitlers seine Gründe haben, einen gesteigerten Antisemitismus für verminderte Typleistung anzubieten, ideologische Linientreue für die typologische Abweichung«, schreibt Joachim Fest[31] und äußert eine beklemmende Vermutung: »Schließlich mag mitgespielt haben, daß er kurz vor Beginn der großen antisemitischen Welle des Jahres 1938 das eigene Prestige und das des Regimes durch eine leidenschaftliche Liebesaffäre aufs Spiel gesetzt hatte und von dem Drang nach Rehabilitierung besessen war.« Den Verdacht äußert auch Goebbels-Biograph Helmut Heiber: »Eine weitere, nicht so harmlose Folge seiner Liebesenttäuschung dürfte wohl die Aktivität gewesen sein, die er nach dem Abend des 9. November 1938 entwickelt hat.«[32]

Die Goebbels-Gegner rieben sich angesichts des Baarova-Skandals die Hände: Anfang 1939 trafen sich Heinrich Himmler und Alfred Rosenberg, und der notierte in sein Tagebuch, man sei sich einig, daß es sich bei diesem Skandal um »die moralisch schwerste Belastung des N. S. handele«; Goebbels sei nun der »gehaßteste Mann in Deutschland. Früher schimpften wir über die jüdischen Generaldirektoren, die ihre Angestellten sexuell zwangen. Heute tut es Dr. G. Es ist ja klar, daß dies bei ihm nicht aus Liebe geschieht, sondern weil er Prop. Min. ist.«[33]

Sollte die organisierte Hetze gegen die Juden durch das Ende der Baarova-Affäre und Goebbels' daraus resultierenden Machtverlust bei Hitler verschärft worden sein? Vieles spricht tatsächlich dafür. Goebbels selbst berichtete im kleinen Kreis in Anspielung auf die Baarova-Affäre, es habe ihn »vier Jahre harter Arbeit gekostet, um etwas von dem im Jahre 1938 verscherzten Vertrauen und Respekt wiederzugewinnen. Jetzt allerdings sei er überzeugt, daß er es geschafft habe und daß sein Stern wieder im Aufstieg sei«[34] – während die Juden zu Millionen umkamen, die Soldaten zu Millionen getötet wurden und das Kriegsglück sich gegen Deutschland wendete.

Goebbels' Sexualität mag weniger verklemmt erscheinen als die Hitlers, im Gegenteil: Der Melange aus Charme, Gerissenheit und Macht erlagen viele Frauen; doch die Anziehungskraft des Propagandaministers war nicht minder tödlich als die seines Führers. Auch Magda begleitete Joseph Goebbels in den Tod.

Kurz vor dem Selbstmord mit seiner Frau am 1. Mai 1945 im Berliner »Führerbunker« (seine sechs Kinder riß er durch Gift mit in den Tod) verbrannte Joseph Goebbels viele seiner Briefe und andere Erinnerungsstücke. Sein Pressereferent Wilfried von Oven half ihm dabei. Bei der Durchsicht seiner Fotografien stockte Goebbels und reichte ihm ein Foto. »Hier sehen Sie einmal eine wirklich schöne Frau«, sagte er. Es war ein Foto von Lida Baarova. Dann zerriß Goebbels das Bild und warf die Reste ins Feuer.[35]

3.

Hermann Göring

In anderen Zeiten wäre einer wie er eine trinkfeste, feierfreudige Lokalprominenz geworden – ein zwielichtiger, doch jovialer Provinztribun, der mit einer Mischung aus rustikalem, schulterklopfendem Charme und rücksichtsloser Brutalität seinen Platz an der Sonne erkämpft und, ohne Gewissen und Visionen, die Geschichte Geschichte sein läßt.

Doch die sterbende Weimarer Republik spülte den eigentlich schon gescheiterten Gernegroß wieder nach oben. Im Fahrwasser Hitlers wurde der »Dicke« neben Joseph Goebbels zum wichtigsten Mann des Dritten Reiches. In den Monaten der Machtergreifung der NSDAP, in dieser Bewertung sind sich die Historiker einig, war es Göring, der mit eiskaltem Machtinstinkt die Terrorherrschaft etablierte. Er war schlicht der »zweite Mann«.[1]

Hermann Göring wurde 1893 im bayerischen Rosenheim geboren und wuchs in einer bizarren Umgebung auf: Der Berliner Arzt Hermann Ritter von Epenstein, ein Halbjude, nahm Vater und Mutter Göring und deren fünf Kinder unter seine Fittiche und quartierte sie auf seinen Schlössern Mauterndorf an der bayerisch-österreichischen Grenze und Veldenstein in Franken ein. Von Epenstein tat dies nicht aus reinem Altruismus; er begann ein Verhältnis mit Franziska

(»Fanny«) Göring, Hermanns Mutter, die 26 Jahre jünger als Ehemann Heinrich war.

Der kleine Hermann liebte die offen zur Schau gestellte Pracht und den Überfluß; von Epenstein wurde sein Idol. Von den Internaten brachte er nur gute Noten nach Hause. Mit neunzehn Jahren schloß Göring 1912 seine Ausbildung in der preußischen Kadettenanstalt Berlin-Lichterfelde mit einem »magna cum laude« in jedem Fach ab. Er genoß das Großstadtleben, war ein schlanker, gutaussehender Mann, liebte die Bierabende mit Freunden, schwamm im Wannsee und flirtete mit den Frauen, die fasziniert von seinen hellen blaugrünen Augen waren.[2]

Nach fünfzehn Jahren als Gast auf Schloß Veldenstein ertrug Vater Göring die unwürdigen Verhältnisse nicht mehr; es kam zum Krach zwischen ihm und dem Liebhaber seiner Frau. Die Görings zogen nach München in eine Mietwohnung. Der zweiundsechzigjährige Ritter heiratete daraufhin 1913 eine neunzehnjährige Geliebte.

Im Ersten Weltkrieg zeichnete sich Göring als wagemutiger Jagdflieger aus; am Ende befehligte er gar das mythenumrankte Jagdgeschwader »Freiherr von Richthofen«. Wie so viele Offiziere enttäuscht vom Ende des Krieges, begab er sich nach Skandinavien und wurde Kunstflieger in Dänemark und Schweden. »Der gutaussehende junge Deutsche gefiel den Frauen … Göring hatte einiges nachzuholen, es war angenehm, gut zu essen und zu trinken.«[3]

In Schweden begegnete er der Gräfin Karin von Kantzow und verliebte sich. Karin aber war verheiratet; dennoch machte ihr Göring auf dem Stockholmer Schloß ihrer Eltern einen Antrag. Beide zogen in eine Mietwohnung, die skurrilerweise von dem gehörnten Ehemann Nils von Kantzow finanziert wurde.[4] Karin wäre einverstanden gewesen, mit Göring auch ohne Scheidung zusammenzuleben – ihren Sohn Thomas hätte sie in jedem Falle ihrem Mann überlassen müssen. Diese Dreieinigkeit aber, die schon seine Mutter mit seinem Vater und Epenstein geführt hatte, widersprach offenbar Görings Ehrgefühl: »Er sollte sich später auch darin von anderen Mächtigen aus der Umgebung Hitlers (und Hitler selbst) unterscheiden, deren sexuelles Leben in keiner Weise den Normen entsprach, die vor 1933 galten.«[5]

»Wir sind wie Tristan und Isolde«, gestand Karin einst ihrer Schwester,[6] und Göring kam wie Hitler nicht mehr von Richard Wagners Musik los – die einzige kulturelle Gemeinsamkeit der beiden.

Weil Göring in Schweden bald keine Perspektive mehr sah, zog er mit Karin nach München und begann ein Studium der Geschichte und der Politischen Wissenschaften. Die von Kantzows ließen sich scheiden, Hermann und Karin heirateten am 3. Februar 1922. Die Ehe sollte bis zum Tode der Ehefrau »mit unverminderter Innigkeit und Leidenschaft andauern.«[7]

In München lernte Göring Hitler kennen. Göring war sofort begeistert, vernachlässigte sein Studium und widmete sich der Parteiarbeit in der gerade entstehenden NSDAP. Der Partei brachte Göring einiges mit: »Breitbeinig, jovial, ein dröhnender Mann, war er von den vertrackten psychopathischen Zügen frei, die den durchschnittlichen Hitleranhang kennzeichneten ... Er war weitgereist, verfügte über ausgedehnte Beziehungen und schien an der Seite seiner attraktiven schwedischen Frau der staunenden Partei gewissermaßen die Augen dafür zu öffnen, daß auch außerhalb Bayerns Menschen wohnten.«[8] Vielleicht entsprach er in der Anfangszeit seiner Karriere am ehesten dem NS-Ideal des herrischen Ariers. Göring erhielt den Oberbefehl über die schon 11.000 Mann starke SA und drillte die bunt zusammengewürfelte Sturmabteilung zu einer schlagkräftigen Armee.

Beim »Marsch auf die Feldherrenhalle«, der kläglich gescheiterten Revolte am 9. November 1923, wurde Göring durch einen Querschläger an Leiste und Hüfte schwer verwundet. Er flüchtete nach Innsbruck. Seine Schmerzen wurden infolge einer Wundinfektion so stark, daß er täglich Morphium-Injektionen bekommen mußte. Später flüchtete der steckbrieflich Gesuchte nach Schweden, während der Parteiapparat der NSDAP praktisch zerschlagen wurde. Inzwischen brauchte er vier- bis fünfmal täglich Morphium; er wurde hochgradig depressiv und äußerlich immer schwammiger und unförmiger.

Seine Schwiegereltern brachten ihn im Aspudeen-Krankenhaus unter, wo er, unter den Folgen der Entziehung leidend, einen Mordversuch an einer Krankenschwester beging. Die schwedische Polizei steckte ihn in eine Irrenanstalt. Zwei Ärzte erklärten dort den späteren Reichsmarschall für verrückt.[9] Ein Glück für ihn, denn so blieb Göring eine Anklage wegen versuchten Mordes erspart.

Im Jahr 1927 wurde eine Amnestie für die November-Putschisten erlassen, und Göring kehrte nach Deutschland zurück. Sofort aktivierte er seine alten Kontakte zu den gesellschaftlichen Eliten, etwa zu Prinz August Wilhelm von Preußen und Führern der Wirtschaft. Hitler, der mit dem Dicken längst abgeschlossen hatte, wurde wieder auf ihn aufmerksam.

Am 17. Oktober 1931 starb die schon lange kränkelnde Karin an den Folgen eines Herzanfalls. Zwar kam dieser Verlust für ihn keineswegs völlig unerwartet und überraschend. Dennoch scheint ihr Tod für Göring schwer gewogen zu haben, denn Karin war in den zehn vergangenen Jahren stets der ruhende Pol in seinem wechselvollen Leben geblieben.[10] Und Göring sollte Zeit seines Lebens einen ebenso pompösen Totenkult um Karin treiben wie Hitler um seine Nichte Geli Raubal.

Karin Görings uneingeschränkte Bewunderung für Adolf Hitler und natürlich ihre sowohl adlige als auch nordische Herkunft dürften »den Aufstieg Görings zwar nicht entscheidend gefördert, ab und zu aber doch nicht unwesentlich beeinflußt haben. In Anbetracht der Bedeutung eines ständigen, unmittelbaren persönlichen Kontaktes zu Hitler mußte Göring daher nun, mit Blick auf die Heirat von Joseph Goebbels mit der attraktiven und obendrein vermögenden Magda Quandt am 29. Dezember 1931, um seine Position und seinen Einfluß fürchten. Schätzte doch Hitler nun statt seiner offensichtlich immer häufiger die gepflegte Häuslichkeit der Goebbels', um ab und an dem ›Kaiserhof‹ zu entfliehen.«[11]

Im Frühjahr 1932 lernte Göring im Weimarer Kaiser-Café die Schaupielerin Emmy Sonnemann kennen. Emmy saß dort mit einer Freundin, und Göring bat, sich dazusetzen zu dürfen. Anschließend flanierte man durch den Park; zwei Wochen später waren die beiden ein Paar. Es wird übrigens kolportiert, daß sich auch Hitler für Emmy Sonnemann interessiert hatte.[12]

Am 29. Januar 1933, dem Tag vor der Ernennung Hitlers zum Reichskanzler, ließ Göring die füllige Blondine in Weimar in einem Wagen abholen und nach Berlin bringen, damit beide den Fackelumzug der SA-Kolonnen vom Hotel Kaiserhof aus betrachten konnten.

Göring baute einen Landsitz in der Schorfheide, zwei Stunden nordöstlich von Berlin, und benannte ihn »Karinhall« nach seiner verstorbenen Frau. Und er verlobte sich mit Emmy. Am 10. April 1935 wurde geheiratet; Hitler war Trauzeuge. Die Hochzeit wurde mit einer solchen Pracht inszeniert, daß der britische Botschafter trocken anmerkte: »Jetzt bleibt ihm nur noch eins – der Thron oder das Schafott!«[13] Die Geschenke mußten in zwei großen Räumen untergebracht werden. Darunter waren unter anderem der höchste bulgarische Orden, verliehen vom bulgarischen Zaren, ein silbernes Segelschiff der Stadt Hamburg und synthetische Edelsteine von der IG-Farben. Die Berliner waren überwältigt von der Pracht der Zeremonie – das hatte es zuletzt zu Kaisers Zeiten gegeben. Der Totenkult um Karin bestand weiter – auch am Tage der Hochzeit: Göring besuchte im Mausoleum Karins Grab und blieb dort eine Stunde. Die Hochzeitsreise mit Emmy ging nach Jugoslawien.

Göring war außergewöhnlich beliebt in Deutschland. Seine Leutseligkeit, die Koketterie mit seinem Übergewicht, die kindische Prunksucht – das alles schien weniger bedrohlich als der geradlinige Fanatismus eines Hitler, Goebbels und Himmler. Tatsächlich war er wohl die am leichtesten zu durchschauende, am wenigsten psychopathische aller NS-Größen. »Ich war der einzige Mann in Deutschland neben Hitler, der *eigene*, keine abgeleitete Autorität hatte«, sagte Göring bei den Nürnberger Kriegsverbrecherprozessen, »das Volk will nun einmal lieben, und der Führer stand oft der großen Menge zu fern. Da hielt man sich an mich.«[14]

Seine infantile Persönlichkeit begriff Macht als Dekoration: Göring vernachlässigte viele seiner Ämter, dafür veranstaltete er auf Karinhall prächtige Feste, Jagden und Geburtstagsfeiern von »nahezu orientalischer Üppigkeit«.[15] Göring liebte nur sich selbst, das aber mit einem Narzißmus ohnegleichen. In einer 1938 erschienenen Biographie, geschrieben von einem engen Vertrauten, heißt es, oft kämen Schneider, Friseur, Kunsthändler und Juwelier.[16] Bis zu fünfmal täglich wechselte er seine Kleider; warf sich von einer Phantasieuniform in die nächste und empfing Mitglieder des diplomatischen Korps schon mal im Wams und mit einem zwei Meter langen Speer in der Hand.

Er war nicht »wegen des ideologischen Krams«[17] in die

Partei eingetreten, wie sein berühmtester Ausspruch lautete: Nein, Göring war ein Tatmensch, der nach oben wollte. »Ich habe kein Gewissen. Mein Gewissen heißt Adolf Hitler«[18] lautet ein weiterer seiner markant-diabolischen Sprüche. Nun aber wollte er endlich seine angehäuften Reichtümer in Ruhe genießen. Offenbar versuchte er in aller Vorsicht, Hitler den Krieg auszureden, wollte sich mit dem Erreichten zufriedengeben.

Am 2. Juni 1938 wurde Göring Vater. Die Geburt von Edda wurde von den Deutschen fast als Garant gegen den Krieg gesehen. Doch noch im gleichen Monat befahl Göring Zehn-Stunden-Schichten in den Flugzeugfabriken zur Steigerung der Produktion.[19]

Den Kriegsausbruch empfand er dennoch als Katastrophe. Am 31. August 1939, einen Tag vor Beginn des Zweiten Weltkrieges, kam er erschöpft aus der Reichskanzlei zurück. »An der Wand, neben meinem Schreibtisch, hing Lukas Cranachs ›Madonna mit Kind‹«, erzählt Emmy Göring. »Lange sah er das Cranachbild an. ›Schön, nicht?‹ Ich nickte. Dann wandte er sich ab. ›Von nun an wird es keine Schönheit, kein Glück und keine Freude mehr geben.‹«[20]

Wenn die Quelle Emmy Göring auch mit Vorsicht zu genießen ist – klar ist, daß sich Hitler und Göring entfremdeten. Im internen Ränkespiel fiel Göring hinter Goebbels und dem immer mächtiger werdenden Martin Bormann zurück. In der nationalsozialistischen Diktion gesprochen, fehlte Göring plötzlich die »Härte«. Letzten Kredit verspielte er, als seine Luftwaffe die Luftschlacht um England verlor; Göring selbst befand nach dem Krieg, daß er ab 1942 für Hitler der Sündenbock gewesen sei.[21]

Er zog sich in eine Scheinwelt, in den exaltierten Prunk Karinhalls zurück; bezeichnend dafür ist der Vorfall, den der Essener Gauleiter Terboven von einem Besuch in Karinhall berichtet: »... der Himmel war schwarz von amerikanischen Bombern«, und Göring erkundigte sich bei einem Adjutanten, ob für Karinhall eine Bombenwarnung vorliege. Der verneinte, und Göring sagte: »Schön, lassen Sie uns etwas jagen«.[22]

Welche Ironie, daß Göring erst nach der totalen Niederlage Deutschlands »Nazi Nr. 1« wurde – bei den Nürnberger Prozessen war er der Hauptangeklagte und schien seine Rolle auf makabre Weise zu genießen. Er wurde zum Tode verurteilt, entzog sich dem Strang aber am 16. Oktober 1946, dreiundfünfzigjährig, durch eine Zyankali-Kapsel.

Hitler und Göring – fast auf den Monat genau verloren sie unter tragischen Umständen ihre große Liebe; Hitler am 17. September 1931 (wie auch immer Hitlers Liebe zu Geli Raubal ausgesehen haben mag), Göring am 17. Oktober 1931. Wie prägte das die beiden Menschen? Schweißte es sie gar zusammen, machte das erst die fatale Doppelspitze möglich, die 1932/33 die Macht in Deutschland eroberte? Zumindest in Teilen könnte es die Erklärung sein. Denn: »Nun verband auch gemeinsame Trauer um etwas, das sie für unersetzlich gehalten hatten, Hitler und Göring.«[23]

Görings Verhältnis zu Frauen war sicher nicht so abnorm wie das anderer Nazi-Größen. Dennoch war Göring die entscheidende Figur in zwei Skandalen, die nicht nur ein bezeichnendes Licht auf seinen Machthunger, sondern auch auf die Sexualmoral Nazi-Deutschlands warfen. In der Geschichte sind die Affäre Blomberg und die Fritsch-Krise nurmehr eine Randnotiz; deren Gehalt jedoch war weit mehr als symbolisch.

Hitler hatte kurz vor dem Krieg nur noch einen Gegner: die konservative militärische Führung, die in Hitlers Augen zauderte, auf den ehemaligen Gefreiten des Ersten Weltkrieges teilweise abschätzig herabblickte und ihm sogar offen widersprach: »Dem weit geschlosseneren Block der Offizierskaste dagegen war er (im Gegensatz zum diplomatischen Korps, A.d.A.) ... vereinzelten Erfolgen zum Trotz, nicht beigekommen.«[24]

Doch wie so oft kam der Zufall Hitler und Göring zu Hilfe. Kriegsminister Werner von Blomberg wollte ein zweites Mal heiraten; seine erste Frau war Jahre zuvor verstorben. Seine Auserwählte Eva Gruhn hatte jedoch, wie Blomberg selbst zugab, »eine gewisse Vergangenheit«. Außerdem mußte ein Nebenbuhler beiseite geräumt werden. Blomberg zog Göring ins Vertrauen. Der redete ihm zu, ließ Blombergs Rivalen ins Ausland versetzen und entschädigte ihn finanziell. Am 12. Januar 1938 fand die Hochzeit statt, Hitler und Göring selbst waren Trauzeugen. Obwohl Blomberg keine Pressenotiz gewünscht hatte, erschien sie doch am nächsten Tag. Kurz nach der Hochzeit tauchte nun eine Polizeiakte auf, die belegte, daß die neue Frau von Blomberg eine Zeitlang als Prostituierte gearbeitet hatte und sogar vorbestraft war, weil sie Aktbilder von sich hatte machen lassen. Als Blomberg von der Hochzeitsreise zurückkehrte, teilte ihm Göring mit, er sei mittlerweile untragbar geworden.[25] Klar ist, daß Göring hoffte, neben all seinen anderen Posten auch noch den des Reichskriegsministers zu bekommen.[26] Inwieweit die Aktion von vornherein geplant war, läßt sich kaum feststellen; unstrittig aber ist, daß Göring spätestens in dem Moment, als ihn der Berliner Polizeipräsident Graf Helldorf mit näheren Einzelheiten des Falles vertraut gemacht hatte, sofort erkannte, welche Möglichkeiten sich ihm nun boten.[27]

Es gab noch einen Kandidaten für das Amt des Reichskriegsministers: Werner Freiherr von Fritsch, General der Artillerie. Göring (und Himmler) kramten wiederum eine Polizeiakte hervor, die Fritsch der Homosexualität bezichtigte. Es kam in der Wohnung Hitlers im Beisein Görings zu einer peinlichen Gegenüberstellung des Generals mit einem Mann, der ihn beschuldigte.[28] Die Vorwürfe erwiesen sich später als völlig haltlos, doch die Schmierenkomödie führte dazu, daß Fritsch zurücktreten mußte und der Generalität endgültig das Rückgrat gebrochen wurde.

Anhand der Blomberg-Affäre und der Fritsch-Krise wird deutlich, wie schon früh die Sexualität der vermeintlichen Hitler-Gegner benutzt, manipuliert und als Vorwand zur Beseitigung der »Zauderer« eingesetzt wurde. Die hohen Offiziere mußten ohnmächtig zusehen, wie zwei ihrer exponiertesten Angehörigen durch die Mittel der Sexualmoral öffentlich diskrediert und ausgeschaltet wurden.

Noch im Februar 1938 entledigte sich Hitler aller Generäle, die seine Pläne mißbilligt hatten. Göring jedoch wurde trotz all seiner Tricks nicht das, was er wollte: Hitler selbst ernannte sich zum Nachfolger Blombergs. Als Trost erhielt Göring den höchsten Dienstrang: Generalfeldmarschall. Wie so oft in seinem Leben, ließ er sich von der Pracht des Titels blenden. In diesen Februartagen begann sein »Abstieg im Zeichen des Erfolges«.[29]

4.

Ernst Röhm und die »schwule« SA – Homosexualität in NS-Organisationen

Samstag, 30. Juni 1934, gegen halb vier Uhr morgens landet Adolf Hitler auf dem Münchner Oberwiesenfeld. Der »Führer« ist kaum aus der Maschine, da faucht er die wartenden Reichswehr-Offiziere schon an: »Dies ist der schwerste Tag meines Lebens. Aber ich werde nach Bad Wiessee fahren und strenges Gericht halten.« Kurz danach rollt ein Konvoi der Münchner Kriminalpolizei an den Tegernsee. In einer schwarzen Limousine folgen Adolf Hitler, sein Stellvertreter, Rudolf Heß, Joseph Goebbels und SA-Obergruppenführer Viktor Lutze den Armeelastwagen. Mit vorgehaltener Pistole stürzt Hitler in Bad Wiessee in das Zimmer Nummer 7 des »Kurheims Hanslbauer«. Der »Führer« schreit Ernst Röhm an – »Verräter« –, befiehlt ihm sich anzuziehen und ihm zu folgen. Hitlers Begleiter überraschen die übrigen SA-Führer in ihren Zimmern, verhaften sie und schließen sie zunächst im Keller der Pension ein. Später werden sie ins Justizgefängnis Stadelheim bei München gebracht. Bis Mittag füllen sich die Gefängnisse im ganzen Reich mit mehr als 200 SA-Leuten. Noch am selben Abend werden in Stadelheim sechs SA-Führer erschossen.[1]

Auf der Mordliste des 30. Juni 1934 ist die Erschießung Ernst Röhms nicht vorgesehen. Als Hitler am späten Samstag nachmittag nach Berlin zurückfliegt, erklärt er seiner Begleitung, er habe den Stabschef der SA begnadigt. Dennoch wird Röhm am Morgen des nächsten Tages hingerichtet. Die ganze Nacht über hatten Göring, Himmler, Goebbels und Heydrich Hitler in Berlin bedrängt, sich auch vom obersten Dienstherrn der SA zu »trennen«. Der Vorwurf der Homosexualität soll in dieser Nacht die Gründe verschleiern, die gegen Ernst Röhm sprechen. Seine sexuelle Veranlagung ist nur Vorwand. Sie wird geschickt zum Argument umgeformt, mit dem man sich eines unliebsamen politischen Rivalen entledigen kann.[2]

Die »Nacht der langen Messer« ist der Startschuß für ein reichsweites Blutbad. Unter der Leitung Hermann Görings erläßt ein Standgericht in Berlin ein Todesurteil nach dem anderen. Die Verurteilten werden sofort hingerichtet.[3] Dem dreitägigen Morden fallen über hundert Menschen zum Opfer. In einer hemmungslosen »Säuberungsaktion« entledigt sich Hitler alter Rivalen und unliebsamer politischer Gegner. Der letzte Kanzler der Weimarer Republik, General Kurt von Schleicher, und seine Frau werden in ihrem Haus erschossen. Das gleiche Schicksal trifft Generalmajor von Bredow. Unter den Toten befinden sich Mitarbeiter des ehemaligen Reichskanzlers Franz von Papen, Gregor Strasser, Führer der NSDAP während Hitlers Festungshaft in Landshut, und der bayerische Staatskommissar Gustav Ritter von Kahr, Hitlers stärkster Widersacher und Gegner beim Putschversuch 1923. Die abschließende Bilanz des Mordens, die der *Völkische Beobachter* am 1. Juli veröffentlicht, korrigiert die Todeszahlen des Blutbades nach unten:

»Es wurden erschossen: 19 höhere SA-Führer und 31 SA-Führer und Zivilpersonen, die bei der Verhaftung Widerstand leisteten, 5 Parteigenossen, darunter befanden sich der Chef des Stabes der SA, Röhm, und der General von Schleicher.«[4]

Die Beseitigung der SA und ihres Führers Ernst Röhm war für Hitler im Zuge der Machtergreifung ein zwingend notwendiger Schritt. Er mußte seine Allianz mit den alten Eliten in Armee und Industrie festigen.

Röhm forderte seit einiger Zeit die Einlösung der sozialistischen Programmpunkte der National*sozialistischen* Deutschen Arbeiterpartei. In einer »Zweiten Revolution« wollte er die Verstaatlichung von Industriebetrieben und eine Bodenreform durchsetzen. Hitler jedoch ist für seine Aufrüstungspläne auf die Schwerindustrie angewiesen. Er kann nicht zulassen, daß Röhms Forderungen zu einem Bruch mit den großen Industriebaronen führen. Eine weitaus größere Gefahr für den NS-Staat sind Röhms Pläne, die Reichswehr in die bis 1933 auf drei Millionen Mitglieder angewachsene SA einzugliedern. Der »graue Fels« der Armee soll in der »braunen Flut« untergehen. Wollte Hitler die Unterstützung der Reichswehrgeneräle für seine Kriegspläne nicht verlieren, mußte er Röhm beseitigen.[5]

In der Öffentlichkeit wird die »Säuberungsaktion« mit Röhms notorischer Homosexualität und auch damit begründet, daß die SA Deutschland in einen Bürgerkrieg getrieben hätte:

»Im drohenden Kampfe zwischen zwischen SA und Reichswehr wäre das Blut von vielen Tausenden auf beiden Seiten geflossen ... Hitler hatte in allerletzter Stunde durch ein blutiges Standgericht, in dem er auch vor seinen bisherigen Kampfgenossen nicht zurückwich, den inneren Frieden des Landes gerettet und dazu noch mit dem Einsatz seiner eigenen Person beigetragen.«[6]

Das harte Durchgreifen gegen die vermeintliche Störung der inneren Sicherheit und die entschiedene Bekämpfung der sexuellen Verwahrlosung der SA trifft den moralischen Nerv der Kirchen und der Arbeiterschaft.[7] Hitlers Ansehen in diesen Gesellschaftskreisen steigt. Die deutsche Öffentlichkeit wird ab jetzt noch stärker auf ihren »Führer« ausgerichtet. »An die Stelle weltanschaulicher parteiideologischer Diskussionen tritt immer mehr der Gehorsam, die Konzeption von Führer und Gefolgschaft.«[8]

Daß Ernst Röhm sich zu Männern hingezogen fühlt, weiß die oberste Führung des NS-Staates nicht erst seit 1934. Bereits im Frühjahr 1931 hatte die sozialdemokratische *Münchner Post* die sexuellen Vorlieben des SA-Stabschefs zu einer breit angelegten Attacke gegen die NSDAP ausgeschlachtet. Im Juli desselben Jahres steht Röhm deswegen vor einem Strafgericht. Noch allerdings steht Hitler voll und ganz hinter seinem braunen Kameraden.[9] Hitler geht erst auf Distanz zu Ernst Röhm, als Gerüchte über dessen Homosexualität immer stärker in die Öffentlichkeit gelangen und allmählich auch in die politische Diskussion eindringen.[10] In der Zeit rund um die nationalsozialistische Machtergreifung wird das Verhalten der obersten SA-Führung immer mehr zu einem Stein des Anstoßes: »Pompöses Auftreten dieser Führer – umgeben von Adjutanten und umfangreichem Begleitgefolge – in auffallenden, kostspieligen Autos, Trunkenheitsexzesse in gesellschaftlichen Veranstaltungen schädigen in zunehmendem Maße das Ansehen der Partei.«[11]

Wollen die Nazis in den Jahren des Ausbaus und der Konsolidierung ihrer Macht ihren Ruf als »Saubermänner« der Nation nicht verlieren, können sie Homosexuelle in den eigenen Reihen nicht dulden. Nirgendwo konnten schwule Männer in den dreißiger Jahren ihre Sexualität frei von gesellschaftlichen Zwängen und Tabus ausleben. In London und New York wurden sie ebenso verachtet wie in Rom, Paris oder Moskau. Das Dritte Reich aber ächtete Homosexuelle nicht nur gesellschaftlich, sondern verfolgte und ermordete sie: eine »tödliche Variante« der weithin verbreiteten Homophobie.

Die Grausamkeit der Morde des 30. Juni 1934 wird von der nationalsozialistischen Presse mit der Notwendigkeit des harten Vorgehens gegen gleichgeschlechtlich veranlagte Männer gerechtfertigt. Im Leitartikel des *Völkischen Beobachters* ist am Tag nach den Morden zu lesen: »Die Durchführung der Verhaftung zeigte moralisch so traurige Bilder, daß jede Spur von Mitleid schwinden mußte. Einige dieser S.A.-Führer hatten sich Lustknaben mitgenommen. Einer wurde in der ekelhaftesten Situation aufgeschreckt und verhaftet.«[12]

Noch in Bad Wiessee gab Hitler den Befehl zur rücksichtslosen Ausrottung dieser »Pestbeule«. Er könne es »in Zukunft nicht mehr dulden, daß Millionen anständiger Menschen durch einzelne krankhaft veranlagte Wesen belastet und kompromittiert werden.«[13]

Homosexualität ist im Fall Röhm für die Nazis nicht nur eine Sache der Moral. Hans Blüher hatte bereits 1917 betont, daß Männerbünden immer auch ein homoerotisches Element innewohnt.[14] Die Elite des Dritten Reichs war sich bewußt, daß es dieses Problem auch im NS-Staat gab. NSDAP, SS, SA und Hitler-Jugend waren Männergesellschaften. Im Falle der SA jedoch war in den Augen der Nationalsozialisten aus dem privaten Bereich der Sexualmoral auch ein politisches und damit öffentliches Problem erwachsen. »Das Schlimmste aber war, daß sich allmählich aus einer bestimmten gemeinsamen Veranlagung heraus in der SA eine Sekte zu bilden begann, die den Kern einer Verschwörung nicht nur gegen die normalen Auffassungen eines gesunden Volkes, sondern auch gegen die staatliche Sicherheit abgab.«[15] Aus der innigen Verbindung der SA-Männer kann sich für die Nazis nichts anderes ergeben als Treulosigkeit gegenüber ihrem Führer und der Armee, die planmäßige Vorbereitung einer zweiten Revolution, die Bildung von Terrorgruppen und schließlich ein Bürgerkrieg.[16]

Gerade weil für die Führung des braunen Staates ein enger Zusammenhang zwischen der Homosexualität in der SA und der von ihr ausgehenden politischen Gefahr besteht, läßt sich der Vorwurf der sexuellen Zügellosigkeit besonders leicht zu einem politischen Argument ummünzen. In der Folge des Röhm-Putsches erkennt die braune Elite, wie leicht sich politische Gegner entschärfen lassen, wenn man sie beschuldigt, schwul zu sein. Zwei Jahre nach der »Nacht der langen Messer« versucht das Regime, sich auf diesem Weg auch unliebsamer katholischer Kleriker zu entledigen. Während des ganzen Dritten Reichs werden immer wieder auch einzelne Privatpersonen der Homosexualität beschuldigt, strafrechtlich verfolgt, in Zuchthäusern und schließlich Konzentrationslagern interniert. (Siehe auch Kapitel V/1).

Im Sommer 1934 erkannten die Nationalsozialisten jedoch auch, daß sie in Deutschland wie auf der internationalen politischen Bühne nur dann den Ruf des »sauberen Reichs« aufrechterhalten konnten, wenn sie die Homosexualität in allen Bereichen des gesellschaftlichen Lebens unnachgiebig verfolgten. In drei großen Kampagnen versuchen sie in der zweiten Hälfte der dreißiger Jahre die Jugend, die katholische Kirche und die Armee »vom schwulen Laster zu reinigen«.[17] Nach dem Röhm-Putsch werden mit großem propagandistischen Aufwand homosexuell veranlagte Privatpersonen und ganz besonders auch die Schwulen in der Partei, in SS, Hitler-Jugend und im NS-Studentenbund verfolgt.[18]

Im Jahr nach den Morden in der obersten SA-Führung wird die allgemeine Wehrpflicht wieder eingeführt, die durch den Versailler Vertrag 1919 abgeschafft worden war. Die Dienstpflicht gilt für alle Männer zwischen 18 und 45 Jahren, für Offiziere und Unteroffiziere sogar bis zum 60. Lebensjahr. Binnen drei Jahren wächst das deutsche Heer von 550.000 Mann im Jahre 1936 auf 2,6 Millionen im Jahr des Überfalls auf Polen an.[19] Der faschistische Staat weiß, daß eine derartige Konzentration von Männern ein »Schwulenproblem« mit sich bringt. Zwischen 1940 und 1941 steigt die Zahl der wegen homosexueller Delikte vor Militärgerichten angeklagten Soldaten von 1134 auf über 1700 an.[20] Bis 1941 wird bei der Verurteilung schwuler Soldaten zwischen unverbesserlich veranlagten Homosexuellen und jenen Männern unterschieden, die durch diese verführt wurden. »Unverbesserliche« werden zunächst mit Zuchthaus und Gefängnis bestraft. Der Freiheitsstrafe folgt eine Verwahrung in Straflagern. Jene Männer, die sich haben verführen lassen, werden nach ihrer Zeit im Gefängnis wieder in die Truppe eingegliedert. Ihnen gibt man die Möglichkeit, sich vor dem Feind zu bewähren.[21] Zwei Jahre nach Ausbruch des Krieges wird der bislang »laxe« Umgang mit homosexuellen Soldaten drastisch verschärft. Bei einer Beratung im Führer-Hauptquartier fordert Hitler 1941 rücksichtslose Strenge im Vorgehen gegen Schwule in Wehrmacht, Partei und Hitler-Jugend. Drei Monate später wird die Verordnung zur »Reinhaltung von SS und Polizei« erlassen, die die Todesstrafe für homosexuelle Angehörige der betreffenden Organisationen vorsieht. Die Zuständigkeit der ordentlichen Gerichte gilt in diesen Fällen nicht mehr. Für schwule Mitglieder von Armee und Polizei gilt somit ein Sonderrecht.[22]

Die Leitung der Hitler-Jugend nimmt sich bereits kurz nach der nationalsozialistischen Machtergreifung der Bekämpfung der Homosexualität unter ihren Mitgliedern an. Unter dem Eindruck des Röhm-Putsches war in der Öffentlichkeit der Verdacht entstanden, die faschistische Jugendorganisation sei eine Brutstätte für Homosexuelle. Viele Eltern waren verunsichert und gaben ihre Kinder lieber in andere Jugendorganisationen.[23] Die HJ lief Gefahr, ihren Auftrag der ideologischen Indoktrination der Heranwachsenden nicht mehr erfüllen zu können. Ab 1936 war jedes Mitglied der Hitler-Jugend verpflichtet, homosexuell veranlagte Kameraden anzuzeigen. Erhärtete sich der Verdacht der Homosexualität, wurde die Staatsanwaltschaft eingeschaltet. Die betroffenen Jugendlichen wurden erst einmal nicht informiert, ihre Eltern schonend von einem höheren Führer der Jugendorganisation über die Vorfälle unterrichtet. Zwei Jahre nach Einführung der Meldepflicht entwickelte die Reichsjugendleitung ein »wasserdichtes« System zur Bekämpfung der »Jugendhomosexualität«. Ab 1938 wurde auf allen Lehrgängen der Hitler-Jugend auf die Paragraphen 174-175 Strafgesetzbuch hingewiesen. Anschließend mußten die Teilnehmer eine Bestätigung unterschreiben, daß sie über die Strafbarkeit der Homosexualität aufgeklärt worden seien. Dieser Revers wurde zu ihren Akten gelegt. Wurde der Jugendliche später bei gleichgeschlechtlichem Sex erwischt, konnte er sich nicht mehr mit seiner Unkenntnis entschuldigen. Der Einweisung in die lebensvernichtenden Gefängnisse des Dritten Reichs und später in ein KZ konnte er sich nicht entziehen.[24]

II.

Die Forscher

Soziale Angepaßtheit wird erstens dadurch erzwungen, daß abweichendes Verhalten fortan immer die Gefahr in sich birgt, als ›erbkrank-kriminell-minderwertig‹ denunziert zu werden. Sozial sich anzupassen heißt aber zweitens nicht mehr nur, seine Arbeitskraft zu verkaufen, um ansonsten unbehelligt leben zu können: Jetzt wird die Entäußerung von Arbeitskraft und ›Fortpflanzungskraft‹ zugleich verlangt.«[1]

Der Nationalsozialismus beherrscht die Massen, indem er versucht, die Individualität des einzelnen auf ein Minimum zu reduzieren. Im NS-Staat bedeutet der einzelne nichts, das Volk alles. Um leichter beherrscht werden zu können, sollen Millionen Menschen ihre Individualität aufgeben und den idealen Charakter eines »Norm-Menschen« annehmen. Die Möglichkeiten, die dafür nötige Anpassungsleistung zu erzwingen, sind vielfältig. Eine davon ist die Disziplinierung des Körpers.

Der Nationalsozialismus unterteilt die Welt in »gut« und »böse«, in »wertvolles« und »minderwertiges« Erbgut, in systemkonforme Bürger und Personen, die ein Dorn im Auge des NS-Staates sind. Die »Guten« werden »ausgelesen«. Als Belohnung wird ihnen ein modernes Sozialparadies versprochen, in dem es finanzielle Sicherheit, Urlaubsreisen im KdF-Volkswagen, einen rationalisierten Vierzimmerhaushalt und Volksempfänger gibt. Die »Schlechten« werden »ausgejätet« und »ausgemerzt«. Ihnen droht die Vernichtung.

Die »Enteignung des Körpers« wird mit Hilfe der rassistischen Ideologie des Nationalsozialismus vorbereitet und gerechtfertigt. Wenn Reinhaltung und Vorherrschaft der »arischen Rasse« im Mittelpunkt der offiziellen Weltsicht stehen und der Staat zum Vollzugsermächtigten dieser »Rasse« wird, muß der einzelne seinen Körper und seine Sexualität willenlos in den Dienst des Regimes stellen. Mediziner und Ideologen des Regimes legen fest, wer der »arischen Rasse« im Liebesakt einen Dienst erweisen kann und wer nicht.

Mit der zwangsweisen Sterilisation von rund 400.000 Menschen nimmt der NS-Staat Zugriff auf gesellschaftliche und sexuelle »Abweichler«, Sinti und Roma, Jugendliche aus den Unterschichten und all jene, die sich dem braunen Staat nicht bedingungslos unterordnen wollen. Der totalitäre Staat greift seine Untertanen an ihrer empfindlichsten Stelle an – ihrem Liebesleben. Menschen werden durch die Angst vor dem Verlust ihrer Identität und Sexualität gefügig gemacht.

Bei der Machtergreifung stehen den Nazis noch nicht alle wissenschaftlichen Erkenntnisse zur Verfügung, um Millionen kostengünstig und effektiv ihrer Fruchtbarkeit zu berauben. In den Konzentrationslagern finden sie später ein »Experimentierfeld«, dessen Möglichkeiten praktisch unbegrenzt sind. Hier werden mit barbarischen Mitteln die medizinischen Methoden erforscht, die zur Sozialdisziplinierung der Deutschen vonnöten sind: Röntgensterilisation, erzwungene Schwangerschaftsabbrüche im Fließbandverfahren und die Wirkung von Formalin und Silbernitrat auf Gebärmutter und Eierstöcke der Frau.

I.

Liebe, Lust und Rassismus – Sex im Zeichen des »arischen Gedankens«

Frauen dürfen sich in den dreißiger Jahren nicht einfach mit jedem Mann einlassen, der ihnen gefällt. Männer können nicht einfach mit der Frau schlafen, die sie lieben. In London und Paris, im Deutschen Reich ebenso wie in den Vereinigten Staaten beherrscht immer noch die Prüderie des 19. Jahrhunderts das Liebesleben der Menschen. Kein Staat schränkt die Partnerwahl jedoch so sehr ein wie das nationalsozialistische Deutschland. Der totalitäre Staat läßt in den deutschen Betten keinen Raum für selbstbestimmten Sex. Die Untertanen des NS-Staates müssen dem Regime ihre Sexualität bedingungslos ausliefern. Ihre Körper werden ebenso gleichgeschaltet wie politische und gesellschaftliche Institutionen, Behörden und Betriebe.

Die braunen Machthaber unterteilen ihre Untergebenen in »gute« und »böse«, in solche, deren Nachwuchs erwünscht ist, und solche, denen die Fortpflanzung unbedingt zu verwehren ist. Die Geburtenzahlen der »Guten« sollen durch die Bekämpfung von Verhütung, durch Ehekredite, Kindergeld und Steuervergünstigungen in die Höhe getrieben werden. Die »Schlechten« werden durch Eheverbote, Zwangssterilisation und Mord von der Fortpflanzung ausgeschlossen. Geburtenförderung und Gebärverbot gehen im Dritten Reich Hand in Hand.[1] Der braune Staat bemächtigt sich der Sexualität und der Körper seiner Untertanen, kontrolliert sie, schaltet sie aus oder setzt sie nach Belieben ein. Das Interesse der braunen Machthaber an der Sexualität der Deutschen entspringt einer menschenverachtenden Ideologie, deren Wurzeln bis zur ersten Drucklegung von Charles Darwins *Entstehung der Arten* im Jahr 1859 zurückreichen.

Der englische Naturforscher geht davon aus, daß im ewigen Kampf ums Dasein nur diejenigen Arten überleben, die der jeweiligen Lebenssituation am besten angepaßt sind. So werden etwa in der Arktis braune und schwarze Hasen allmählich aussterben, da sie Eisbären leichter und schneller auffallen als ihre weißen Artgenossen. Durch Selektion und Mutation entsteht auf diese Weise eine vielfältige Kette unterschiedlicher Arten, an deren Spitze der Mensch steht. Darwins Theorie eröffnet den Landwirten des viktorianischen Zeitalters die Möglichkeit, auch Haustiere fortzuzüchten, indem sie nur denjenigen Tieren die Fortpflanzung erlauben, bei denen eine bestimmte erwünschte Eigenschaft besonders stark ausgeprägt ist.

Im 20. Jahrhundert usurpiert der Nationalsozialismus die Lehre Darwins und ergänzt sie um die Vorstellung, daß der Mensch die Natur nicht ungehindert walten lassen kann.[2] Wenn die menschliche »Rasse« verbessert werden soll, bedarf die Selektion der Mitwirkung des Menschen. In *Mein Kampf* vergleicht Adolf Hitler Sex mit der Züchtung von Tieren:

»Der völkischen Weltanschauung muß es im völkischen Staat endlich gelingen, jenes edlere Zeitalter herbeizuführen, in dem die Menschen ihre Sorgen nicht mehr in der Höherzüchtung von Hunden, Pferden und Katzen erblicken, sondern im Emporheben des Menschen selbst, ein Zeitalter, in dem der eine erkennend, schweigend verzichtet, der andere freudig opfert und gibt.«[3]

Der Nationalsozialismus will den Übermenschen.[4] Wenn die »arische Rasse« nicht untergehen und der Mensch nicht auf die Stufe eines Tieres herabsinken soll, muß das Blut des »Ariers« rein gehalten werden. Damit sich sein Erbgut nicht mit den Anlagen »minderwertiger Rassen« vermischt, ist dem »Arier« nur der Verkehr mit seinesgleichen erlaubt. Die Chefideologen des NS-Staates fordern eine Steigerung der Geburtenzahlen des »arischen« Teils der Bevölkerung. In der Geburtenschlacht sind sie jedoch nicht nur an trockenen Zahlen interessiert. Was zählt, ist die »rassische« Qualität der Säuglinge. »Differenzierte Fortpflanzung« ist die Parole des Tages: Erwünscht ist nur Nachwuchs, der den ideologischen Vorstellungen der Nazis entspricht; nur noch die Paare sollen sich fortpflanzen, denen der Staat dazu die Erlaubnis erteilt hat.[5]

Um diese Forderung durchzusetzen, muß der Staat die »Rasse« in den Mittelpunkt all seiner Überlegungen stellen.[6] Der Staat legt fest, wer Kinder zeugen darf und wer nicht. Für Hitler hat er »die Verpflichtung, mit äußerster Sorgfalt und Genauigkeit aus der Gesamtzahl der Volksgenossen das von Natur aus ersichtlich befähigte Menschenmaterial herauszusieben und im Dienste der Allgemeinheit zu verwenden.«[7]

Tut der deutsche Staat dies nicht, ist die »Volksgemeinschaft« zum Untergang verdammt. Der oder die einzelne muß einsehen, daß das Liebesleben keine Privatsache ist. Dem Liebesakt wohnt eine Verantwortung der »Volksgemeinschaft« gegenüber inne, derer sich die Paare bewußt sein müssen. Den Untertanen des braunen Regimes wird ihr Geschlechtsleben entrissen und in den Dienst des Staates gestellt. Im NS-Staat ist die Ehe nicht für Individuen gedacht. Sobald sie vor einem Standesamt des Dritten Reichs »die Ehe geschlossen haben, sehen sich die beiden Ehepartner in den völkischen Lebenszusammenhang gestellt, der ihrer Beziehung jeden Privatcharakter zu rauben droht.«[8]

Intimität ist in den Augen der nationalsozialistischen Machthaber eine Auflehnung gegen alle Bindungen an das »Volk«, die Verpflichtungen von »Blut und Boden« und die »rassische« Ordnung der Natur. Selbstbestimmter Sex ist Leistungsverweigerung gegenüber dem braunen Regime. Individuelle Glücksansprüche haben im NS-Staat aus dem Familienleben zu verschwinden. In der nationalsozialistischen Weltsicht verliert die Sexualität jede Bindung an Gefühle. Sie soll lediglich der »arischen« Rasse die weltweite Vorherrschaft sichern.[9]

In gewissem Maße folgt die rassistische Ideologie der Nazis Ideenströmungen, die weit älter sind. Schon das Zeitalter der Aufklärung setzt sich mit der Vorstellung des idealtypischen Menschen auseinander. Bereits Friedrich Schiller beschäftigt sich mit der Idee des auserwählten Menschen.[10] Jean Jacques Rousseau beschreibt den »edlen Wilden« als Inbegriff des idealen Menschen. In der Philosophie Nietzsches werden diese Vorstellungen am Ende des 19. Jahrhunderts radikaler. Durch die Verbindung mit dem Antisemitismus werden diese Ideen Anfang des 20. Jahrhunderts zur Grundlage der nationalsozialistischen Rassenlehre.[11]

Um die Wende vom 19. zum 20. Jahrhundert werden alle Lebensbereiche »biologisiert«. Von Ernst Haeckel, dem Grafen Gobineau und zahlreichen anderen Zeitgenossen des ausgehenden 19. Jahrhunderts werden die Erkenntnisse Charles Darwins auf die Gesellschaft angewendet. Diese wird als lebender Organismus beschrieben, der den Gesetzen des immerwährenden Konkurrenzkampfs unterliegt. »Völkergeschichte wird ein Spezialzweig der Zoologie«,[12] kommentiert Gunter Mann, ehemaliger Direktor des Mainzer Medizinhistorischen Instituts, diese Entwicklung. Nur die besten menschlichen Gesellschaften sind im Kampf ums

Dasein in der Lage, hochstehende Zivilisationen zu entwickeln. Nur Gemeinschaften, deren geistige Fähigkeiten stärker sind als die der Nachbarvölker, haben eine Chance zu überleben. Die Geschichte der Völker zeigt deren Geschick und ihre Leistungen im Umgang mit unterschiedlichen Lebensbedingungen. Die Ausgangssituation ist nicht für alle Gesellschaften gleich. Die Vielfalt der Kulturen wird mit Unterschieden in der Gehirngröße, Klima und Ernährungslage erklärt.[13]

Rassengeschichte wird zu einem der Lieblingsthemen der Jahrhundertwende. In Seminararbeiten und Aufsätzen, in Monographien und Vorlesungen beschäftigen sich große Teile der gelehrten Welt mit Aufstieg und Niedergang der Völker. Im Zeitalter des Imperialismus jagt nichts den Deutschen mehr Angst ein als der mögliche Untergang der bürgerlichen Kultur. Um ihn zu verhindern, so die herrschende Lehrmeinung, sei jede Einmischung fremden Blutes in deutsche Adern zu verhindern. Durch »Rassenmischung« komme es zum Absterben jeglicher Kultur. Der Entwicklungsstand der höher stehenden Gesellschaft sinke ab, bis sie nach langem geistigen und körperlichen Siechtum untergehe. Und Hitler verkündet: »Alle großen Kulturen der Vergangenheit gingen nur zugrunde, weil die ursprünglich schöpferische Rasse an Blutsvergiftung abstarb.«[14]

Mit Hilfe der Eugenik wollte Hugo de Vries bereits 1883 dieses Absterben verhindern. Auslese wird seiner Ansicht nach zur Voraussetzung des Fortbestandes menschlicher Kulturen. Der niederländische Botaniker und Sozialdarwinist will die Geburtenrate derer überwachen, die das Überleben der Zivilisationen behindern. Am besten wäre es, sie würden gar nicht erst geboren. Nur die »Besten« dürften sich fortpflanzen. Sie sollen früh heiraten und Lebensbedingungen vorfinden, die ihrem Nachwuchs eine gesunde

Kindheit ermöglichen. De Vries überläßt die Zeugung nicht dem Zufall. Nur Ehepaare, deren rassische Hochwertigkeit die Wissenschaft ermittelt hat, sollen sich fortpflanzen dürfen:[15]

»Stellt sich trotzdem heraus, daß das Neugeborene ein schwächliches und mißratenes Kind ist, so wird ihm vom Ärzte-Kollegium, das über den Bürgerbrief der Gesellschaft entscheidet, ein sanfter Tod bereitet, sagen wir durch eine kleine Dosis Morphium ... [Die Eltern] überlassen sich nicht lange rebellischen Gefühlen, sondern versuchen es frisch und fröhlich ein zweites Mal, wenn ihnen das nach dem Zeugnis der Fortpflanzungsbefähigung erlaubt ist.«[16]

Alfred Ploetz leitet 1895 die »Rassenhygiene« als praktische Konsequenz aus der Eugenik ab. Da die Gesellschaft, die zuerst eine konsequente »Rassenhygiene« durchsetzt, sich weit über das Kulturniveau anderer Gemeinschaften erheben wird, gibt es für Ploetz eine moralische Verpflichtung zu »Ausmerze« und »Auslese«. Um den »fortpflanzungswürdigen« Paaren ein besseres Leben zu ermöglichen, sollen die minderwertigen Mitglieder einer Gesellschaft »ausgejätet« werden. Zehn Jahre später spielt Ploetz die entscheidende Rolle bei der Gründung der »Gesellschaft für Rassenhygiene«, die sich in den folgenden Jahrzehnten der Verbreitung seiner Ideen annimmt. Bis 1930 entstehen 16 Ortsgruppen in Deutschland und vier in Österreich.[17] Die Bourgeoisie der Weimarer Jahre nimmt die Ideen des Sozialdarwinismus, der Eugenik und Rassenhygiene begeistert auf. Die neuen Gesellschaftslehren sehen im Bildungsbürger den idealtypischen Menschen und fordern eine Neuordnung der Gesellschaft auf der Grundlage der natürlichen Ungleichheit der Menschen. Die Rassenhygieniker sowie die Anhänger der Eugenik und des Sozialdarwinismus stellen dem verhaßten demokratischen Staat eine elitäre Philosophie gegenüber.[18]

Der Boden für die menschenverachtende Sexualpolitik des NS-Staates wurde also in breiten Kreisen von Gesellschaft und Wissenschaft schon lange vor der braunen Machtergreifung vorbereitet. Doch erst mit dem Erlaß des Gesetzes zur »Verhütung erbkranken Nachwuchses« wird am 14. Juli 1933 ein Instrument zur sozial-, gesundheits- und bevölkerungspolitischen »Flurbereinigung« geschaffen. Die Manipulation der Sexualität ist nun bürokratisch abgesegnet und wird systematisch durchgesetzt. Sozial unangepaßte Personen und Regimegegner, sexuelle Abweichler, alle nichtehelichen Lebens- und Beziehungsformen, homosexuelle Männer und Frauen können jetzt verfolgt und zwangssterilisiert werden.

2.

Zwischen »Auslese« und »Ausmerze« – Zwangssterilisationen im Dritten Reich

Mit dem »Gesetz zur Verhütung erbkranken Nachwuchses« betreiben die Nationalsozialisten ab 1933 Sterilisationsterror. In den folgenden zwei Jahren berauben sie rund 30.000 Personen aus allen Bereichen der Gesellschaft ihrer Fruchtbarkeit. Die Nürnberger Gesetze zwingen 1935 den bislang ungeordneten Zugriff in geordnete, bürokratische Bahnen. Der Eingriff in die Sexualität sogenannter »erbkranker« und »asozialer« Personen bekommt Methode.[1]

Auf dem Nürnberger Reichsparteitag wird der Ausmerzeterror am 15. September 1935 legalisiert. Mit dem Sterilisierungsgesetz, dem Sicherheitsverwahrungsgesetz, dem Gesetz zur Vereinheitlichung des Gesundheitswesens, mit Ehegesundheits- und Blutschutzgesetz kann das Regime jetzt eine menschenverachtende Sexualpolitik betreiben.[2] Der nationalsozialistische Staat stellt mit dem neuen Gesetzeskanon eine Rechtsgrundlage her, mit der er zwischen erwünschtem und unerwünschtem Liebesleben unterscheidet. Wer den NS-Vorstellungen nicht entspricht, wird vorgeladen, verhaftet, verstümmelt und verliert das Recht auf den Schutz seiner Persönlichkeit und die Möglichkeit, ein selbstbestimmtes Liebesleben zu führen.[3] Für Zwangssterilisationen gibt es zwar vorgeschriebene Prozeßwege, doch diese geben der Tatsache, daß der totalitäre Staat sich selbst in die intimsten Lebensbereiche einmischt, lediglich den Anstrich formaljuristischer Legitimität. Die sexuellen Grundrechte werden abgeschafft.

Um in der Öffentlichkeit das notwendige Verständnis für den Nürnberger Gesetzeskatalog zu schaffen, bedient sich Joseph Goebbels des neuen Mediums Film. In Streifen wie *Die Sünden der Väter* (1935), *Erbkrank* (1936) und dem 1937 in allen Kinos des Reiches laufenden Film *Opfer der Vergangenheit* stellt der oberste PR-Chef des Dritten Reiches seinem Publikum die Folgen »erbkranker« Sexualität von der schockierendsten Seite dar.[4] Mit Zeichentrickfilmen verbreitet das Regime den Rassismus nach 1935 auch unter seinen jüngsten Bürgern. Die propagandistischen Möglichkeiten des animierten Comic strip nach dem Vorbild der amerikanischen Disneystudios begeistern sowohl Goebbels als auch Hitler.[5]

Nach dem Nürnberger Parteitag erweitert sich der Kreis der Personen, in deren Intimsphäre der NS-Staat eingreift. In den Jahren 1935 und 1936 werden jeweils knapp 90.000 Menschen zwangsweise sterilisiert. Bis 1945 bleibt die Zahl weitgehend die gleiche. Nur kurz nach dem Überfall auf Polen könnte die Zahl kurzfristig zurückgegangen sein. Insgesamt werden über 400.000 Menschen unfruchtbar gemacht. Nicht einmal zehn Prozent der meistens von den Sozial- und Gesundheitsbehörden gestellten Sterilisationsanträge werden abgelehnt.[6]

Wer an Schizophrenie oder manischer Depression, an erblicher Epilepsie oder schweren körperlichen Mißbildungen leidet, wird sterilisiert. Ebenfalls betroffen sind Blinde und Taube, deren Eltern die gleiche Behinderung haben. Auch schwere Alkoholiker und Tuberkulosekranke, Entmündigte und Menschen, die an Syphilis oder Tripper erkrankt sind, werden ihrer Fruchtbarkeit beraubt.[7]

Besonders gerne bedienen sich die Gesundheitsbehörden des Dritten Reiches der Begriffe des »moralischen Schwachsinns« beziehungsweise der »Debilität«, um eine Sterilisation zu begründen. Der Begriff ist unscharf. Er dient als Sammelkategorie, unter die all jene gefaßt werden, die aufgrund sozialer Wert- und Vorurteile nicht in das Bild des nationalsozialistischen Deutschlands passen. Als »debil« gelten alle, deren Entwicklung im Säuglings- und Kleinkindalter langsamer verlaufen ist als normal und die unter »Verhaltensstörungen« wie Bettnässen oder Versagen in der Schule leiden.[8]

Auch wer aus den gesellschaftlichen Unterschichten stammt, läuft Gefahr, als »schwachsinnig« verurteilt und sterilisiert zu werden. Gerade seit der Weltwirtschaftskrise prägt das arbeitende Proletariat das Bild der deutschen Gesellschaft. Die Arbeitermassen, über die die NSDAP ihre Herrschaft errichtet, sind in unvorstellbarem Maße verelendet. In den Jahren nach 1929 sind Tausende verhungert oder von Epidemien dahingerafft worden, wie sie Deutschland zuletzt in der Pauperismus-Periode des 19. Jahrhunderts erlebt hatte. Die Säuglings- und Kindersterblichkeitsrate nimmt nach dem Schwarzen Freitag erschreckende Ausmaße an. Die Geburtenzahlen stürzen ab. Die Massenarmut beschert den Nationalsozialisten zahlreiche Alkoholiker und seelisch schwer geschädigte Menschen. Das Schicksal der Arbeiterschaft bessert sich zwar im Dritten Reich, doch fortgesetzte Konflikte mit Polizei und Behörden bleiben weiterhin für viele ein Problem. Verarmte Familien, die für ihren und den Unterhalt ihrer Kinder auf staatliche Unterstützung angewiesen sind, gelten in den Augen der Nazis als »Arbeitsscheue« und »Asoziale«.[9]

Der Personenkreis, den das Regime zur Sterilisation auswählt, ist scheinbar unbegrenzt – Sinti und Roma, jüdische Deutsche, »Asoziale«, homosexuelle Männer und Frauen.

Auch Invaliden des Ersten Weltkriegs sind im NS-Staat unerwünscht, weil sie dessen Kassen belasten. Es ist uninteressant, ob die Betroffenen während des Ersten Weltkrieges ihre körperliche Gesundheit im Dienste des Vaterlandes verloren haben. Kriegsinvaliden werden als »notorische Simulanten«, als »Rentenerschleicher« und »Unfallneurotiker« verunglimpft.[10]

Von der Sterilisation bedroht sind auch »Personen, die besonders unwirtschaftlich und hemmungslos sind und mangels Verantwortungsbewußtsein weder einen geordneten Haushalt zu führen, noch Kinder zu brauchbaren Volksgenossen zu erziehen vermögen«.[11] Wer die vom Regime aufgestellten Rollenbilder und Verhaltensstandards nicht erfüllt, wer nicht bereit ist, seine Kinder so zu erziehen, wie der Staat es vorschreibt, gilt als »nicht erbtüchtig« und fällt schnell unter die Diagnose »moralischer Schwachsinn«.[12] Für die Historikerin Christiane Rothmaler sind die Hauptbetroffenen der Sterilisationen »Angehörige der sozialen Unterschichten, die Auffälligen und nicht Funktionierenden, die als ungelernte oder angelernte Lohnarbeiter/-innen ihren Lebensunterhalt verdienten, aus größeren Familien mit überwiegend desolaten wirtschaftlichen Verhältnissen stammten, eine ungenügende Schulbildung erhalten hatten und alle vor allem durch Inanspruchnahme öffentlicher Fürsorgeunterstützung den Staatshaushalt ›belastenden ...«.[13]

Zur Durchführung der Sterilisierungsgesetze werden bei den deutschen Amtsgerichten »Erbgesundheits-« und »Erbgesundheitsobergerichte« (EGG) eingerichtet. Der menschenverachtende Apparat greift die Ideen Hugo de Vries', Alfred Ploetz' und der Eugeniker auf und stellt Gutachten über die »Fortpflanzungswürdigkeit« des einzelnen aus. Hier werden Sterilisationsanzeigen bearbeitet, die von Heimen und Pflegeanstalten, Arbeitsämtern, Gefängnissen und

Vereinen zur Bekämpfung des Alkoholismus gestellt werden. Obwohl auch niedergelassene Ärzte antragsberechtigt sind, halten sich die Mediziner meist zurück, da sie Angst um den guten Ruf ihrer Praxen haben. Nach Eingang der Anzeige ermitteln die EGG bei den Arbeitgebern der verfolgten Personen, bei Lehrern, Familien und Ortsgruppen der NSDAP. Die Verabschiedung des Antrags ist dann meist nur noch eine Formsache. Oft werden drei bis vier Fälle in 15 Minuten abgehandelt.[14] In den ersten Jahren des Sterilisationsterrors können die zur Unfruchtbarkeit Verurteilten Widerspruch einlegen und einen ärztlichen Gegengutachter heranziehen. Reichsärzteführer Gerhard Wagner nimmt ihnen 1936 diese Möglichkeit. Eine Berufung ist nur noch bei solchen Gutachtern möglich, die von den Erbgesundheitsgerichten gebilligt werden. In Zweifelsfällen wird für die Sterilisation entschieden.[15] Für die meisten Betroffenen gibt es keinen Weg, ihre Sexualität vor dem Zugriff des Staates zu retten. Nur wenn nachgewiesen werden kann, daß sie keine Kontakte zum anderen Geschlecht haben, gibt es ein Entrinnen. Doch außer in Klöstern ist dies selten der Fall.[16]

Nach der Beschlußfassung der »Sterilisationsrichter« werden die Betroffenen von der Polizei ins Krankenhaus gebracht. Hier werden Frauen durch Quetschung und Unterbinden der Eileiter, Männer durch Unterbrechen der Samenleiter sterilisiert. Wer versucht, sich dem Zugriff des Staates zu entziehen, wird im *Reichskriminalblatt* zur Fahndung ausgeschrieben. Widerspenstige werden mit Hilfe des sogenannten »Sechs-Wochen-Beschlusses« in einer geschlossenen Anstalt in Beugehaft genommen. Dort, so heißt es, werde die Diagnose der EGG überprüft.[17]

Nur für zehn Prozent der zwangsweise sterilisierten Frauen verläuft der angeblich harmlose Eingriff ohne Komplikationen. Der Sterilisationsterror macht auch vor Kindern nicht halt, bei denen der Eingriff aufgrund der noch nicht voll entwickelten Geschlechtsorgane besonders riskant ist. NS-Ärzte operieren ohne Rücksicht auf die seelische und körperliche Verfassung ihrer Opfer. Angst und Erregung, Abwehrreaktionen und die dagegen eingesetzten Zwangsnarkosen machen den Eingriff noch gefährlicher. Viele sterben, nachdem sie gegen ihren Willen ihrer Fruchtbarkeit beraubt wurden, an Embolien, Lungenentzündungen, Herz- und Kreislaufschwäche. Viele nehmen sich das Leben, weil sie die seelische und körperliche Verstümmelung nicht ertragen können.[18]

Die Machthaber betonen ausdrücklich, daß die Zwangssterilisation »keine Strafe für die [davon] Betroffenen ist, sondern einzig und allein [eine] zu ihrem Wohle und zum Wohle der Deutschen Volksgemeinschaft durchzuführende Maßnahme. Eine Minderung der Ehre oder des Ansehens der Betroffenen ist damit *nicht* verbunden.«[19]

Die Betroffenen werden dennoch gesetzlich zum Stillschweigen verpflichtet. Das Gefühl der Entwürdigung müssen sie für sich behalten.[20] Über körperliches und geistiges Leid dürfen sie nicht sprechen. Insgesamt werden zwar etwa genauso viele Männer wie Frauen sexuell verstümmelt. Frauen leiden jedoch unter der Sterilisation meist schwerer als Männer. Sie gelten als nicht mehr »ehetauglich« und dürfen nach den Nürnberger Gesetzen keinen fortpflanzungsfähigen »arischen« Mann heiraten. Viele der zwangssterilisierten Frauen haben schlecht bezahlte Arbeitsplätze. Die Möglichkeit, durch eine Eheschließung gesellschaftlich zur Haus- und Ehefrau aufzusteigen, steht ihnen nach 1935 nicht mehr offen. »In einer Zeit, in der Muttersein als höchstes weibliches Ideal galt, waren diese Frauen – ungleich stärker als Männer – in ihrer Identität verstümmelt und reduziert. Sterilisierte Männer konnten zudem ihre Sexualität außerhalb der Ehe problemloser ausleben.«[21]

Doch gerade durch den Wunsch, eine Ehe zu schließen, setzen sich während des Dritten Reiches viele Menschen ungewollt dem Zugriff der »Sterilisationsrichter« aus. Der nationalsozialistische Staat richtet Eheberatungsstellen ein, die Brautpaare in Fragen der »Erb-« und »Rassengesundheit« beraten sollen. Kaum jemand kommt freiwillig.[22] Die Überprüfung der »Ehetauglichkeit« liegt bis 1936 allein in den Händen der Standesämter. Danach muß jedes Aufgebot an die Gesundheitsämter gemeldet werden, die überprüfen, ob das Paar oder dessen Familie in den erbbiologischen Karteien »negativ verkartet« sind. Wird die Gesundheitsbehörde fündig, wird das Brautpaar zu einer Untersuchung seiner Heiratsfähigkeit vorgeladen. Kommt es der Vorladung nicht nach, wird ihm die Ehe verweigert.

Ein- bis zweimal wöchentlich haben die Eheberatungsstellen Sprechstunde. Dann unterziehen Ärzte und Gesundheitspflegerinnen die jungen Paare einer umfassenden Untersuchung und leisten »Ehegesundheitsberatung«. Mit diesem »Gesundheits-TÜV« soll sichergestellt werden, daß der eheliche »Sexualbetrieb« auch im Sinne des Staates ablaufen wird. Überprüft werden Fortpflanzungsfähigkeit und sexuelles Leistungsvermögen als Voraussetzungen der ehelichen Pflichterfüllung, Gebärfähigkeit, Zeugungsfähigkeit, Impotenz, mögliche Perversionen, aber auch die mutmaßliche Fähigkeit, Kinder regimegetreu zu erziehen. Bei Männern wird zusätzlich auf Arbeits- und Berufsleistungen, bei Frauen auf ihre Befähigung zur Hausfrauen- und Mutterrolle geachtet.[23] Fällt ein Ehegutachten negativ aus, kann der Arzt dem oder der Betroffenen raten, sich doch einen anderen Ehepartner zu suchen – für die Historikerin Gabriele Czarnowski ist das »eine offizielle Aufforderung zum Partnertausch.«[24] Wer nach »erbbiologischem« Ermessen gesund ist, ist deshalb noch lange nicht »fortpflanzungswürdig« und damit »ehetauglich«. Als für die Ehe nicht geeignet gelten Menschen, die an chronischen Blasen- oder Nierensteinen leiden. Krampfadern müssen vor der Eheschließung unbedingt entfernt werden.[25]

In den Beratungsstellen werden Männer und Frauen nicht als Einzelpersonen, sondern im Kontext ihres Familienverbandes begutachtet. Die Familienangehörigen werden in einer »Sippentafel« verzeichnet. Zur Überprüfung der Angaben werden Auskünfte bei Behörden, Krankenhäusern, Pflegeanstalten und NSDAP-Ortsgruppen eingeholt. Der ermittelte »Erbwert« wird auf einer Karteikarte festgehalten und dem Regime zur Bewertung überlassen. Aus den Karteien der Beratungsstellen werden ab 1935 bei den Gauämtern für Volksgesundheit Gesundheitskarteien angelegt, die zusammengenommen ein reichsweites Melde- und Kommunikationsnetz bilden, mit dem »Ausmerzekandidaten« ausfindig gemacht werden können.[26]

Es steht zu keiner Zeit im Interesse der braunen Machthaber, daß Ärzte und Gesundheitspfleger jungen Paaren wirklich mit gutgemeinten Ratschlägen für ihre Sexualität und Fortpflanzung zu Hilfe kommen. In den Augen der Nazis sollen in den Beratungsstellen diejenigen ausfindig gemacht werden, denen die Gesetze des Dritten Reiches ein eigenes Liebesleben verbieten. Die Beratungsstellen sind Orte der Selektion. Hier wird der Arzt zum Sterilisationsrichter.[27] Das Vertrauensverhältnis zwischen Arzt und Patient wird vom NS-Staat mißbraucht.[28] Während des Dritten Reiches entscheiden Ärzte über die »Zulässigkeit« der Bindung zwischen zwei Menschen. Sie werden zum Werkzeug, mit dem der Staat in die intimsten Lebensbereiche eindringt.

Mit dem Geschlechtsleben ausländischer Zwangsarbeiter gibt sich der NS-Staat weniger Mühe. Hier wird der staatliche Eingriff in zwischenmenschliche Beziehungen nicht durch den Anstrich der »Pseudo-Rechtsstaatlichkeit« – die

Sterilisationsverfahren folgen immerhin einem vorgeschriebenen juristischen Ablauf[29] – und die Autorität des Arztkittels getarnt. Um die Arbeitskraft der Millionen in der deutschen Rüstungsindustrie und Landwirtschaft beschäftigten Russen, Polen, Holländer, Franzosen und Belgier möglichst restlos ausbeuten zu können, sind Schwangerschaften unerwünscht. Im Krieg genießen ausländische Frauen keinen Mutterschutz. Der Staat setzt sie erheblichem Druck aus, um sie zum Abbruch ihrer Schwangerschaften zu bewegen. Oft ist die Arbeit selbst das Druckmittel. Viele verlieren ohnehin durch die Strapazen der Schwerstarbeit ihre Kinder. Ab 1943 werden in den Zwangsarbeiterlagern Abtreibungen in einem Ausmaß vorgenommen, das die katholische Kirche erstaunlicherweise zu lauten Protesten veranlaßt. Allein in Niedersachsen liegt die Abbruchrate bei 25 Prozent. Im Gau Osthannover werden über dreißig Prozent der Schwangerschaften zwangsweise beendet. Da sich die Krankenhäuser weigern, die Eingriffe durchzuführen – ihre Betten seien belegt, heißt es offiziell –, wird in Kranken- und Arbeiterbaracken abgetrieben. Deutsche Ärzte machen Überbelastung geltend. Ihre russischen und polnischen Kollegen, die in Deutschland Zwangsarbeit leisten, werden ausgewählt, die Abtreibungen vorzunehmen.

Kommen dennoch Kinder zur Welt, werden die Säuglinge in Ausländerpflegestätten inhaftiert wie Häftlinge in Konzentrationslagern. Die Ausstattung der Heime ist bescheiden. In niedersächsischen »Säuglings-KZs« beträgt die Sterblichkeitsrate teilweise 100 Prozent.[30]

3.

»Versuchslabor« KZ – Die NS-Medizin und die Sexualität

Bis 1933 ist der »Nationalsozialistische Deutsche Ärztebund« eine der kläglichsten Organisationen der NSDAP. Er wird erst spät gegründet, hat keine klare Zielsetzung, und bis zu Hitlers Machtergreifung mangelt es den deutschen Ärzten an Interesse für den braunen Berufsverband. Dann jedoch schnellen die Mitgliederzahlen der Berufsvereinigung nach oben. Nach 1934 läßt sich die deutsche Medizin bereitwillig gleichschalten. Zwischen 40 und 50 Prozent der deutschen Mediziner treten dem NS-Ärztebund bei.[1]

Viele Ärzte hinterfragen die Anforderungen nicht, die das neue Regime an sie stellt. Widerspruchslos wirken sie an der zwangsweisen Sterilisation von über 400.000 Menschen mit, sondern 5000 Kinder aus und schläfern sie ein. Rund 70.000 geistig und körperlich gebrechliche Menschen, Altersschwache und Kriegsinvaliden werden bis zum Ende der Euthanasie-Aktion T4 1941 von Ärzten »abgespritzt« – also ermordet. Die Medizin vernichtet Leben, das den neuen Machthabern als »nicht-lebenswert«, »erbkrank« und »minderwertig« erscheint.[2]

Nationalsozialistische Ärzte sind die Werkzeuge, mit denen der NS-Staat unerwünschtes Leben ausmerzt und gleichzeitig die wertvolle, deutsche »Erbsubstanz« fördert und schützt. Zu Beginn des Dritten Reiches verfügen die Machthaber noch nicht über alle wissenschaftlichen Erkenntnisse, die für die menschenverachtende Gratwanderung zwischen »Auslese« und »Ausmerze« vonnöten sind. Doch in den Konzentrationslagern liegt ein Experimentierfeld vor ihnen, dessen Möglichkeiten scheinbar keine Grenzen gesetzt sind. »Nirgends ist der Zugriff auf menschliche Meerschweinchen leichter, nirgends stehen mehr Menschenobjekte zur Verfügung«,[3] kommentiert der Theologe Ernst Klee.

Die braunen Machthaber sind keine Schulmediziner. Wozu mit chemischen Medikamenten behandeln, wenn die Heilkräfte der Natur noch nicht vollständig bekannt und untersucht sind? Um dem pseudowissenschaftlichen Interesse Heinrich Himmlers, Rudolf Heß' und Julius Streichers gerecht zu werden und die unbekannten Möglichkeiten der »Neuen Deutschen Heilkunde« zu erforschen, wird im KZ Dachau eine Heilkräuterplantage angelegt.[4] In Ravensbrück wird an jüdischen und polnischen Frauen die homöopathische Sterilisation erprobt. Dr. Adolf Pokorny schlägt Himmler im Oktober 1941 vor, die Wirkung des nordamerikanischen Schweigrohrs auf den menschlichen Fortpflanzungsapparat zu untersuchen. Forschungen aus der deutschen Pharmaindustrie hatten ergeben, daß der Saft des Caladium seguinum Säugetieren und Vögeln die Fruchtbarkeit raubt. Trotz intensivster Pflege will das Schweigrohr jedoch auch in Gewächshäusern nicht gedeihen. Versuche, seine Wirkstoffe synthetisch herzustellen, mißlingen.[5]

Himmler begibt sich erneut auf die Suche nach einer Methode, mit der »unerwünschtes« und »minderwertiges« Erbgut schnell und kostengünstig aus der »deutschen Volksgemeinschaft« beseitigt werden kann. Während Martin Bormann und andere Nazigrößen sich Geliebte halten und ihre Potenz der »Veredelung der Rasse« zur Verfügung stellen, laufen in den Konzentrationslagern Sterilisationsversuche an, die selbst vor Kindern nicht haltmachen.[6]

Im Mai 1942 wird Himmler fündig. Carl Clauberg, Gynäkologe in Königshütte, verfügt über langjährige Erfahrungen mit Fruchtbarkeitsproblemen bei Frauen. Der Sohn eines Messerschmiedemeisters aus Wupperhof im Kreis Solingen hat 1925 mit einer Arbeit über die Wirkungsweise der weiblichen Sexualhormone den Doktortitel erworben. Nach seiner Promotion forscht Clauberg sieben Jahre zusammen mit Chemikern der Firma Schering an der Kieler Universitätsklinik nach einem synthetischen Hormon, mit dem das Wachstum der Eileiter und damit Schwangerschaften gefördert werden können.[7]

Unter den Nazis will sich Clauberg auch mit der Verhinderung unerwünschter Schwangerschaften beschäftigen. Er verspricht Himmler die Entwicklung einer operationslosen Sterilisationsmethode, mit der »von einem entsprechend eingelernten Arzt an einer entsprechend eingerichteten Stelle mit vielleicht 10 Mann Hilfspersonal … höchstwahrscheinlich mehrere hundert – wenn nicht gar 1000 – an einem Tage«[8] ihrer Fruchtbarkeit beraubt werden können. Himmler ist begeistert. Im Dezember weist er Clauberg das Konzentrationslager Birkenau für seine chemischen Experimente an Frauen zu. Dort bleibt Clauberg nicht lange. Im April des darauffolgenden Jahres wechselt er nach Auschwitz, wo Block 10 für Clauberg in einen »Sterilisationsblock« umgebaut wird. Der »Clauberg-Block« wird mit vier Versuchsräumen, einer Dunkelkammer und modernstem Röntgengerät ausgestattet. Da der Gynäkologe Zivilist ist und Räumlichkeiten und Frauen von der SS nur mietet, muß er pro Woche und Häftling eine Reichsmark an die Lagerleitung abführen.[9] An rund 700 Frauen im Alter zwischen 20 und 40 Jahren, die bereits Kinder haben, erforscht Clauberg die verheerenden Wirkungen von Bariumsulfat und mit Novocain versetztem Formalin auf den weiblichen Fortpflanzungsapparat. Die einzelnen Frauen erhalten zwischen drei und fünf Injektionen in den Unterleib. Die eingespritzte Reizflüssigkeit soll die Eileiter und die Eierstöcke verkleben und die Frauen dadurch unfruchtbar machen. Mit Röntgenaufnahmen wird der Erfolg überprüft. Fast alle sterilisierten Frauen leiden nach dem Eingriff an hohem Fieber und Bauchfellinfektionen. Claubergs Methode bleibt erfolglos.[10]

Viktor Brack, Mitarbeiter der Kanzlei des Führers, bespricht im Sommer 1942 mit Heinrich Himmler ein anderes Sterilisationsprogramm. Mit Röntgenstrahlen sollen zwei bis drei der zehn Millionen europäischer Juden ihrer Fruchtbarkeit beraubt werden. Das NS-Regime will vor ihrer Ermordung im KZ ihre Arbeitskraft ausbeuten, ohne sich um unerwünschten Nachwuchs kümmern zu müssen. In einem Brief an Himmler erinnert Brack am 23. Juni 1942 daran, daß »eine Sterilisation, wie sie normalerweise bei Erbkranken durchgeführt wird, ... in diesem Fall nicht in Frage [kommt], da sie zu zeitraubend und zu kostspielig ist. Eine Röntgenkastration jedoch ist nicht nur relativ billig, sondern läßt sich bei Tausenden in kürzester Zeit durchführen.«[11]

Der Oberdienstleiter der Führerkanzlei beabsichtigt, die zu sterilisierenden Personen an Behördenschaltern einige Minuten lang unbedeutende Formulare ausfüllen zu lassen. Während dieser Zeit werden sie mit einer hinter den Schaltern angebrachten Röntgenanlage bestrahlt. Auf diesem Weg sollen täglich bis zu 4000 Menschen ihrer Fruchtbarkeit beraubt werden. Die Kosten dafür beziffern die Nazis mit 15.000 bis 20.000 Reichsmark pro Röntgenanlage.[12]

Zunächst ist es unter den Medizinern umstritten, ob auf diese Weise auch Männer sterilisiert werden können. Dr. Horst Schumann hält die Röntgensterilisation bei Männern für zu zeitraubend und zu teuer. Um das zu klären, wird er Ende 1942 nach Birkenau geschickt. In Block 30 des Konzentrationslagers setzt er gut 1000 gesunde Männer und Frauen im Alter von 17 bis 25 Jahren je 5 bis 8 Minuten lang einer Strahlung aus, die das Gewebe von Eierstöcken und Hoden zerstört. Die jungen Männer müssen dazu Penis und Hodensack auf eine Röntgenplatte legen. Frauen werden zwischen zwei Platten gestellt, mit denen Rücken und Unterleib bestrahlt werden. Die Folgen für die Betroffenen sind verheerend. Es kommt zu schweren Verbrennungen, die sich entzünden und oft nur langsam heilen. Schumanns Versuchspersonen leiden nach der Bestrahlung an starken Schmerzen, Fieber und Brechreiz. Sein eigenes Büro in Block 30 ist selbstverständlich mit Bleiplatten gegen die Strahlung geschützt.[13]

Um den Erfolg der Bestrahlung zu überprüfen, werden den betroffenen Frauen die Eierstöcke entfernt. Um Zeit zu sparen, schneidet Schumann den Frauen durch die Bauchdecke, ohne dabei die einfachsten Regeln seiner medizinischen Kunst zu beachten. Oft werden zehn Operationen in nur zwei Stunden ausgeführt. Die Rümpfe der Eierstöcke überzieht Schumann nicht wie seine niedergelassenen Kollegen mit der schützenden Bauchfellkappe. In vielen Fällen leiden die Opfer des gynäkologischen Stümpers nach der Operation an schweren Blutungen.[14] Aus den infizierten Wunden kommt Eiter, »… wie aus einer Grube, hohes Fieber … Lungenentzündung. Mein Körper schwoll an, und wenn ich meinen Arm drückte, hinterließ das Flecken [Ödeme]. Sie gaben mir Medikamente. Ich war [wie] gelähmt … ich konnte mich nicht bewegen. Mein ganzer Körper war völlig geschwollen … Wir wußten, daß wir wie ein Baum ohne Früchte waren … Die Versuche zerstörten unsere Organe. Wir haben gemeinsam darüber geweint; … Sie nahmen uns, weil sie keine Kaninchen hatten.«[15]

Männern ergeht es nach der Bestrahlung nicht viel besser, als dieser jüdischen Griechin. Ihnen wird bei der »Erfolgskontrolle« zunächst Sperma abgenommen. Dann werden in einer Operation ohne ausreichende Narkose beide Hoden entfernt und zur Untersuchung in ein Labor geschickt.[16]

Im Auftrag des NS-Staates berauben die Ärzte die Menschen nicht nur ihrer Fruchtbarkeit. Sie untersuchen auch die Einsatzfähigkeit der menschlichen Sexualität für Zwecke der Kriegsführung. Ab Sommer 1942 untersucht die Forschungsgruppe »Seenot« unter Leitung von Dr. Sigismund Rascher im Münchener KZ Dachau die Überlebenschancen von Luftwaffenpiloten nach einem Absturz ins Meer. Knapp 300 Häftlinge werden dazu in voller Fliegermontur in Wasserbecken mit 2,5 bis 12 Grad geworfen und nach ausreichendem Aufenthalt im Eiswasser in verschiedenen Geschwindigkeitsstufen wieder erwärmt. »Erbarmungslos kühlt die Forschungsgruppe ›Seenot‹ Häftlinge zu Tode, schaut sie den an akutem Herzversagen Sterbenden zu, mißt dabei Rektaltemperaturen.«[17] Himmler reichen die Ergebnisse der ersten Testreihe nicht aus. Er kommt auf die Idee, daß die »animalische Wiederbelebung« erfolgreicher sein könnte als die Wiedererwärmung mit Wolldecken und heißem Tee.[18] Im Oktober 1942 startet Rascher eine zweite Versuchsreihe. Aus dem Frauenkonzentrationslager Ravensbrück bestellt er vier junge Frauen. Bei den Unterkühlungsversuchen wird nun die Wiederbelebung durch Beischlaf angestrebt. Zwischen acht halb zu Tode gekühlte Häftlinge werden jeweils zwei nackte Frauen gelegt. Bald erkennen Rascher und seine Kollegen, daß sich die Probanden schneller erholen, wenn sie nur von einer Frau verführt werden.[19]

In den Vernichtungslagern werden auch Schwangerschaften abgebrochen und Neugeborene ermordet. Ab Mitte 1942 muß auf geheime Anordnung des obersten Rassenhygienikers Heinrich Himmler in den KZs jede Leibesfrucht abgetrieben werden, die nicht den Rassenkriterien entspricht. Dabei ist es unerheblich, ob der Vater des Kindes der Ehemann der betroffenen Frau ist oder nicht.[20]

Der überwiegende Teil der Abtreibungen im Frauenkonzentrationslager Ravensbrück geht in den Jahren 1942 und 1943 auf das Konto von Dr. Rudolf Rosenthal. Rosenthal ist weder Frauenarzt, noch verfügt er über Abtreibungserfahrung. In Ravensbrück kann er sich ungehemmt am Unterleib der Schwangeren versuchen und sich fortbilden. In aller Lagerstille, hinter verschlossener Tür, nimmt er mit Hilfe einer Häftlingsschwester, die seine Geliebte ist, die Abtreibungen vor. Rosenthal wird schließlich wegen Diebstahls von Pelzen und Juwelen aus den Lagerbeständen der SS verhaftet und ins KZ Sachsenhausen eingeliefert. Dort spielt er prompt den Systemgegner. Seine Häftlingsmätresse, mit der er die »Ehre der SS« besudelt hat, kommt nach Auschwitz.[21]

In den Konzentrationslagern werden Schwangerschaften oft bis zum siebten Monat abgebrochen. Nicht selten wird die schwangere Frau so lange geschlagen, bis sie ihr Kind verliert. In den meisten Fällen stirbt auch die Mutter. »Mitunter werden Mütter zwangsentbunden, die kurz vor der Geburt stehen – dann hören die Revierarbeiterinnen noch das Schreien eines Säuglings … Nicht wenige der Opfer dieser morbiden SS-Kamarilla verlieren nicht nur ihr Kind, sondern auch den Verstand.«[22]

Jüdische Häftlingsärzte nehmen heimliche Abtreibungen an schwangeren Jüdinnen vor, um ihnen den Erstickungstod in den Gaskammern zu ersparen. Die Frauen werden in den Krankenbau eingeschmuggelt. Dort wird abgetrieben. Oft bringen sie ihre Kinder heimlich zur Welt, viele dieser Säuglinge werden ermordet und für totgeboren erklärt.[23] In *Five Chimneys* erinnert sich Olga Lengyel 1947 an eine dieser Geburten: »Danach haben wir dem kleinen Kerl die Nase zugeklemmt, und als er den Mund öffnete, um zu atmen, gaben wir ihm die tödliche Dosis irgendeines Produktes. Eine Injektion hätte Spuren hinterlassen.«[24]

Allem Terror der SS-Ärzte zum Trotz kommen in den KZs Kinder auch lebend zur Welt. Im Wöchnerinnenzimmer des KZs Ravensbrück dürfen sich die Mütter drei Tage lang in einem eigenen Bett von der Geburt erholen. Dann werden sie in die schmutzigen, ungeheizten Räumlichkeiten von Revier II umquartiert. Dort müssen sich die Wöchnerinnen ihre Betten mit Frauen teilen, die an ansteckenden Krankheiten leiden. Oft liegen zwei oder drei Frauen zusammen auf einer Pritsche. Die Babys werden von den Müttern getrennt untergebracht. In den überfüllten Gitterbetten werden die Säuglinge quergelegt. Nachts werden sie eingeschlossen. Niemand kümmert sich um sie:[25]

»Wir konnten kein Auge zumachen, stellten uns vor, wie sie dort lagen, bloßgestrampelt, ohne Hemdchen, ohne Jüpchen, in durchnäßten Windeln, auf durchnäßter Strohunterlage ... Wir hörten ihre kläglichen schreienden Stimmchen.

Am nächsten Morgen waren sie entkräftet, über und über zerstochen und wund ... Es war ganz, ganz furchtbar, und man wußte nicht, was man in seiner Not tun sollte, wie man diese armen kleinen Würmchen beschützen konnte. Höchste Lebenserwartung der Neugeborenen – sechs Wochen.«[26]

Wenn sie Glück haben, müssen die Mütter eine Woche nach der Geburt nicht zum Arbeitseinsatz. Danach vertrauen sie ihre Babys kranken oder arbeitsunfähigen Mithäftlingen an:

»Die Mütter [sind] nur selten in der Lage, zu stillen. Vierzehn Tage später [sind] die Säuglinge nicht mehr lebensfähig – schlaffe Haut und Gliederchen, der Leib aufgedunsen, das Gesichtchen aschgrau, faltig, der kleine Körper wundgescheuert.«[27]

Kinder, die im letzten Kriegsjahr in Ravensbrück geboren werden, bleiben vor ihren milchlosen Müttern liegen, bis sie vor Hunger sterben. Dabei könnten sie überleben. Seit Dezember 1944 treffen kistenweise Pakete mit Trockenmilch, Zucker, Haferflocken und Kindernahrung vom Roten Kreuz ein. Doch die Lagerärzte hamstern die Lieferungen. Was sie davon verteilen, reicht nicht aus, um die Kinder am Leben zu halten.[28]

Der Rückzug der SS aus den weiter im Osten gelegenen Vernichtungslagern führt ab 1944 zu einer völligen Überlastung Ravensbrücks. Im letzten Lagerjahr werden etwa 70.000 Häftlinge nach Ravensbrück überführt. Im August 1944 werden nach der Niederschlagung des Warschauer Aufstandes 12.000 polnische Frauen und Kinder hierher verschleppt. Am Jahresende folgen 10.000 Häftlinge aus Auschwitz-Birkenau. In all dem Chaos finden die braunen Ärzte noch Zeit für skrupellose Experimente an Menschen. Horst Schumann führt bis kurz vor Kriegsende Zwangssterilisationen nach der »Clauberg-Methode« durch. Selbst vor jungen Mädchen und Kindern macht er nicht halt. Die jüngsten sind erst acht Jahre alt. Alle von Schumann sterilisierten Kinder werden kurz nach dem Eingriff im Gas erstickt.[29]

Bis zum Januar 1945 werden in Ravensbrück auch Röntgensterilisationen durchgeführt. Erst vier Monate vor der bedingungslosen Kapitulation bringt Schumann die kostbaren Geräte in einem Mecklenburger KZ in Sicherheit. Die Überlebenden von Claubergs Versuchen nimmt er mit. Sie müssen zu Fuß zu einer weit entfernten Bahnstation laufen. Dort werden sie auf offene Güterwaggons verladen. Viele überleben die mehrtägige Fahrt bei Minusgraden nicht. Die Apparate werden schonender transportiert.[30]

Die Opfer der medizinischen Versuche und der Zwangssterilisationen, die in den Konzentrationslagern und Ärztepraxen des Dritten Reiches durchgeführt wurden, wurden in der Bundesrepublik lange Zeit nicht ernst genommen.

Bis in die neunziger Jahre galten die Sterilisations-Urteile der Nazis nicht als Unrecht. 1968 wurde zwar den Betroffenen eine finanzielle Entschädigung in Form einer einmaligen Zahlung von DM 5000.- und einer monatlichen Rente von DM 100.- (seit 1998 DM 120.-) gewährt. Die Öffentlichkeit verdrängte jedoch jahrzehntelang die Tatsache, daß Tausende während des Dritten Reiches mit ihrer Fruchtbarkeit eines zentralen Bestandteils ihrer Persönlichkeit beraubt worden waren. Die Tabuisierung des Problems und die Verweigerung der Anerkennung machte es den Betroffenen um so schwerer, über ihr Leid zu sprechen. Viele fühlten sich ihr Leben lang unfähig, eine Ehe einzugehen. Andere mußten erleben, wie ihre Ehen aufgrund der Zwangssterilisationen auseinanderbrachen. Hielt die Lebensgemeinschaft der Belastung stand, so bedeutete dies noch lange nicht, daß die Betroffenen offen über ihre Qualen und den unerfüllbaren Wunsch nach Kindern mit ihren Partnern sprechen konnten. Die psychische Belastung verfolgte die meisten Opfer und ihre Partner ein Leben lang.

4.

Heinrich Himmlers »Lebensborn e.V.«

Keine andere Einrichtung Nazi-Deutschlands ist so mythenumrankt und läßt so viel Raum für Spekulationen wie der 1936 gegründete Verein »Lebensborn«. Was war er denn nun? Eine biologische Versuchsanstalt? Ein SS-Bordell? Ein arisches Müttergenesungswerk? Eine Nazi-Quelle nennt die Ziele: »Die Aufgaben des ›Lebensborn‹ liegen ausschließlich auf bevölkerungspolitischem Gebiet. Es werden rassisch und erbbiologisch wertvolle kinderreiche Familien unterstützt, rassisch und erbbiologisch wertvolle werdende Mütter betreut und in den Heimen des ›Lebensborn‹ aufgenommen. Außerdem wird für die dort zur Welt gekommenen Kinder und für ihre Mütter ständig gesorgt.«[1]

Als weltanschauliches Fundament der Einrichtung »Lebensborn« diente die Theorie des von den Nazis adaptierten und gesteigerten »Sozialdarwinismus«. Wie in Kapitel II/1 ausgeführt, überträgt diese Theorie Charles Darwins Lehre von der natürlichen Auslese (die Selektionstheorie), auf die Entwicklung von Gesellschaften: Im Kampf ums Dasein setzt sich die Rasse »guten Blutes« gegen die restlichen Rassen durch, weil das Selektionsprinzip den Stärkeren bevorzugt. Soweit die krude Theorie. Aber in der Praxis wird diese »natürliche Auslese« durch die Zivilisation verwischt. In der zivilisierten Welt können auch die weniger

Gesunden, die Untüchtigen und die Degenerierten überleben – quasi »gegen die Natur«. Diese »Fehlentwicklung« mußte nach Ansicht der nationalsozialistischen Sozialdarwinisten künstlich korrigiert werden, zumal die Rasse »guten Blutes«, nämlich die »Arier«, den Fehler beging, sich mit »minderwertigen« Rassen zu mischen. Die rassische Qualität des »nordisch-germanischen Typs« drohe abzusinken, und dieser Entwicklung müsse mit bewußter Steuerung der Fortpflanzung Einhalt geboten werden. Und das hieß nichts anderes als das »Züchten« von Menschen.

Die (wenigen) Autoren, die sich mit der Lebensborn-Thematik auseinandergesetzt haben (in Deutschland waren das im wesentlichen Georg Lilienthal und Dorothee Schmitz-Köster), sind sich einig. Lilienthal schreibt: »Die Geschichte des ›Lebensborn‹ zeigt, daß er weder eine Zuchtanstalt war, in der blonde, blauäugige Frauen und Männer zusammengeführt wurden, um für den ›Führer‹ ein Kind zu zeugen, noch eine karitative Organisation, die sich aus Nächstenliebe lediger Mütter und ihrer Kinder annahm, sondern eine SS-Organisation, die helfen wollte, die rassenbiologischen Grundlagen für das zu errichtende ›Germanische Weltreich‹ zu legen. Er war Instrument einer Rassenpolitik, die von dem Wunsch zur Schaffung eines ›germanischen Herrenvolkes‹ ebenso beherrscht war wie von dem Willen zur Vernichtung der ›Untermenschen‹.«[2]

Eine durchaus gewagte Kategorisierung, denn die neun deutschen und dreizehn ausländischen Lebensborn-Heime konnten im Schnitt lediglich 35 bis 40 Mütter betreuen. Wie sollte diese geringe Zahl für »rassenbiologische Grundlagen« reichen? Der »Lebensborn e .V.«, bei aller Perversität des Gedankens und aller Tragik für die unmittelbar Betroffenen, war wohl nicht viel mehr als eine Art folkloristische Einrichtung des für eine derartige Esoterik ohnehin empfänglichen Reichsführers SS, Heinrich Himmler.

Zehn namentlich nicht bekannte SS-Führer gründeten in Berlin auf Initiative Himmlers den »Lebensborn e.V.«. In der Satzung heißt es über die Ziele:

1. Rassisch und erbbiologisch wertvolle, kinderreiche Familien zu unterstützen.
2. Rassisch und erbbiologisch wertvolle werdende Mütter unterzubringen und zu betreuen, bei denen nach sorgfältiger Prüfung der eigenen Familie und der Familie des Erzeugers durch das Rasse- und Siedlungshauptamt SS anzunehmen ist, daß gleich wertvolle Kinder zur Welt kommen;
3. für diese Kinder zu sorgen;
4. für die Mütter der Kinder zu sorgen.[3]

Himmler wollte mit dieser Institution seinen Führungsanspruch für die »Rassenpolitik« festigen, den er offensichtlich zu verlieren drohte, weil andere NS-Organisationen mit ähnlich guten Kontakten zum »Führer« wie etwa die Nationalsozialistische Volkswohlfahrt (NSV), ebenfalls mitmischen wollten. Aus juristischen Gründen wurde der »Lebensborn« als Verein gegründet, denn so konnte er Immobilien erwerben. Ab 1938 war er dem Reichsführer SS direkt unterstellt. De facto wurde das Heim eine Einrichtung für ledige Mütter, denn die Nazis waren der Auffassung, daß zu wenig Kinder geboren würden (seit Anfang des Jahrhunderts waren die deutschen Geburtenraten ständig gesunken), daß zu viele Abtreibungen vorgenommen würden (Himmler sprach stets ungeprüft von 600.000 bis 800.000 Abtreibungen pro Jahr) und daß die Frauen »falschen« Idealen nachliefen.[4] Dazu kam der lange geplante Krieg und der zu erwartende »Blutzoll«, der unbedingt ausgeglichen werden mußte.

Der »Lebensborn« unterstützte selbstverständlich nicht

jede ledige Schwangere, sondern nur Frauen, die sich »rassisch« eigneten – es ging um die »Vermehrung des guten Blutes«. Tatsächlich wurden in den ersten Jahren 56 Prozent der Frauen, die sich um Aufnahme bewarben, abgelehnt. Etwas über die Hälfte der 1371 Kinder, die bis Ende 1939 im »Lebensborn« zur Welt kamen, war unehelich (53,4 Prozent). Die anderen hatten mit SS- und SA-Männern verheiratete Mütter. Der »Lebensborn« war beliebt, weil Müttern und Kindern die beste Pflege und eine in vielen Bereichen bevorzugte Behandlung zuteil wurde.

Der immer näher rückende Krieg veranlaßte die Nazis, ihre bevölkerungspolitischen Aktivitäten zu intensivieren. Im Oktober 1939 gab Himmler den Befehl aus, außerehelich Kinder zu zeugen. Die Legitimation lieferte er gleich mit: »Über die Grenzen vielleicht sonst notwendiger bürgerlicher Gesetze und Gewohnheiten hinaus wird es auch außerhalb der Ehe für deutsche Frauen und Mädel guten Blutes eine hohe Aufgabe sein können, nicht aus Leichtsinn, sondern in tiefstem, sittlichen Ernst Mütter der Kinder ins Feld ziehender Soldaten zu werden, von denen das Schicksal allein weiß, ob sie heimkehren oder für Deutschland fallen.«[5]

Das brachte Himmler schärfste Kritik von allen Seiten ein, insbesondere von der katholischen Kirche und der Wehrmacht. Auch vor Gauleitern, BDM-Führerinnen und Parteifunktionären mußte er seinen Befehl verteidigen; dabei berief er sich stets darauf, daß Hitler von dem Befehl Kenntnis gehabt habe. Himmler schwächte schließlich seinen Befehl ab, widerrief ihn aber nicht. Generell gab es in dieser Frage einen regelrechten Riß in der nationalsozialistischen Ideologie: War nun vor- und unehelicher Geschlechtsverkehr erlaubt oder nicht? Auf eine klare Position konnte sich die NSDAP in dieser heiklen Frage tatsächlich nicht festlegen. Himmler glaubte weiterhin an seine Weisung: Schließlich hätten schon die Germanen die Notwendigkeit einer hohen Kinderzahl gesehen, egal, ob diese nun ehelich oder unehelich geboren würden. Man habe umsonst gekämpft, so Himmler bereits 1934, wenn man dem politischen Sieg nicht den Sieg der Geburten des »guten Blutes« hinzufüge.[6] Der *Völkische Beobachter* hingegen schrieb, daß das uneheliche Kind dem ehelichen rassisch nicht »ebenbürtig« sei. Weitere Gegner Himmlers waren der oberste NSDAP-Parteirichter Walter Buch, der Schwiegervater Martin Bormanns, und das »Rassenpolitische Amt« der NSDAP. Selbst in der von der SS geleiteten Zeitschrift *Volk und Rasse* durften sich kritische Stimmen melden.

In der Bevölkerung waren Himmlers Vorstellungen nicht durchsetzbar. Selbst SS-Führer traten aus Protest gegen die Gleichstellung von unehelich und ehelich geborenen Kindern aus dem »Lebensborn« aus. Der Arzt Dr. Gregor Ebner dagegen, als Leiter der »Hauptabteilung Gesundheitswesen« wichtigster Mann des »Lebensborn e.V.«, erklärte: »Unsere Moralbegriffe von Gut und Böse richten sich nur nach den Belangen unseres Volkes. Gut ist, was unserem Volke nützt, und schlecht ist, was unserem Volke schadet.«[7]

Auch vor Abtreibungen wollte Himmler die Frauen bewahren – er glaubte, daß durch die Hilfe des »Lebensborn« mindestens 100.000 Kinder jährlich gerettet werden könnten. Der Wirrkopf rechnete weiter, daß somit in ungefähr 30 Jahren eine zusätzliche Armee von 400.000 Mann zur Verfügung stünde.[8]

In den »Lebensborn«-Heimen wurden alle Frauen, auch die unverheirateten, mit »Frau« angesprochen, damit ihr Personenstand nicht offenkundig wurde. Auch wurden Geburten weitgehend geheimgehalten, um die ledigen Mütter nicht zu diskreditieren (ein Umstand, der die verheirateten Mütter und deren Männer störte). Selbst mit Deckadressen wurde gearbeitet, um die ledigen Mütter zu schützen. Geltendes Recht wurde bei diesen Verschleierungsaktionen umgangen, gebeugt und gebrochen.

Ab dem Juli 1938 wurden von dem jeweiligen Heimleiter weltanschauliche Schulungen abgehalten, und zwar dreimal pro Woche. Es wurden Reden von NS-Größen im Radio gemeinsam angehört, Kapitel aus *Mein Kampf* vorgelesen, Liederabende abgehalten und SS-Führer zu Vorträgen geladen. Für zahlreiche Mütter waren diese Schulungen, wie man sich denken kann, kaum attraktiv.[9]

Um in den »Lebensborn« aufgenommen zu werden, mußten sich die ledigen Mütter einer rigiden Prüfung unterziehen. Zu den Antragsformalitäten gehörten eine »Ahnentafel«, die, wenn möglich, bis zum 1. Januar 1800 zurückreichen mußte (so war es auch bei der SS üblich), ein »Erbgesundheitsbogen«, auf dem eventuelle Erbkrankheiten eingetragen werden mußten, ein »Ärztlicher Untersuchungsbogen«, ein Fragebogen, in dem Fragen wie »Ist eine Eheschließung mit dem Kindesvater beabsichtigt?« gestellt wurden, und eine eidesstattliche Versicherung, die die ledige Mutter abgeben mußte, daß der von ihr genannte Mann der Vater ihres Kindes sei. Die »rassische« Beurteilung der Mutter erfolgte in drei Stufen:

I = vollkommen der Auslese der SS entsprechend
II = guter Durchschnitt
III = der Auslese nicht mehr entsprechend.[10]

Ledige Mütter wurden geschützt; es galt, daß die Ehefrau hintergangen werden durfte, der Ehemann aber nicht. Einen Ehemann, der nicht wußte, ob er mit seiner Geliebten ein Kind zeugen sollte, überzeugte Ebner persönlich, der »Lebensborn« werde die Geburt ganz bestimmt geheimhalten; umgekehrt lehnte er die Aufnahme einer verheirateten Frau, die ein außereheliches Kind erwartete, ab.[11]

In kleinem Kreis schwärmte Himmler von seinen Visionen: Jede Frau, die mit 30 Jahren noch kein Kind geboren hätte, würde im »Lebensborn« eines bekommen. Dabei könne sie sich unter drei SS-Leuten den Vater ihres Kindes aussuchen, und dann werde »die große Zeit des Lebensbornes gekommen sein!«[12] Frauen sollten ausschließlich als »Gebärmaschinen« einen Platz im nationalsozialistischen Staat bekommen; sie würden sich dem »Reproduktionsdiktat« zu beugen haben.

Von den ersten Kriegsjahren konnte der »Lebensborn« als Organisation profitieren. Im Sinne der Rassenlehre »rassisch wertvolle« Nationen wie Norwegen, Dänemark oder die Niederlande waren besetzt worden; in von den Nazis eroberten Gebieten sollten insbesondere uneheliche Kinder deutscher Soldaten betreut werden. Da gab es einiges zu tun: Den Umständen entsprechend verläßliche Schätzungen gehen davon aus, daß etwa in Norwegen und Dänemark zur Besatzungszeit jede fünfte bis zehnte junge Frau einen deutschen Geliebten gehabt hatte; in Norwegen waren rund 9000 norwegisch-deutsche Kinder aktenkundig.[13]

Im Westen war lediglich Frankreich ein Sonderfall, weil es nach Nazi-Definition nicht zu den »germanischen Ländern« zählte. In Hitlers Tischrunde machte Himmler jedoch 1942 den Vorschlag, »alljährlich einmal unter der germanischen Bevölkerung Frankreichs einen blutsmäßigen Fischzug« durchzuführen. Die Kinder sollten in jüngsten Jahren in deutsche Internate gesteckt werden, um sie von ihrer »zufälligen« Nationalität abzubringen. Wieder rechnete Himmler nach und kam zu dem Schluß, daß 1000 Kinder pro Jahr reichten, um Frankreich blutsmäßig zu schwächen.[14] Im November 1943 erklärte er in einer Rede im Führerheim der SS-Standarte »Deutschland«: »Alles gute Blut auf der Welt, alles germanische Blut, was nicht auf deutscher Seite ist, kann einmal unser Verderben sein. Es ist deswegen jeder Germane mit bestem Blut, den wir nach Deutschland holen und zu einem deutschbewußten Germanen machen, ein Kämpfer für uns, und auf der anderen Seite ist einer weniger. Ich habe wirklich die Absicht, germanisches Blut in der ganzen Welt zu holen, zu rauben und zu stehlen, wo ich kann …«[15]

Im Osten hingegen sollten »fremdvölkische« Kinder eingedeutscht werden, sofern sie dem »nordischen« Erscheinungsbild entsprächen. In Rogozno etwa, im Regierungsbezirk Posen, erschienen im Sommer 1943 Fürsorgerinnen in Begleitung von Polizeibeamten und entrissen über zwanzig Kinder ihren Müttern, ließen sie in die Meldestelle nach Kalisch abtransportieren und über den »Lebensborn« in deutschen Pflegefamilien unterbringen. Hier fanden die von Himmler angedachten »Fischzüge« tatsächlich statt, wenn auch nicht in dem von ihm erhofften großen Ausmaß. Dennoch: Jeder Einzelfall ist von unermeßlicher Tragik. Die Kinder erhielten falsche Dokumente und falsche Namen – nach dem Krieg konnte die wahre Identität der Kinder in den meisten Fällen nicht mehr ermittelt werden. In Polen waren beispielsweise 250 bis 300 Kinder bis 1944 von den Maßnahmen betroffen. Die Aktion war kein Erfolg für die SS, weil sich kaum SS-Familien fanden, die die Kinder, wie geplant, adoptieren wollten.[16]

Nach der Invasion der Alliierten im Juni 1944 in Frankreich mußte der »Lebensborn« alle Heime im Ausland aufgeben – Norwegen ausgenommen. Als die Front von allen Seiten näher rückte, flüchteten Mütter, Kinder und Betreuer – Ironie des Schicksals – sukzessive ins allererste »Lebensborn«-Heim ins bayerische Steinhöring. Der Wahn endete dort, wo er begonnen hatte. Insgesamt sind in allen »Lebensborn«-Heimen 18.000 Kinder zur Welt gekommen; diese Zahl wurde bei den Nürnberger Prozessen erwähnt, doch Historiker halten sie für zu hoch. 90.000 Menschen sollen insgesamt vom »Lebensborn« betreut worden sein – wiederum großzügig geschätzt.

So imponierend diese Zahlen sein mögen – der »Lebensborn« war nie mehr als eine Randerscheinung und keineswegs der Mittelpunkt der NS-Ideologie und Rassenpolitik. Erstens stand der »Lebensborn« in scharfer Konkurrenz zu anderen NS-Organisationen wie der Nationalsozialistischen Volkswohlfahrt (NSV) und hätte sich gegen die personell und organisatorisch überlegene NSV wohl nicht mehr lange halten können. Zweitens hat sich die Himmlersche Ideologie nicht einmal im Ansatz in der deutschen Bevölkerung durchsetzen können; keine einzige Organisation unterstützte die geforderte Abkehr von der »bürgerlichen Moral«. Selbst Himmlers treueste Vasallen, die SS-Leute, richteten sich nicht nach dem Aufruf zur Zeugung »guten Blutes«, schon gar nicht im eigenen Heim: 1939 hatte die Familie von SS-Angehörigen im Durchschnitt nur 1,1 Kinder, die Familie von SS-Führern 1,5 Kinder[17] – eine tragikomische Randnotiz der Geschichte. Und drittens war Heinrich Himmler keinesfalls der »zweitwichtigste Mann des Reiches«, wie die beiden sonst so herausragenden Autoren zur Lebensborn-Problematik, Georg Lilienthal und Dorothee Schmitz-Köster, glauben[18] – als hätte es Göring und Goebbels und später Martin Bormann nicht gegeben. Ob sich die Utopien Heinrich Himmlers nach dem (gewonnenen) Krieg problemlos durchgesetzt hätten, muß stark bezweifelt werden.

In all den monströsen Schrecken und unfaßbaren Unmenschlichkeiten der Nazizeit ist der »Lebensborn e.V.« wohl nicht mehr als das mahnende Symbol für eine pervertierte Geburtenpolitik.

5.

Eros und Kunst

Kaum einen sinnloseren, widersprüchlicheren, dümmeren Kampf hat es in Nazi-Deutschland gegeben als den für eine »saubere«, »nicht entartete« Kunst und für ein »arisches« Schönheitsideal in den bildenden Künsten. Besonders Adolf Hitler, Joseph Goebbels und dem NS-Chefideologen Alfred Rosenberg lag viel an diesem ideologischen Ringen um eine »arische« Kulturhegemonie.

Der Kunsthistoriker Richard Hamann analysierte bereits kurz nach Ende des vermeintlich tausendjährigen Reiches die Schwerpunkte der nationalsozialistischen Kunstpolitik, die zum einen vom Bedürfnis nach Repräsentation bestimmt und zum anderen von der natürlichen Darstellung der Dinge geleitet wurde.[1] Die Kunstpolitik zeichnete sich durch übertriebene Pathetik aus, etwa in den Plastiken Arno Brekers; weiterhin sollten durch »Verniedlichung und Versüßung« (Hamann), also Kitsch, beim Betrachter große Gefühle hervorgerufen werden; die »peinlich haarscharfe« (Hamann) Modellwiedergabe resultierte aus dem Wahn der physischen und psychischen Sauberkeit. Der »neue Klassizismus« war nichts mehr als Imitation und Verfälschung und mutierte zu einem bloßen Körperkult; und das nationalsozialistische Schönheitsideal im Dienste der »Rassehygiene« sollte den Rezipienten zwingen, das Kunstwerk weniger unter ästhetischen als unter ideologischen Gesichtspunkten zu betrachten.

Hitler erhob in *Mein Kampf* auch die Kunst zum Kriegsschauplatz zwischen »Ariern« und Juden, denn er teilte die Rassen in »Kulturbegründer« und »Kulturzerstörer« ein.[2] Dieses dualistische Prinzip des Schöpferischen gegen das Zerstörerische, das Hitler nicht nur für die Kunst gelten lassen wollte, bildete den Kern seines Antisemitismus. Der Alleinvertretungsanspruch der »Arier« ergab sich für Hitler ganz von selbst: »Was wir heute an menschlicher Kultur, an Ergebnissen von Kunst, Wissenschaft und Technik vor uns sehen, ist nahezu ausschließlich schöpferisches Produkt des Ariers. Gerade diese Tatsache aber läßt den nicht unbegründeten Rückschluß zu, daß er allein der Begründer höheren Menschentums überhaupt war, mithin den Urtyp dessen darstellt, was wir unter dem Worte ›Mensch‹ verstehen.«[3] Hitler glaubte, daß Kulturen dann zugrunde gehen, wenn sie sich »bastardisieren« – wenn sich also das »arische Herrenvolk« mit den »Kulturzerstörern« vermischt. »Jede Kreuzung zweier nicht ganz gleich hoher Wesen gibt als Produkt ein Mittelding zwischen der Höhe der beiden Eltern. Das heißt also: das Junge wird wohl höher stehen als die rassisch niedrigere Hälfte des Elternpaares, allein nicht so hoch wie die höhere. Folglich wird es im Kampf gegen diese höhere später unterliegen.«[4]

Arische Kulturen, so Hitler, seien zwar Zyklen unterworfen, die Begabung als »Kulturbegründer« jedoch würde zu keiner Zeit versiegen. Die Juden hingegen könnten nicht einmal die »arische« Kunst imitieren, weil ihnen das »Zerstörerische« im Blut liege. »Wie sehr der Jude nur nachempfindend, besser aber verderbend fremde Kultur übernimmt, geht daraus hervor, daß er am meisten in der Kunst zu finden ist, die auch am wenigsten auf eigene Erfindung eingestellt erscheint, der Schauspielkunst.«[5] So seien denn auch moderne Kunstrichtungen wie Kubismus und Futurismus (!) aus Völkervermischung und »Rassenschande« entstanden.

Hitler bemühte sich um die Konstruktion eines Schönheitsideals, indem er am Beispiel antiker griechischer Plastiken von »Zweckmäßigkeit« auf »Schönheit« schloß, denn die Plastiken zeigten eine »absolute Richtigkeit der Gestaltung des Körpers der Frau und des Körpers des Mannes. So und nicht anders müssen sie sein, um beide, schon anatomisch, ihren höchsten Aufgaben zu genügen. Das Bild des Mannes ist genau so Ausdruck höchster männlicher Kraft und damit seinem Wesen und seiner von der Natur gewollten Bestimmung nach richtig, als das Bild der Frau die Lebensreife und ihrem höchsten Zweck geweihte Mutter verherrlicht. In dieser richtig gesehenen und wiedergegebenen Zweckmäßigkeit liegt ein letzter Maßstab für die Schönheit.«[6] Die Zweckmäßigkeit also wurde zum »letzten Maßstab für die Schönheit«. Hitler orientierte sich auch hier »im weitesten Sinne an Darwins Lehre, nach der sich das stärkste Individuum oder die stärkste Art gegenüber den Konkurrenten behauptet. Er versuchte, aus diesem Prinzip eine ästhetische Konsequenz abzuleiten, und folgerte, daß der zur Erhaltung des Individuums oder der Art ›zweckmäßigste‹ Körper auch der schönste sei.«[7] »Mißgeburten« wie der Dadaismus seien zustande gekommen, weil ihren Schöpfern die Synthese aus Zweckmäßigkeit und Schönheit fremd gewesen sei.

Da war es nicht mehr weit zum körperlichen Ideal der neuen deutschen Kunst. »Wir lieben das Gesunde. Der beste Kern unseres Volkes, an Leib und Seele gemessen, soll den bestimmenden Maßstab geben. Wir wünschen in unserer Kunst nur dessen Verherrlichung. Das Gebot unserer Schönheit soll immer heißen: Gesundheit«, sagte der Braunauer auf der Kulturtagung des Reichsparteitages 1936 in Nürnberg.[8] Die Ausstellung »Entartete Kunst«, die 1937 in München eröffnet wurde, zeigte, daß die Nationalsozialisten zuallererst die bildenden Künstler auf Parteilinie bringen wollten.

Damals, so eine Anekdote, trafen sich ein Maler und ein Komponist. Der Komponist sagte: »Sie können von Glück reden, daß der Führer in seiner Jugend nicht Pianist sein wollte.«[9] Das Maß an Befriedigung einzuschätzen, das Adolf Hitler angesichts seiner gescheiterten künstlerischen Karriere bei der Formulierung dieser »arischen« Vorgaben empfand, möge Psychologen vorbehalten bleiben.

Alfred Rosenberg schrieb in seinem Werk *Der Mythus des 20. Jahrhunderts*, daß die »innere« Schönheit den »Höchstwert« der »germanischen Rasse« darstelle. Die »formale« Schönheit dagegen sei der »Höchstwert« der antiken Griechen gewesen. Da diese aber nach Rosenberg ein Stamm der »Arier« gewesen seien, müßten beide »Höchstwerte« in ihrer Ästhetik gleichberechtigt nebeneinanderstehen. Der endgültige Schönheitsbegriff nach Rosenberg lautet demnach: »Als ›schön‹ kann ... neben dem nordischen Rassenideal für uns nur die durch die Stofflichkeit hindurchhängende innere Ausstrahlung eines bedeutenden Willens gelten ... Griechische Schönheit ist das Formen des Körpers, germanische Schönheit ist die Formung der Seele. Das eine bedeutet äußeres Gleichgewicht, das andere inneres Gesetz.«[10]

Die nach diesen Theorien entstandenen Kunstwerke sahen demnach so aus, wie sie nach all diesen Vorgaben nur aussehen konnten: kitschig, peinlich, widerlich. Der Bildhauer Arno Breker wurde bekannt durch seine Monumentalstatuen vorgeblich heroischer Männer, mit denen er beispielsweise die Neue Reichskanzlei und die Tribüne des Zeppelinfeldes ausstattete. Als Modelle für diese überladenen Kraftpakete reichten nicht einmal die nordischsten

SS-Männer aus – Breker mußte sich Beratung und Hilfe bei Anatomen holen.[11] Maler wie Adolf Ziegler, völlige Dilettanten, bevorzugten den Akt. Ziegler brockte sich wegen seiner penetranten Genauigkeit bald den Spitznamen »Maler des deutschen Schamhaares« ein.[12]

Die Aktmalerei war genau reglementiert: »Der menschliche Leib, die Aktdarstellung, wird eine Sache blutvollen Lebens. Man will ihnen die gesunde, körperliche Basis, den biologischen Wert der Person als Voraussetzung jeder völkischen und geistigen Neugeburt vor Augen stellen. Es geht der Kunst um Leiber, so wie sie von Natur sein sollen, um Bestformen, um rein durchgebildeten Gliederbau, um gut durchblutete Haut, um den angeborenen Wohllaut der Bewegung und um sichtbare vitale Reserven, kurz, um eine moderne und deshalb fühlbar sportliche Klassizität.«[13]

Die Kunst pflegte das Abbild der deutschen Frau, die kein völkisch bestimmtes Sexualobjekt war, sondern auch in ihrer Nacktheit eine Aufgabe zu erfüllen hatte. Die Aktmalerei war eine flankierende Maßnahme der Familienpolitik, eine Werbung für Ehe und Mutterschaft.[14] Die Nazis wollten die Kunst von der angeblich jüdischen und homosexuellen Dominanz gründlich reinigen; die Kunst versorgte, so die Verantwortlichen, nun nicht mehr nur die niedrigen Leidenschaften, sondern bildete wieder die natürliche, zeitlose Ordnung ab.[15]

Bei aller Loyalität zum »Führer«: Kritik an dem von den Nazis vorgegebenen Kunststil kam auf, mußte aufkommen. Besonders der Kritiker Bruno E. Werner bemühte sich um Distanz zu dem, was er sah. Für die *Deutsche Allgemeine Zeitung* schrieb er in ironischem Ton über die »Große Deutsche Kunstausstellung«: »Zahlreich sind in dieser Ausstellung, die so von einer Freude am gesunden Körper erfüllt ist, die weiblichen Akte … Hier ist kein Platz für Experimente. Hier sollen mit jeder einzelnen Arbeit die

Leitsätze belegt werden, die in den Reden zum Tag der Kunst immer wiederkehrten: daß in diesem ›fertigen schönen Haus keine unfertigen Bilder‹ aufgenommen werden dürfen.«[16] Die Nazis jedoch duldeten diese vorsichtige Kritik nicht: Werner wurde bereits 1934 aus der Reichspressekammer ausgeschlossen; 1944 floh er aus einem Konzentrationslager und lebte bis Kriegsende im Untergrund.

Eines der berühmt-berüchtigsten Bilder des heilen Dritten Reiches ist die »Bäuerliche Venus« von Sepp Hilz, ein plumper Striptease in der bäuerlichen Stube. Die Posen in dieser Mittelklasse-Malerei sind steif, unnatürlich und stark am ewigen Selbstplagiat, so daß die Kulturkritik echte Schwierigkeiten hatte, den immer wiederkehrenden Nackedeis eine tiefere Bedeutung abzuringen. Arbeiter- und Bauernbilder begannen die Ausstellungsbesucher bald zu langweilen, und die Spitzel vermeldeten unverhohlen geäußerte Kritik an die übergeordneten Dienststellen.

Im Film sah Hitler (und Goebbels sowieso) die stärkste propagandistische Waffe; ein Plakat oder ein Flugblatt mag zwar schnell wirken, so Hitler, aber »größere Aussicht besitzt schon das Bild in allen seinen Formen, bis hinauf zum Film. Hier braucht der Mensch noch weniger verstandesmäßig zu arbeiten; es genügt, zu schauen.«[17] Leni Riefenstahl, ehemals Tänzerin und Sportlerin, entwickelte sich als Regisseurin zur Vorzeigefrau des Dritten Reiches. Die Traumfabrik des Nationalsozialismus lag in Babelsberg bei Potsdam. Junge Frauen schwärmten davon, zum Film zu gehen, schrieb ein Beobachter 1941:

»Jedes weibliche Wesen träumt wenigstens einmal in seinem Leben davon, Schauspielerin zu werden. Besonders bei jungen Mädchen ist die Krankheit so verbreitet wie die Masern und durch keine Vernunft zu bekämpfen.«[18]

Die Filmpolitik des Dritten Reiches kann man unter dem Schlagwort »Herzen und hetzen«[19] subsumieren: Einerseits abblendende Happy-Ends als zweideutige Appelle an die Phantasie, andererseits widerwärtige Machwerke wie *Jud Süß* – perfiderweise mit denselben Schauspielern.

Schlüpfrig wurde es oft und reichlich; die Kinos waren voll, wenn sogenannte Aufklärungsfilme liefen (paradoxerweise mußte das Alter der Filmvorführer im Jahr 1940 auf – damals minderjährige – 18 Jahre herabgesetzt werden, weil es kaum noch männliche Erwachsene an der »Heimatfront« gab). In *Millionendieb Peter Voß* und anderen Streifen traten scharenweise exotische Halbbekleidete auf, und der Sicherheitsdienst (SD) der SS meldete über die Aufklärungsfilme entrüstet, derartige Vorstellungen »würden beim Publikum weit eher den Drang nach sexuellen Sensationen hervorrufen, als auf sachliche Unterrichtung hinweisen, wie sie vom volksbiologischen Denken des Nationalssozialismus aus erforderlich ist.« Der SD klagte: »Sehr auffällig ist der starke Andrang von Jugendlichen zu Filmen, die für sie verboten sind.«[20] Filme wie *Weltrekord im Seitensprung*, *Frau nach Maß* oder *Eva* ließen Jugendliche zu Tausenden illegal ins Kino schleichen – zu einer Zeit, als Starlets noch ganz teutonisch »Filmschnuppen« hießen.

Auch die Fotografie ordnete sich dem Willen der Führenden unter. Die Motive erstarrten in unerotischen Posen und gingen jeglicher Dynamik verlustig. Damaliger Ratschlag für Hobby-Fotografen: »Bei Tänzen oder Arbeiten (Erntearbeiter mit der Sense) warte man immer den Kehr- und Ruhepunkt einer Bewegung ab. Beim Tanz also die Schlußposen einzelner Figuren, wo die Personen meist etwas länger in ihren Stellungen verharren, bei der Arbeit die Höhepunkte jeder Bewegung.«[21] Postkarten von Akten und Aktgemälden fanden reißenden Absatz. Die »Lichtbildnerei« entwickelte sich schnell zur »Mutter der Volkskunst«; immer mehr Bildbände mit Aktfotografien erschienen, und in der SS-Zeitschrift *Das Schwarze Korps* hieß es entschuldigend: »Für echte und edle Nacktheit! Wir müssen um das Offene und Ehrliche kämpfen. Weil es immer das Richtige ist. Und ist es richtig, so ist es sicher gesund, und ist es gesund: dann kommt es mit tödlicher Sicherheit aus dem Natürlichen. Darum müssen wir auch um die echte und somit edle Nacktheit für alle natürlichen Gegebenheiten kämpfen. Und ebenso für ihre offene und ehrliche Darstellung in Kunst und Kultur. Es ist ja nichts dabei, nackt zu sein.«[22] Das *Schwarze Korps* bildete zahlreiche Akte ab, sogar solche, die offen zur Kamera gewandt waren. Zynischer Kommentar: »Es gibt noch zu viele häßliche Menschen ... Sie können sich nackt nicht sehen lassen. Oder sie tun es trotzdem, und das ist am schlimmsten. Aber einmal wird es soweit sein. Dann aber steht unser Volk vor einer Zeit höchster Kraft und Kunst. Sehen wir, daß es nicht zu lange dauert! Wir müssen selbst diejenigen, denen der Anblick eines hüllenlosen schönen Körpers noch neu und ungewohnt ist, mit diesem vertraut machen; denn wenn wir wirklich ein innerlich freies, geistig und körperlich harmonisch gebildetetes neues Geschlecht heranziehen und zugleich die Rasse unseres Volkes verbessern wollen, muß die Schönheit eine vertraute Selbstverständlichkeit und zugleich ein erstrebenswertes Ziel sein.«[23]

Hier zeigt sich die Hybris des NS-Regimes: Schon 1933 war die FKK-Bewegung verboten worden, die doch so treffliche Motive für Lichtbildner geboten hätte. Die Nazis hielten die Freikörperkultur für einen gefährlichen Irrtum, der die natürliche Scham der Frau und den Respekt der Männer vor dem anderen Geschlecht abtötet. Das nackte Sonnenbaden von Menschen gleichen Geschlechts galt als erster Schritt in Richtung auf eine Verletzung des Paragraphen 175.

Interessanterweise durften einige der Nudistenzeitschriften weiter erscheinen, aber nurmehr als Bodybuilding-

Magazine mit Bildern unterschiedlicher Leibesübungen, in denen der halbnackte Körper abstrakt bleibt, einer Skulptur gleich. Das richtige Bild des nackten Körpers war für die Nazi-Ideologen das Bild eines harten, durch Sport gestählten, gesunden Körpers. In Hans Suréns *Gymnastik der Deutschen* werden fast völlig nackte Körper beim Sport oder bei Wanderungen durch die Natur gezeigt; doch der männliche Körper mußte, wenn er öffentlich dargestellt wurde, sorgfältig hergerichtet werden – mit haarloser, glatter, sonnengebräunter Haut.[24] Gerade durch die kühlen, unerotischen Posen sollten Stärke und Manneskraft dargestellt werden; der Arier sollte sich durch »stille Größe« definieren.[25]

Die körperlichen Reize wollte jedoch auch Hitler nicht völlig verschwinden lassen. Etwas holprig formulierte er: »Der Junge, der im Sommer mit langen Röhrenhosen herumläuft, eingehüllt bis an den Hals, verliert schon in seiner Bekleidung ein Antriebsmittel für seine körperliche Ertüchtigung. Denn auch der Ehrgeiz und, sagen wir es ruhig, die Eitelkeit muß herangezogen werden. Nicht die Eitelkeit auf schöne Kleider, die sich nicht jeder kaufen kann, sondern die Eitelkeit auf einen schönen, wohlgeformten Körper, den jeder mithelfen kann, zu bilden. Auch für später ist dies zweckmäßig. Das Mädchen soll seinen Ritter kennenlernen. Würde nicht die körperliche Schönheit heute vollkommen in den Hintergrund gedrängt durch unser laffiges Modewesen, wäre die Verführung von Hunderttausenden von Mädchen durch krummbeinige, widerwärtige Judenbankerte gar nicht möglich. Auch dies ist im Interesse der Nation, daß sich die schönsten Körper finden und so mithelfen, dem Volkstum neue Schönheit zu schenken.«[26]

Die Lust schaffte sich Nischen. Bis 1943 florierte die Aktfotografie; dann wurde aus Kriegsgründen der Verkauf von Filmen an Privatpersonen verboten. Blieben nur noch die Bilder in den Illustrierten, die Gemälde und die Bildhauerei. Gerade bei der Bildhauerei konnte kein noch so verquer vorgetragener Anspruch über die Mittelmäßigkeit dieser Werke hinwegtäuschen. Pure physische Größe sollte wahre Größe ersetzen. Die Titel der Plastiken waren ebenso diffus wie die Plastiken selbst: »Demut«, »Vertrauen«, »Schreitender«, »Sieg«. Ein Name für diesen blutleeren Kunststil wurde schnell gefunden: »Klassischer Realismus« – eine Farce, wie alles, was die Nationalsozialisten im Namen der Kunst angerichtet haben.

III.

Die Familie

Das Dritte Reich kennt offiziell statt Lust nur sexuelle Reproduktionsleistungen. Die Familie ist für Hitler und seine Ideologen eine Zweckgemeinschaft zur Zeugung von Soldaten. Die Ehe wird auf die Vermehrung der »arischen Rasse« verpflichtet. Emotionale Bindungen sollen Staat, Volk und Führer gelten, nicht einem anderen Menschen. Für Zärtlichkeit oder gar Liebe bleibt kein Platz.

Der braune Staat fördert den Bund fürs Leben und kinderreiche Familien mit Steuervergünstigungen und Ehestandsdarlehen. Frauen werden aus dem Berufsleben und von den Universitäten verdrängt. Die Rollenverteilung des Faschismus weist ihnen Heim und Herd als Betätigungsfeld zu. Im ehelichen Schlafzimmer sollen Frauen nach Ansicht Hermann Görings geschwängert werden wie »Zuchtstuten«.[1]

Geburt und Mutterschaft werden sprachlich militarisiert. An der »Gebärfront« des Kreißsaals schlagen Frauen ebenso Schlachten für den Fortbestand des deutschen Volkes wie ihre Männer in Frankreich oder Stalingrad. In der Vorstellung der braunen Elite beginnt der Zweite Weltkrieg in den Kinderzimmern des Dritten Reichs. Vom ersten Lebenstag an werden Kinder darauf dressiert, hart zu sein und Schmerzen zu ertragen. Um den Familien den Soldatentod ihrer Söhne erträglicher zu machen, sind allzu emotionale Bindungen zwischen Mutter und Kind unerwünscht.

Nach 1939 werden der Verlust von geliebten Menschen, Hunger und Obdachlosigkeit für viele Deutsche zur bitteren Realität. Die von den Nazis bis zum Überfall auf Polen so sehr geachtete und geförderte Familie wird ihrem Schicksal überlassen. Kriegsdienst, Gefangenschaft und Tod reißen Männer aus ihren Familien. Kinder kennen ihre Väter oft nur als Fotografie auf dem Kaminsims. Viele Ehen und Liebesbeziehungen gehen an Hitlers Kriegswahnsinn zugrunde. Weder Feldpostbriefe noch die kurzen Heimaturlaube können das Gefühl der Fremdheit beseitigen, das sich durch die lange Abwesenheit zwischen den Menschen aufbaut. Kinder, die im Krieg geboren werden, leiden oft ihr Leben lang an den Folgen.

Die traumatischen Erfahrungen, die viele Familien während der Kriegs- und Nachkriegszeit machten, wirkten weit über 1945 hinaus fort.

1.

Die NS-Familie

Für den Nationalsozialismus ist die Ehe kein Ort, an dem individuelles Glück erlebt werden kann. Liebe ist keine Privatsache: In der faschistischen Ideologie wird sie als »Heiligtum« verklärt, das Höherem geweiht ist. In der Praxis des Dritten Reichs ist sie Mittel zum Zweck. Um Sexualität in den Dienst der »Rassenideologie« und der kriegsvorbereitenden »Geburtenschlacht« stellen zu können, macht das Regime ein selbstbestimmtes Geschlechtsleben unmöglich. Die Werbung für Kondome wird verboten. Außer an der Front sind sie ohnehin schwer zu bekommen. Der Staat hat ein Monopol auf Schwangerschaftsabbrüche. Abgetrieben werden darf nur, wenn das Leben der Mutter gefährdet ist. Doch während die Abtreibung eines »arischen Fötus« unter Todesstrafe steht, werden in Rußland und Polen in KZs und Zwangsarbeiterlagern Mädchen und Frauen zur Unterbrechung ihrer Schwangerschaften gezwungen. Wenn Abtreibungen zum Schutz der Mutter zulässig sind, dann erst recht solche zum Erhalt der »Rassenreinheit«.[1]

Da ihre Bestimmung in der Geburt von Soldaten liegt, dürfen Frauen im Schlafzimmer nur dann glücklich sein, wenn sie auch fruchtbar sind. Ihr Wert hängt davon ab, ob sie ihre Körper in den Dienst des Staates stellen. Der Körper als Ort der Lust und der zärtlichen Vereinigung von zwei Menschen ist tabu.[2] Sex ist nicht mehr Teil des Privatlebens.[3] Der NS-Staat nimmt Liebenden das Recht auf die von aller Verantwortung gegenüber »Rasse« und »Volksgemeinschaft« freie Begegnung. Um diese Forderung wahr werden zu lassen, muß die körperliche Begegnung der Geschlechter von aller rein sexuellen Begierde gereinigt werden.[4] Liebe als unverwechselbare emotionale Bindung zwischen zwei Menschen darf es in den Augen der Machthaber nicht geben. Die Körper der Liebenden werden zum Eigentum der »Volksgemeinschaft«.[5] Der Zweck der Ehe wird als ein politischer neubestimmt.

Für den Nationalsozialismus erfüllt die Ehe eine doppelte Rolle. Sie ist einerseits Ersatzdroge, ein Beruhigungsmittel, das den einzelnen von Kritik am politischen Leben fernhalten soll. Gleichzeitig müssen Männer und Frauen in der Ehe jedoch ihre Sexualität der »Rassenpflege« zur Verfügung stellen und Kinder für die nationalsozialistischen Kriegspläne »produzieren«.[6] Ein Jahr nach der Machtergreifung läßt die Frauenzeitschrift der NSDAP, *N.S. Frauen-Warte*, die Deutschen in einem Artikel zur Entscheidungsfindung bei der »Gattenwahl« wissen, daß der Sinn der Ehe »das Kind und die Aufzucht der Nachkommenschaft« ist.[7]

Um die nötigen Voraussetzungen für den Kindersegen zu schaffen, stellen die Machthaber die »erbgesunde«, fruchtbare, »deutsche« Ehe unter ihren besonderen Schutz.[8] Der Staat unterstützt junge Ehepaare bei der Wohnungssuche. Reicht ihr Gehalt nicht aus, so genießen sie Steuervergünstigungen und erhalten Zulagen für Unterhalt und Schulbesuch ihrer Kinder.[9] Die Frühehe wird empfohlen, mit ihr will der Nationalsozialismus erreichen, daß jede deutsche Frau vier Kinder bekommt und damit den Erhalt des Bevölkerungsgleichgewichtes sichert.[10] Um den Mädchen den

Einstieg in den Ehealltag zu erleichtern, setzt sich Reichsfrauenführerin Gertrud Scholtz-Klink für die Schulung junger Ehefrauen ein. Der »Mütterdienst« der NS-Frauenschaft und das »Deutsche Frauenwerk« bieten landesweit Kurse in Säuglingspflege und effizienter Haushaltsführung an. Auf dem Stundenplan stehen auch Koch- und Handarbeitskurse.[11]

Wer sich weigert, seine Sexualität in den Dienst des Staates zu stellen, wird bestraft. Kinderlose oder unverheiratete Beamte müssen Rechenschaft darüber ablegen, weshalb sie noch keinen Nachwuchs oder keinen Partner haben. Tun sie dies nicht, werden sie strafversetzt, nicht auf Lebenszeit ernannt oder von Beförderung ausgenommen. Unverheiratete Männer und ab 1938 auch kinderlose Ehepaare müssen ihre »Fortpflanzungsverweigerung« mit Strafsteuern in Höhe von zehn Prozent ihres Einkommens bezahlen.[12]

Um Frauen zur Geburt von Kindern zu bewegen, wird ihnen die Möglichkeit genommen, sich jenseits von Herd und Heim zu bewegen. Mit dem »Gesetz zur Wiederherstellung des Berufsbeamtentums« werden weibliche Beamte im April 1933 vom Dienst suspendiert. Zwei Monate später werden sie entlassen. Frauen werden aus Berufsbereichen verdrängt, die hohes Ansehen genießen. Die Nazis dulden keine Anwältinnen und Ärztinnen. Ab 1935 ist es Frauen auch verboten, eine zahnärztliche Praxis zu betreiben. Mit dem »Gesetz gegen die Überfüllung der Schulen und Hochschulen« wird am 28. Dezember 1933 der Anteil der Studentinnen an deutschen Universitäten auf zehn Prozent begrenzt.[13]

Mit der Verdrängung von Frauen aus dem Berufsleben wollen die Machthaber das Problem der Massenarbeitslosigkeit ebenso lösen wie das der sinkenden Geburtenzahlen. Um »erbgesunde« deutsche Frauen in die häuslichen Schlafzimmer abzudrängen, macht man sie zu Sündenböcken für die hohe Arbeitslosigkeit. Wären sie sich ihrer Verpflichtung zur Mutterschaft bewußt, so wird behauptet, würden Frauen durch ihren Rückzug ins Häusliche nicht nur Arbeitsplätze für Männer frei machen, sondern durch die Steigerung des Konsums auch die Wirtschaft ankurbeln. In den Augen des NS-Staates ist eine Frau gleichbedeutend mit zwei Arbeitsplätzen für Männer.[14] Mit Zuckerbrot und Peitsche will das Regime seine weiblichen Untertanen zur Einsicht bringen. Verläßt eine Frau den ihr zugeteilten Bereich der Familie, wird sie als »Volksschädling« gebrandmarkt. Gibt sie ihre Arbeit auf und bekommt Kinder, belohnt der Staat ihren Ehemann mit finanziellen Zuwendungen.

Ab 1933 fördert der NS-Staat Eheschließungen durch die Gewährung von Ehestandsdarlehen. Wenn das Einkommen des Ehemannes für die Einrichtung eines Haushalts nicht ausreicht und die Frau sich verpflichtet, nach der Hochzeit ihren Arbeitsplatz aufzugeben, werden Eheschließungen mit bis zu 1000 Reichsmark belohnt. In der Regel erhalten die Brautleute zwischen 500 und 600 Reichsmark in Form von Gutscheinen ausbezahlt, mit denen sie in ausgewiesenen Geschäften Gardinen, Matratzen, Vorhänge, Möbelstoffe und Tischdecken, Betten und Bettwäsche, Teppiche, Küchengeräte, Gläser, Geschirr und Besteck, Lampen, Kochherde und Öfen, Badezimmereinrichtungen, Waschfässer, Nähmaschinen, Bilder, Stand- und Wanduhren, Gartengeräte, ein Radio und Musikinstrumente kaufen können. (Hausmusik ist den Nazis ebenso wichtig wie die ideologische Schulung durch den »Volksempfänger«.) Der Kredit ist unverzinslich und muß in monatlichen Raten von einem Prozent der gewährten Summe an das Finanzamt zurückbezahlt werden. 1937 steigt der Tilgungssatz auf drei Prozent. Um die jungen Ehen dazu zu veranlassen, möglichst viele Kinder zu bekommen, kann das Darlehen, wie es in der Nazi-Sprache heißt, auch »abgekindert« werden. Mit jedem Kind werden 25 Prozent des gewährten Betrags erlassen. Nach vier Kindern ist die Familie schuldenfrei.[15]

Auf Frauen nimmt der NS-Staat bei der Gewährung von Ehestandsdarlehen allerdings keine Rücksicht. Da der Ehekredit an den Mann ausbezahlt wird und nur dieser darüber verfügen darf, zwingt die Kreditpolitik Frauen in die Abhängigkeit von ihren Ehemännern.[16] Darüber hinaus muß bei der Antragstellung ein frauenärztliches Fruchtbarkeitszeugnis vorgelegt werden.[17] In den Praxen der Gynäkologen wird für Frauen weitaus öfter eine negative Diagnose ausgestellt als in den vergleichbaren Untersuchungen für den Bräutigam. Zwischen 1935 und 1941 wird 26.397 Ehepaaren aufgrund gesundheitlicher Probleme der Frau ein Darlehen verweigert. Nur in 17.569 Fällen ist der Ehemann der »Schuldige«.[18] Mit schlechten Ergebnissen beim vorehelichen Gesundheits-Check können Ärzte auch eine Zwangssterilisation ihrer Patienten rechtfertigen. Die anfänglich sehr beliebten Ehestandsdarlehen werden deshalb bald von vielen Paaren verschmäht.[19]

Die Zahl der Eheschließungen wird durch die staatlichen Subventionen nicht nachhaltig beeinflußt. In den ersten Jahren des Dritten Reiches wird der Andrang an den Standesämtern zwar größer – viele Paare versprechen sich von der Machtergreifung der Nationalsozialisten den Anbruch besserer Zeiten –, der Trend setzt sich jedoch nicht über 1934 hinaus fort. Die Geburtenzahlen folgen der Zunahme der Eheschließungen. Nach 1935 sinken sie jedoch wieder unter das Niveau von 1920 ab.[20]

Wer über einen gewissen Bildungs- und Lebensstandard verfügt, für den sind die staatlichen Ehesubventionen ohnehin uninteressant. Im Mittelstand wird das NS-Familienmodell abgelehnt, das die »Vollfamilie« mit vier Kindern zum Erhalt des Bevölkerungsgleichgewichtes fordert.[21] Hingegen sind die Ehestandsdarlehen bei »asozialen Großfamilien«, dem nationalsozialistischen Begriff für Familien aus der unteren Arbeiterschaft, beliebt. Sie werden nach der Zahl der Kinder bemessen. Unterschichtenfamilien zeugen in den Augen der Nationalsozialisten allerdings nur deshalb Kinder, weil sich die staatlichen Fürsorgekassen mit dem Nachwuchs besser »melken« lassen. Der NS-Staat hält sie nicht für förderungswürdig,[22] die staatliche Familienförderung verfehlte hier ihr Ziel. Auch auf dem Arbeitsmarkt führen die finanziellen Anreize nicht zur gewünschten Entlastung. Die meisten der von Frauen gekündigten Jobs sind schlecht bezahlt und setzen nur ein geringes Bildungsprofil voraus. Mittelständische Ehefrauen mit höherem Bildungsniveau und qualifizierter Ausbildung lassen sich auch nach der Eheschließung ihre Arbeitsplätze nicht nehmen.[23]

Mit der Hochzeit bekommen Männer und Frauen vom Staat eindeutige Geschlechterrollen zugeteilt. Männer seien Vernunftmenschen, Frauen von Gefühlen geleitet. Der Nationalsozialismus geht von der Polarität der Geschlechter aus. Mann und Frau seien grundverschieden, doch verfüge jedes Geschlecht über Eigenschaften und Fähigkeiten, die dem anderen fehlen. In einer neuen »Ordnung der Geschlechter« ergänzen sich Mann und Frau vollkommen neu:[24] »Das ist ja das Wunderbare in der Natur und Vorsehung, daß kein Konflikt der beiden Geschlechter unter- und nebeneinander möglich ist, solange jeder Teil die ihm von der Natur vorgezeichnete Aufgabe erfüllt.«[25]

Der gottgewollte Beruf der Frau ist in den Augen der NS-Ideologen die Mutterschaft. Emanzipation ist die Befreiung der Frau vom Berufsleben. Erst wenn sie den schädlichen Auswirkungen der Arbeitswelt nicht mehr ausgesetzt ist, kann die Frau ihrer natürlichen Bestimmung nachkommen. Jede andere Bedeutung von Emanzipation gilt den Machthabern als »jüdische Volksverhetzung«.[26] Für sie sind Frauen gläubig, hegend und pflegend, sauber und praktisch.

Sie sind tapfer, stolz, tüchtig und vor allem gebärfreudig und einsatzfroh für das große nationalsozialistische Ganze nach dem aggressiven Motto: »Du bist nichts, dein Volk ist alles.« Die Stärken der Frau sind Eingebungskraft und Einfühlungsvermögen, Gemütlichkeit, Gemütsstärke und Herzenswärme. Sie spendet dem Mann »wohltuende, tragende, heilende, schwesterliche und mütterliche« Kräfte:[27]

»Die Familie ist der erfüllte Lebenskreis der deutschen Frau. Unsere deutsche Hausmutter gestaltet in ihr den kraftspendenden Ruhepunkt alles männlichen Tuns, die Stätte liebreicher Erziehung des jungen Geschlechts und den Mittelpunkt deutscher Geselligkeit. Wie die Frau, so wird die Familie sein!«[28]

Mit der Sorge um Mann und Kind ehrt die Frau in den Augen des Nationalsozialismus ihr eigenes Geschlecht:

»Wenn man sagt, die Welt des Mannes ist der Staat, die Welt des Mannes ist das Ringen, die Einsatzbereitschaft für die Gemeinschaft, so könnte man vielleicht sagen, daß die Welt der Frau eine kleinere sei. Denn ihre Welt ist ihr Mann, ihre Familie, ihre Kinder und ihr Haus.

Wo wäre aber die größere Welt, wenn niemand die kleine Welt betreuen wollte? Wie könnte die größere Welt bestehen, wenn niemand wäre, der die Sorgen um die kleine Welt zu seinem Lebensinhalt machen würde?

Nein: *Die große Welt baut auf dieser kleinen Welt auf!*

Diese große Welt kann nicht bestehen, wenn die kleine Welt nicht fest ist«, verkündet Adolf Hitler 1934 auf dem Parteitag der NSDAP.[29]

Tritt die Frau aus dem Schatten des Mannes heraus, verstößt sie nicht nur gegen die nationalsozialistische Ordnung der Welt, sondern mißachtet auch ihre Rolle als Mutter und Frau. In der Geschlechterordnung des NS-Staates ist Denken nicht die Aufgabe der Frau. Ihr Beitrag liegt in der Unterordnung unter den Mann und in seiner Unterstützung.[30]

Zentrales Wesensmerkmal der Frau ist ihre Fähigkeit, Kinder zu gebären. Empfängnis und Geburt gelten als »heroische« Höhepunkte ihres Lebens.[31] Im Kreißsaal kämpft sie wie ein Soldat an der Front. Ist sie gesund, »arisch« und verfügt über »wertvolles Erbgut«, so liegt ihre Verantwortung im »völkischen« Staat in der zahlenmäßigen Vergrößerung der »arischen« Rasse.[32] Nach der Geburt hat sie ihre Kinder regimekonform zu erziehen. Dazu gehört auch die Förderung der geschlechterspezifischen Merkmale ihrer Kinder. Jungen müssen tapfer und heldenhaft sein, Mädchen fraulich und zart. Bei der Erziehung der Töchter ist bereits früh auf die Hinführung zur Mutterschaft zu achten. Aufklärung über Sexualität und den weiblichen Körper kann dabei ruhig unter den Tisch fallen.

Hitler-Jugend und der Bund deutscher Mädel schweigen sich über die Körperlichkeit ebenso aus wie die Elternhäuser. Es gibt keine Richtlinien für den Sexualkundeunterricht.[33] Jugendleiter fürchten, daß Jugendliche über die Geheimnisse ihrer Körper lachen könnten. Ein »plan- und zielloses Sichgehenlassen«, ein lustvolles und individuelles Sexualleben wird ausdrücklich verurteilt.[34] Statt aufzuklären wird die asexuelle Kameradschaft gefördert.[35] Von den eigentlichen Fragen zur Sexualität lenken die Jugendleiter ab. Lust und körperliches Begehren werden zu angstbesetzten, undurchschaubaren Vorgängen, die gegen den Willen der Heranwachsenden und ohne das eigene Zutun abzulaufen scheinen.[36] Mit dem Leitspruch der »neuen Sittlichkeit« – »Rein bleiben und reif werden« – täuschen die Jugendorganisationen des NS-Staates Eltern vor, ihre Schützlinge vor allen Anfechtungen der Sexualität zu bewahren.

Die sexuelle Realität in den nationalsozialistischen Jugendgruppen erfüllt diesen Anspruch jedoch nicht. BdM-Mädchen werden schwanger und treiben heimlich ab. Beziehungen zwischen älteren BdM-Mädchen und Soldaten oder HJ-Führern sind keine Seltenheit. Bei Zeitgenossen des Dritten Reichs stehen die Initialen des BdM bald für »Bubi drück mich«, »Bedarfsartikel deutscher Männer« oder »Bund deutscher Matratzen«.[37] Im Oktober 1935 fordert die Reichsleitung die Führer von Hitler-Jugend und BdM zur Förderung der freien Liebe in ihren Jugendgruppen auf. Besonders den Mitgliedern des BdM soll der einmalige, unverbindliche Geschlechtsverkehr mit HJ-Burschen und SS-Männern als »biologische Ehe« schmackhaft gemacht werden. Also geben Führerinnen ihren Mädchen entsprechende Weisungen: »Ihr könnt nicht alle einen Mann kriegen, aber ihr könnt alle Mütter werden.«[38]

Für viele Mädchen ist die »biologische Ehe« die erste sexuelle Erfahrung, oft eine unerfreuliche. Im Herbst des darauffolgenden Jahres kommen etwa 1000 BdM-Mädchen schwanger vom Nürnberger Reichsparteitag zurück. Ein Jahr später liegt die Rate der vorehelichen Sexualbeziehungen in Sachsen bei 51 Prozent. Das katholische München bringt es sogar auf 90 Prozent.[39]

Im Dritten Reich gehören Kinder der »Volksgemeinschaft«. Mütter sind Aufzuchtbeauftragte, die für ihre Aufopferung für Mann und Kinder mit einer Reihe von Rechten entlohnt werden:

> »Frauenrecht
> Das Recht, zu dienen und zu lieben,
> …
> Das Recht, die Kindlein sanft zu hegen,
> zu ziehen, lehren, mahnen, pflegen
> das Recht, wenn alles schläft zu wachen,
> das Recht, im Dunkel Licht zu machen,
> das Recht, gekrönt mit sanfter Würde,
> zu tragen andrer Last und Bürde,
> …

das Recht, ein gutes Weib zu sein
voll wahrer Güte, fromm und echt,
das ist das schönste Frauenrecht!
Dora Rappard.«[40]

Die Familienpflichten des Mannes sind im Dritten Reich mit der Zeugung seiner Kinder und dem Verdienst des Lebensunterhaltes erledigt. Mit der Zeugung geht die Verantwortung für die Kinder auf die Mutter über. Väter werden auf ihr Geschlecht und ihren Fortpflanzungstrieb beschränkt und dürfen sich unter dem Schutz des NS-Staates aus der Familie zurückziehen. Für sie dient die Ehe lediglich als sexuelles »Versorgungswerk«. In der ehelichen Lebensgemeinschaft finden Männer geregelte Wohnverhältnisse und einen gedeckten Mittagstisch.[41]

Die NSDAP ist von Anfang an eine reine Männergesellschaft. In der braunen Bewegung schließen sich Freikorpsmitglieder und alte Kriegskameraden in fröhlicher Runde zum Biertrinken zusammen. Feste Bindungen zu Frauen und ein geregeltes Familienleben sind ihnen fremd. Für Joseph Goebbels ist »die nationalsozialistische Bewegung ... ihrer Natur nach eine männliche Bewegung«. Der NS-Staat reserviert Armee, Verwaltung, Justiz, Politik und Medizin für seine männlichen Untertanen. Ein reiner Männerstaat ist für Hitler die beste Staatsordnung.[42]

Im ehelichen Liebesleben hat sich die Frau unterzuordnen und ihrem Ehegatten die Befriedigung seiner Lust zu ermöglichen. Schwangerschaft, Geburt und Wochenbett hat sie als Folgen ihrer ehelichen Sexualpflichten zu ertragen.[43] Viele Ehen werden aus Vernunftgründen, nicht aus Liebe geschlossen. Und selbst wenn es der ehelichen Lebensgemeinschaft nicht an Liebe mangelt, verkümmern die Gefühle unter den Anforderungen, die Partei und Staat an die Ehepartner stellen.

Die Ehemoral der Nationalsozialisten ist zwiespältig. Der NS-Staat legt großen Wert auf die moralische Linientreue der Familien, auf Sparsamkeit, Sauberkeit und Ordnung. Die deutsche Familie soll »anständig« sein. Trotz Kindersegen soll sie ihren Status in der Gesellschaft nicht verlieren. Erst bei steigender Kinderzahl und gleichbleibendem Lebensstandard ist eine Familie »aufsteigend«,[44] erst dann hat die NS-Familienpolitik ihr Ziel erreicht. Die NS-Familie soll bescheiden sein. Jedes Familienmitglied soll sich seiner Stellung in der nationalsozialistischen Gesellschaft bewußt sein und nicht darüber hinausstreben:

»Deshalb freuen wir uns unserer Tatkraft, weil wir gar nichts anderes sein wollen als einfache, gerade Menschen.«[45]

Anständig ist die deutsche Familie dann, wenn die Hausfrau und Mutter alle Laster meidet. Die deutsche Frau raucht nicht und schminkt sich nicht. Ein polizeiliches Rauchverbot für Frauen geht Joseph Goebbels zwar zu weit, doch mehr als den gelegentlichen Genuß einer Zigarette ihrer Ehemänner gesteht der Reichspropagandaminister ihnen nicht zu. Die deutsche Frau ist viel zu stolz auf ihre »völkische Eigenart«, um aussehen zu wollen wie die Stars des Kinos oder der Illustrierten. Sie trägt selbstgenähte, schlichte Kleider. Als schicklich gelten gerade noch Bauernstickereien nach dem Vorbild historischer Trachten.[46]

Solange eine Familie anständig und fruchtbar ist und ihre Kinder regimegetreu erzieht, interessiert sich der nationalsozialistische Staat nicht für das moralische Verhalten der Lebensgemeinschaft. Der Besuch eines Familienvaters bei einer Prostituierten tut dem Anstand seiner Familie keinen Abbruch, meinen die braunen Machthaber. Da die Sexualität der Frau für den NS-Staat durch Passivität gekennzeichnet ist, gesteht ihr das Dritte Reich keine eigenständigen sexuellen Wünsche zu. Kommt der Gatte seinen ehelichen Pflichten nach, muß sich für sie die weibliche Befriedigung von selbst einstellen. Mit der Zeugung ist das sexuelle Begehren der Frau für den NS-Staat gestillt.

Großzügig gesteht das Regime auch unehelichen Müttern diesen »Lustgewinn« zu. Während des Krieges fordert Heinrich Himmler alleinstehende Frauen immer wieder dazu auf, dem Staat doch ein Kind zu schenken. Die SS würde sich liebevoll um die Bedürfnisse der Kleinen kümmern, versichert er. Auch die Ehre der unehelichen Mütter würde durch ihren Gebärdienst am Vaterland keineswegs gemindert. Mehr als ein Kind gesteht der oberste Sittenwächter unverheirateten Frauen allerdings nicht zu. In Sterilisationsverfahren gelten uneheliche Mütter von mehr als einem Kind als sittlich, moralisch und intellektuell minderwertig und werden als »Asoziale« gebrandmarkt.[47]

Auch wilde Ehen sind im NS-Staat unerwünscht. Wenn die Gesundheitsbehörden einem der Partner ein Eheverbot auferlegt haben und die beiden nicht bereit sind, sich zu trennen, sehen die Nazis die uneheliche Lebensgemeinschaft als einen Weg an, auf dem ihre Rassen- und Ehepolitik umgangen werden soll. Sie sind nicht willens, dies zu dulden. Scheitert eine gütliche Trennung, die der Staat auch mit der Zwangsversetzung eines der Betroffenen herbeizuführen bereit ist, droht dem schuldigen Partner ab 1941 die Einweisung in ein Konzentrationslager.[48] Im Zweifelsfall verschleppt die Gestapo den Mann.

2.

»Da lernt man wieder das vornehme Sterben«[1] – Krieg im Kinderzimmer

Am 21. Mai 1939 herrscht in allen Stadtteilen Bonns Hochstimmung. Der nationalsozialistische Staat ehrt deutsche Mütter. Im Auditorium der Universität hält der Ortsgruppenführer der NSDAP eine Lobrede auf sie, danach überreicht ihnen die Frauenschaftsleiterin das »Ehrenkreuz der deutschen Mutter« zusammen mit einer Urkunde, einem Blumenstrauß und Freikarten für Kino oder Theater. Am letzten Muttertag vor dem Krieg werden erstmals sechzig Mütter mit dem neuen »Orden« für ihren »Gebärdienst« am Vaterland ausgezeichnet.[2]

Der NS-Staat honoriert zunächst die Leistungen älterer Frauen. Sie sollen sich geehrt fühlen, weil sie dem faschistischen Regime ihre Söhne opfern »dürfen«.[3] Der »Mutterorden« wird nicht von ungefähr drei Monate vor dem Überfall auf Polen eingeführt.[4] Durch die Auszeichnung soll das mütterliche Selbstverständnis von Frauen gestärkt werden, damit sie auch während des Krieges dem Regime weiter bereitwillig Kinder gebären. »Das ›Mutterkreuz‹ macht für alle sichtbar, daß seine Trägerin zur ›Auslese‹ des ›deutschen Volkes‹ gehört und ihre ›Mutteraufgabe‹ – ihren Dienst für dieses ›Volk‹ – erfüllt.«[5]

Geburt und Mutterschaft werden von der nationalsozialistischen Ideologie militarisiert. Im September 1934 vergleicht Adolf Hitler auf dem Nürnberger Reichsparteitag die Geburt mit einem Kriegsschauplatz, auf dem sich Frauen Schlachtenruhm verdienen können:

»Was der Mann an Opfern bringt im Ringen seines Volkes, bringt die Frau an Opfern im Ringen um die Erhaltung dieses Volkes in den einzelnen Zellen. Was der Mann einsetzt an Heldenmut auf dem Schlachtfeld, setzt die Frau ein in ewig geduldiger Hingabe, in ewig geduldigem Leiden und Ertragen. Jedes Kind, das sie zur Welt bringt, ist eine Schlacht, die sie besteht für Sein oder Nichtsein ihres Volkes.«[6]

Trägerinnen des »Mutterkreuzes« genießen dieselben Vorrechte wie die Träger militärischer Orden. Mitglieder von Hitlerjugend und Bund deutscher Mädel müssen sie auf der Straße grüßen und ihnen die gleiche Hochachtung erweisen wie ausgezeichneten Kriegsinvaliden. Die »preisgekrönten« Mütter haben Vortrittsrecht an Behördenschaltern, sitzen bei Veranstaltungen von Staat und Partei auf Ehrenplätzen und bekommen in Straßenbahnen und Zügen bevorzugt Plätze zugewiesen.[7]

Die Auszeichnung für besonders »reproduktionsfreudige« Mütter wird von Blockwarten, Zellen- und Ortsgruppenleitern beantragt. Auch Familienangehörige und die Frauen selbst können einen Antrag stellen. Für vier Kinder gibt es den »Mutterorden« in Bronze, für sechs in Silber. Mütter von acht Kindern werden mit einem goldenen Ehrenkreuz ausgezeichnet. Die Verleihung findet jährlich am 12. August, dem Geburtstag *der* deutschen Mutter – Klara Hitler – statt. Vor der Verleihung des »Mutterkreuzes« werden die Frauen in »rassischer«, »erbgesundheitlicher« und ideologischer Hinsicht untersucht. Der Orden wird nur an »würdige« Frauen vergeben. Frauen, die als Prostituierte arbeiten, eine Schwangerschaft abgebrochen oder Gefängnisstrafen abgesessen haben, werden nicht geehrt. Führen die medizinischen Untersuchungen zu einer negativen Bescheinigung der »Erbgesundheit«, laufen die Frauen Gefahr, in die Fänge der Sterilisationsrichter in den Gesundheitsbehörden zu geraten. Wer im Zuge der Nachforschungen der Blockwarte und Parteidienststellen in den Ruf gerät, dem Regime gegenüber kritisch eingestellt zu sein, läuft Gefahr, als »asozial« verschrien zu werden. Da viele Frauen vor den Ermittlungen anläßlich der Verleihung des »Mutterkreuzes« Angst haben, erreicht der »Mutterorden« sein Ziel nicht. Eine Steigerung der Produktion junger Soldaten läuft in deutschen Schlafzimmern nicht an. Schnell gerät das »Ehrenkreuz der deutschen Mutter« als »Kaninchenorden« in Verruf.[8]

Nachdem die finanzielle Förderung durch Ehestandsdarlehen gescheitert ist, schafft der NS-Staat mit dem »Ehrenbuch für kinderreiche Familien« einen weiteren Anreiz für die »Vermehrung der Volksgemeinschaft«. Mit dem »Ehrenbuch« werden die hohe Kinderzahl und die vorbildliche, nationalsozialistische Haltung einer Familie gewürdigt. Die »NS-Frauenschaft« unterstützt kinderreiche Familien mit »Müttererholungsaufenthalten«. Arbeitslosen Vätern wird bei der Suche nach einer neuen Stellung geholfen. Für unverheiratete Mütter werden Kinderpflegeplätze gefunden.

In öffentlichen Verkehrsmitteln fahren kinderreiche Familien zu vergünstigten Tarifen. Strom-, Gas- und Wassergebühren werden für sie herabgesetzt. Außerdem sind sie von Krankenschein- und Medikamentengebühren befreit.[9]

Schon ab 1933 würdigt der NS-Staat geburtenfreudige Familien durch »Ehrenpatenschaften«. Wer mindestens neun [!] Kinder oder sieben Jungen am Familientisch sitzen hat, darf Reichspräsident oder -kanzler darum bitten, die Patenschaft für eines der Kinder zu übernehmen. In Preußen stellt sich auch der Ministerpräsident als »Ehrenpate« zur Verfügung. Um sicherzugehen, daß die politische Zuverlässigkeit der Familie außer Frage steht, lassen die Pateneltern die Familien von den zuständigen NS-Ortsgruppen überprüfen. Während mit der Verleihung des »Ehrenkreuzes der deutschen Mutter« keine Geldgeschenke verbunden sind, erhalten »Ehrenpatenkinder« eine einmalige Spareinlage von drei Reichsmark zur Förderung ihres Sparsinns. Nur in Berlin erhalten Eltern bis maximal zum 20. Lebensjahr des »Ehrenpatenkindes« auch eine monatliche Unterhaltshilfe von 20 Reichsmark.[10]

Der NS-Staat versucht mit allen Mitteln, die Gebärfreudigkeit deutscher Familien anzukurbeln. Nur in einem Punkt hält er sich meist zurück: Das Finanzministerium soll durch den Kindersegen nicht belastet werden. Wenn die Kosten den Kommunen aufgebürdet werden können, sind sie den Nazis recht. Erst 1935 setzt sich Staatssekretär Reinhard für die finanzielle Unterstützung von Eltern ein, deren Einkommen für den Erwerb von Haushaltsgeräten und Möbeln sowie für eine standesgemäße Erziehung der Kinder nicht ausreicht. Sie sollen eine einmalige Zuwendung von 100 Reichsmark erhalten. Ab Juli des darauffolgenden Jahres plant Reinhard außerdem ein Kindergeld von monatlich zehn Reichsmark, das Familien ab dem fünften Kind bekommen sollen, deren Jahreseinkommen weniger als 1800 Reichsmark beträgt.[11] Ein gelernter Fabrikarbeiter hat zu der Zeit am Monatsende etwa 125 Reichsmark in der Lohntüte.

Dem nationalsozialistischen Staat ist klar, daß die Geburt von Kindern für die Vorbereitung des »Befreiungskampfes aus der Versailler Knechtschaft« nicht ausreicht. Zukünftige Soldaten müssen auch entsprechend erzogen werden. Ein Jahr nach der Machtergreifung Hitlers erscheint mit Johanna Haarers *Die deutsche Mutter und ihr erstes Kind* ein

Ratgeber, mit dem der nationalsozialistische Staat die Erziehung des systemkonformen Menschen durchsetzen will. Sauberkeit ist für die Kinderärztin wichtiger als Liebe. Wie der Kreißsaal, so ist auch das Kinderzimmer ein Schlachtfeld, auf dem die Mutter unbedingt den Sieg über die egoistischen Triebe ihrer Kinder davontragen muß. Der Tagesbefehl lautet auf Erziehung zu Sauberkeit, Pünktlichkeit und Ordnung. Noch wichtiger als die Heranbildung des regimegetreuen Menschen ist es allerdings, bereits im Kleinkindalter die Fähigkeiten zu entwickeln, die der Krieg erfordert. Im Zuge nationalsozialistischer Kriegsvorbereitung muß der abgehärtete, mitleidlose deutsche Junge erzogen werden. Eine zärtliche und liebende Beziehung zwischen Mutter und Kind ist in den Augen Haarers unbedingt zu vermeiden. Familiengefühle sind im Dritten Reich unerwünscht, weil sie der völligen Beschlagnahme des einzelnen durch den Staat im Wege stehen.[12] Eine zu enge Beziehung der Mütter zu ihren Söhnen vergrößert außerdem den Schmerz, den sie empfinden, wenn ihr Kind an der Front fällt. Wenn ein Volk gestählter Krieger heranwachsen soll, dürfen Jungen keine emotionalen Bindungen zu ihren Familien entwickeln. Ihre Aufgabe ist der Kampf, nicht Sinnlichkeit und Gefühle.[13] Von Geburt an werden sie auf ihre Rolle als Krieger vorbereitet. Festgelegte Stillzeiten haben die Mütter nach Haarers Maßgabe genau einzuhalten. Wenn der Hunger das Geschrei der Babys unerträglich werden läßt, sind die Bälger an einem schallgeschützten Ort so lange abzustellen, bis die Uhr wieder zur Nahrungsaufnahme schlägt. Erziehungsziel ist der asketische Mensch, der seine Triebe beherrschen, Hunger erdulden und sich mit jeder Situation abfinden kann. Weil er im Krieg mit dem Schmerz leben muß, ermutigt Haarer Eltern dazu, die aufgeschlagenen Knie, Hautschürfungen und Beulen der »jungen Soldaten« einfach zu ignorieren. Die Abhärtung im Vorschulalter bereitet Jungen nicht nur auf ihr eigenes Frontschicksal vor. Wer sich als Kind einen inneren Panzer gegen den Schmerz aufbauen muß, kann sich in die Leiden anderer nicht so leicht einfühlen, wird leichter und williger morden.[14]

Außerhalb des Elternhauses wird die Erziehung zum Soldatentum durch Schulen, Jugendorganisationen und Kinderbücher betrieben. Mit Bilderbüchern wie *Der Giftpilz* trägt das Dritte Reich den Judenhaß schon an die jüngsten Familienmitglieder heran.[15] An den Schulen werden die jungen Soldaten auf bedingungslosen Gehorsam und Unterordnung getrimmt. Nationalsozialistische Schulbücher verherrlichen Heldentum und die Opferung des eigenen Lebens für die »Volksgemeinschaft«.[16]

Als während der Nürnberger Prozesse das Liedgut der Hitlerjugend untersucht wird, befinden die alliierten Gutachter, daß es darauf angelegt ist, Arroganz, Aggressivität und Rücksichtslosigkeit zu vermitteln.[17]

Auch die praktische Vorbereitung auf den Krieg kommt in den Schulen des Dritten Reichs nicht zu kurz. In Mathematikbüchern werden Rechenaufgaben zur Reichweite von Geschützen, zur Flugbahn von Handgranaten und der Fahrgeschwindigkeit von Frontlastern in unebenem Gelände gestellt.[18] Weil den Nazis gesunde Körper wichtiger sind als die Banalität des Wissens, wird in den Stundentafeln der Schulen bereits 1934 mehr Platz für »Geländesport« geschaffen.[19] Im Protokoll der Lehrerkonferenz einer Kasseler Schule wird im selben Jahr festgehalten: »Es kommt beim Schulgeländesport nicht so sehr auf Fertigkeiten, sondern auf Fähigkeiten, nicht auf unsere Disziplin, sondern auf unsere Zucht an. Allgemein vorliegende Grundlagen wie freiwillige Unterordnung, Selbstbeherrschung, Ordnung, Mut und Selbstvertrauen, Opferfreudigkeit, Kameradschaft und Vaterlandsliebe sollen in die Schüler hineingelegt werden ... Mit ruhiger Hand und festem Willen erprobt er die Schießkunst; stolz errechnet der Hingegebene seine Leistungen im Handgranaten-Weit- und Zielwurf ... Die Lesestoffe des Großen Krieges werden in die Tat umgesetzt.«[20]

Junge Menschen sollen für die Nazis aktiv, beherrschend, unnachgiebig und brutal sein. Wehleidigkeit ist ebenso verpönt wie Schwäche oder Sensibilität. Stolz und unabhängig wie Raubtiere sollen die jungen Deutschen sein.[21] Und weil Kenntnisse in Literatur und Geschichte im Krieg nur stören, rückt die Vermittlung von Wissensinhalten im Schulunterricht an dritte Stelle hinter Sport und Weltanschauungsunterricht.[22]

Nachmittags nimmt sich die Hitlerjugend der Erziehung der männlichen Jugendlichen zu Soldaten an. Bereits den jüngsten Mitgliedern, den Pimpfen, wird preußischer Drill beigebracht. Ab dem 14. Lebensjahr erhalten die Hitlerjungen dann eine militärische Grundausbildung. Die Ausbildungsinhalte werden mit der SS und dem Oberkommando der Wehrmacht abgesprochen. Gemäß der späteren Erfordernisse in der Armee gibt es Nachrichten-HJ, Marine-HJ, Flieger-HJ, Motor-HJ und HJ-SS-Divisionen.[23] Mit Wehrsportübungen und paramilitärischen Kriegsspielen wird das Feindbild des verweichlichten Kulturmenschen auch jenseits des Schulhofs bekämpft und der Heranwachsende auf die Schrecken Stalingrads vorbereitet.

Der Schrecken des Krieges kommt für viele Jugendliche früher als erwartet. Bereits 1943 zieht die Wehrmacht siebzehnjährige Gymnasiasten – nach einem Notabitur – an die Front ein; sechzehnjährige dienen in den Bombennächten als Lufwaffenhelfer. Mädchen »unterstützen« die Kriegswirtschaft des Regimes durch Haushaltsjahre oder den Zwangseinsatz im Arbeitsdienst. Als ein Jahr später der »Endsieg« in weite Ferne rückt und sich die NS-Führungsetagen mit dem Gedanken einer deutschen Niederlage auseinandersetzen müssen, wird der »Volkssturm« aufgestellt. Alte Männer und Kinder sollen in sinnlosen Verteidigungskämpfen den Feind aufhalten.[24] Jugendliche werden im letzten Kriegsjahr als Menschenmaterial verheizt.

Insgesamt verlieren fast fünf Millionen deutsche Soldaten durch Hitlers mörderische Kriegslust ihr Leben. Viele von ihnen sind keine zwanzig Jahre alt. Um Frauen den Tod ihrer Söhne zu »erleichtern«, bauen NS-Ideologen während des Zweiten Weltkriegs ein neues Mutterbild auf. Der Verlustschmerz soll den Müttern als freiwilliges Opfer für die »Volksgemeinschaft« erscheinen. Sie sollen den Tod ihrer Söhne »vornehm« und »gelassen« aufnehmen.[25]

In der Ausübung ihrer Pflichten sind Mütter wie Söhne vom Tod bedroht. Frauen sterben an den Folgen einer Geburt, Männer bei einem Granateneinschlag oder unter den Ketten eines Panzers. Doch während der tote Soldat für das Vaterland verloren ist, leben Frauen, die im Wochenbett sterben, in ihren Kindern weiter, so die abstruse Logik der Nazis.

Weil sie Mütter sein können, wird Frauen erklärt, gehen ihre Opfer und ihr Leiden im immerwährenden Leben des Volkes auf. Sie sind die Verbindung zwischen den Generationen, zwischen Vergangenheit und Zukunft.[26]

Als im Januar 1943 knapp 150.000 Deutsche in Stalingrad fallen, treibt der NS-Staat den Mutterkult auf die Spitze.[27] Der Muttertag wird zu einem Ereignis umgedeutet, mit dem nicht nur der Reproduktionsleistung der Frauen gedacht wird, sondern in heldenhafter Verklärung auch dem Sinn ihrer Gebärfreudigkeit. »So ist der Muttertag eine der unzähligen, starken Bindungen zwischen Heimat und Front«[28], heißt es. Der Soldatentod wird mystifiziert. Erst durch ihn bekommt das Leben eines Mannes Sinn. Weil der deutsche Soldat nach seinem Heldentod in einer Art nationalsozialistischem Walhalla weiterlebt, wird er durch ihn nicht von seiner Mutter oder Frau fortgerissen:

»Am Muttertag weilen die Gedenken aller Soldaten bei ihren Müttern, aller Männer bei den Frauen … Auch die Vollendeten, die Toten, sind unter ihnen. Auf einer unsichtbaren Straße, über weite Brücken nahten die Kämpfer den Müttern. Alle, alle kamen, um zu danken. Sie ruhen am Herzen der Mutter, und es ist wie in den Tagen der Kindheit.«[29]

3.

»Schweigend ehrt man den Schmerz am besten!« – Familien im Krieg

Für viele Familien beginnt mit Hitlers Überfall auf Polen mehr als ein weit entfernter Krieg. In den Jahren, die auf den 1. September 1939 folgen, wird das Familienleben grausamen Zeitläuften unterworfen, Ehepartner und Liebende werden auseinandergerissen. Durch die Kinderlandverschickung werden Kinder oft jahrelang von ihren Eltern getrennt. Die inneren Strukturen der Familie verändern sich, viele Familien brechen unter den Belastungen des Krieges auseinander. In den ersten Kriegsjahren zieht die Wehrmacht überwiegend nur junge Ehemänner und Familienväter ein. Insgesamt stehen zwischen 1939 und 1945 jedoch 71 Prozent aller Väter an der Front.[1] Viele sterben auf den Schlachtfeldern Rußlands und in Frankreich. Wer überlebt, gerät oft in Kriegsgefangenschaft und bleibt jahrelang von seiner Familie getrennt.

Eine kurze Zeit verläuft der Krieg für Hitler und seine Schergen erfolgreich. Für viele Soldaten hat der Besatzerstatus in den ersten Kriegsjahren auch etwas Angenehmes. Weil sie ihren Sold und die »Kampfzulagen« in Frankreich, Belgien, Norwegen, Dänemark und Nordafrika kaum ausgeben können, schicken sie ihren Frauen ausländische Zigaretten, exotische Stoffe, Schmuck, Gewürze, Pelze und Parfüm.[2] Das gute Leben hat aber bald ein Ende. Die späteren Kriegserfahrungen, besonders die Feindberührungen und die damit verbundenen extremen Situationen, sind für die Betroffenen kaum zu verkraften. Vielen ist es bald wichtiger, das eigene Leben zu retten, als das »Vaterland« zu verteidigen. Sie stellen Versetzungsanträge und melden sich freiwillig zu Fortbildungslehrgängen, um den grausamen Frontalltag für eine kurze Zeit hinter sich zu lassen. Andere sind froh, durch Verwundung oder Krankheit für kurze Zeit in einem Lazarett unterzukommen.[3]

Während Männer in Rußland und Frankreich ihr Leben für die unsinnigen Eroberungspläne Adolf Hitlers riskieren, sind ihre Frauen gezwungen, den Ernährer der Familie zu ersetzen und den Alltag zu organisieren. Der Krieg verschiebt in der deutschen Familie die Rollenaufteilung. In den zerstörten Städten schlüpfen Frauen in die Beschützerrolle, die im Frieden ihre Männer ausfüllten. Sie müssen ihre Kinder ernähren und sich um Unterkunft kümmern, wenn sie ausgebombt wurden. Viele Frauen aktivieren ihren Lebenswillen in den Bombennächten nur ihren Kinder zuliebe. Sie versuchen, keine Angst zu zeigen, nicht verzweifelt zu wirken und für die Kinder alles so »normal« wie möglich zu gestalten.[4]

Das Alleinsein tragen viele Frauen als trauriges, aber nicht zu änderndes Schicksal.[5] Die Beziehungen zwischen Ehepartnern und Liebenden beschränken sich im Krieg auf Briefwechsel und die seltenen, viel zu kurzen Heimaturlaube. Briefe müssen das vertraute Miteinander und das Gespräch ersetzen. Feldpostbriefe werden zensiert. Trotzdem werden ihnen neben »Neuigkeiten, Banalitäten des Alltags, Sätze[n] über das Wetter« auch die innigsten Gefühle von Männern und Frauen, Liebespaaren und Geschwistern anvertraut.[6]

Um für ein paar Stunden oder Tage auf Heimaturlaub zu ihren Familien zurückkehren zu können, scheuen die Soldaten keine Mühen. Und doch vergeht oft mehr als ein Jahr, bis sich ein Paar wieder in die Arme nehmen darf.[7] Mit gefälschten Soldbüchern versuchen die Männer, mehr Urlaub zu bekommen, als ihnen zusteht, und die Zeiten der Trennung zu verkürzen. Hans Prochow erinnert sich:

»Außerdem hatten wir uns ein Ding ausgedacht, um Urlaub zu kriegen. Man hatte ein Soldbuch, da haben wir in die Mittelseite so geschickt noch eine Seite angebracht, daß man sie rausnehmen konnte. Und wenn dann der Urlaubsstempel raufkam, haben wir die Seite rausgenommen und bei der nächsten Kompanie haben wir dann gesagt, daß wir noch keinen Urlaub hatten. Also, das war ne ganz schlimme Sache. Aber ich habe Glück gehabt, man hat mich nicht dabei ertappt.«[8]

Kein Weg ist den Männern zu weit, um ihre Partnerin und ihre Kinder zu sehen:

»Meine Frau war in Schlesien evakuiert. Mir gelang es, sie dort ein paar Mal zu besuchen. Ich war die Zeit in der Etappe. Freitagnacht bin ich losgefahren. Die Züge waren da schon völlig überfüllt ... Ich kam nur mit einem Sonderausweis durch. Sonnabends gegen Mittag kam ich dann an, und Sonntagnachmittag mußte ich wieder zurück. Also, es blieb wenig Zeit füreinander. Wir sind kaum miteinander warm geworden. Ich hatte meinen Kopf voll mit den Fronterlebnissen und konnte mich kaum auf meine Frau einstellen. Wir konnten gar nicht richtig miteinander reden ... Ich wollte ein paar Stunden Ruhe haben, bloß nicht über den Wahnsinn an der Front nachdenken.«[9]

Frauen können mit der Begründung, sie wollten schwanger werden, von Deutschland aus um Urlaub für ihre Männer nachsuchen. Dazu bedarf es des Rats eines Gynäkologen, der den günstigsten Zeitpunkt für den »Fortpflanzungsurlaub« ermittelt. Die SS hält diese Art des Heimaturlaubs für besonders wichtig. Um die Zeiten für Heim- und Rückfahrt zu verkürzen und den »Empfängnisurlaub« möglichst kurz zu halten, schlägt der Nürnberger Polizeichef und SS-General Benno Martin die Einrichtung eines Hotels für Fronturlauber in der Nähe des zentralen Nürnberger Manövergeländes vor. Die Reisekosten für die zukünftigen Mütter sollen von der Kasse des SS-Generalstabs erstattet werden.[10]

Oft bleibt der Erfolg des »Empfängnisurlaubs« allerdings aus. Viele Frauen weigern sich nämlich, in der Extremsituation des Krieges Kinder zu bekommen,[11] und tarnen den Heimaturlaub ihres Mannes nur als »Fortpflanzungsurlaub«. Vielen Paaren ist es in der kurzen Zeit, die sie miteinander verbringen, nicht möglich, die Distanz zu überwinden, die durch den Krieg aufgebaut wurde. Die Männer wollen ausspannen und das Frontgeschehen für kurze Zeit vergessen. Für die Probleme und Alltagssorgen ihrer Frauen haben sie oft kein Verständnis. Die Frauen leiden unter der Abstumpfung ihrer Männer, fühlen sich allein gelassen und unverstanden. Der Versuch, die wenigen gemeinsamen Tage so unbeschwert wie möglich zu verbringen, ist nicht immer erfolgreich.[12]

Der Krieg setzt viele Paare einer besonderen Bewährungsprobe aus. In den langen Zeiten der Trennung werden sich die Liebenden fremd. Der Sicherheitsdienst der SS berichtet 1943 besorgt davon, daß viele Frauen den Zusammenhalt ihrer Ehen und das gegenseitige Verständnis in ihren Familien schwinden sähen.[13] Wenn der Streß, die Angst und die kriegsbedingte Abwesenheit des Ehemannes oder Freundes unerträglich werden, suchen viele Frauen in den Armen eines anderen Mannes Trost. Verständnis hat der NS-Staat für diese Frauen nicht. Nur Männer dürfen ihren Trieben in Bordellen oder bei Prostituierten nachgeben. Die Nationalsozialisten sehen in Ehebrecherinnen eine Gefahr für die Moral der kämpfenden Truppe. Sie geben der Erotisierung des Alltags durch Schlagertexte, Illustrierte und Filme die Schuld und stigmatisieren Ehebrecherinnen als Staatsfeinde.[14] Die Beziehung zu einem Kriegsgefangenen oder einem Zwangsarbeiter ist für die Nazis besonders verwerflich. Solche Paare werden vor ein Kriegsgericht gestellt. Der Mann wird zur öffentlichen Abschreckung gehängt, die Frauen werden meist mit Geld- oder Haftstrafen belangt. Für harmlose Vergehen, etwa einen Tanz mit einem polnischen Kriegsgefangenen, ist die Geldstrafe noch zu verkraften: rund zehn Reichsmark. Der vertraute Umgang mit einem Franzosen, der sich in den Augen der Nazis bereits aus einem Begrüßungskuß und einer Einladung in die Wohnung der betroffenen Frau ergibt, wird mit 800 Reichsmark bestraft.[15] Auch wenn Ehebruch theoretisch mit einer Geldbuße geahndet werden kann, verhängen die Gerichte in einschlägigen Fällen bereits in den ersten Kriegsjahren weitaus strengere Strafen. In einer geheimen Anweisung verfügt Heinrich Himmler am 31. Januar 1940, daß Frauen, die gesellschaftliche Kontakte zu Zwangsarbeitern haben, für mindestens ein Jahr in einem Konzentrationslager interniert werden sollen. Strafakte der Volksjustiz, heißt es in dem Papier weiter, seien polizeilich nicht zu behindern.[16] Die öffentliche Verurteilung der Ehebrecherinnen wird von den Nationalsozialisten inszeniert wie eine mittelalterliche Hexenverbrennung. Frauen, die sich mit Zwangsarbeitern oder Kriegsgefangenen eingelassen haben, werden in der Öffentlichkeit kahlgeschoren, beschimpft und mit einem Schild um den Hals – »Ich bin eine Polen-/Franzosenhure« – durch den Ort gejagt.[17]

Paare, die zusammenbleiben, nehmen der Krieg und das braune Regime in eine besondere Verantwortung für ihre Sexualität: Wollen sie keine Kinder, so stehen sie vor besonderen Problemen. Kondome sind kaum zu bekommen, Abtreibungen jedoch werden streng bestraft. Es gibt nach 1939 jedoch auch Paare, die sich trotz der schlechten Versorgungslage und des Bombenkriegs Nachwuchs wünschen. Viele Frauen wollen ein Kind, um im Todesfall ihres Mannes ein »Andenken« an ihn zu haben.[18] Eine Schwangerschaft während des Krieges ist ein besonderes Risiko. Durch die Organisation des Alltags und die Verpflichtung zum Arbeitsdienst sind Frauen überlastet und den Anstrengungen einer Schwangerschaft nicht gewachsen. Der Bombenkrieg, mit dem Deutschland ab 1942 überzogen wird, bedeutet für die Schwangeren eine besondere Streßsituation. Viele verlieren ihre Kinder durch Früh- oder Fehlgeburten.[19] Viele Kinder werden in überfüllten Bunkern oder dunklen Luftschutzkellern geboren. Hier fehlt es oft am Nötigsten. Es gibt keine Windeln, keine Betten und keine medizinische Versorgung. Edith Eggert erinnert sich:

»Wir saßen alle im Keller. Da kriegte meine Nachbarin Wehen. Es wurde immer schlimmer bei ihr, und wir kamen nicht aus dem Keller raus. Wir konnten keinen Arzt holen. Ein Koksofen brannte, und ich sagte, ich brauche warmes Wasser. Jedenfalls ging's dann los. Als erstes kam ein Beinchen, und als ich das sah, dachte ich, um Gottes Willen, das ist ja ne Steißgeburt! Ich wußte gar nicht was tun ... Die Schere [zum Abnabeln] konnte ich in kochendes Wasser legen, aber sonst war ja überhaupt keine Möglichkeit, in dem dreckigen Keller irgendwas antiseptisch zu machen.«[20]

Die Welt, die die Neugeboren aufnimmt, ist alles andere als kinderfreundlich. Die deutschen Städte sind zerstört. Es fehlt an Nahrungsmitteln, Kinderkleidung und warmen Wohnungen, in denen die Kinder spielen können. Die Familien, in denen sie aufwachsen, sind vom Krieg verstümmelt. Ihre Väter kennen sie oft nicht. In den Bombennächten versuchen die Mütter, den Kindern Geborgenheit und das Gefühl von Sicherheit zu geben. »Gerade für kleine Kinder war der Bombenkrieg furchtbar. Viele zitterten schon, wenn der Alarm ertönte, und saßen weinend im Luftschutzkeller.«[21] Da sie sich um ihre Alltagsbedürfnisse und den Mittagstisch kümmert, weil sie nach Alpträumen Trost spendet und in den Bombennächten an ihrer Seite ist, wird die Mutter zur einzigen Bezugsperson der Kinder.[22]

Der Krieg und der Tod ihrer Männer, Väter, Söhne und Brüder überfordern viele Frauen. Ihren Streß lassen sie oft auch an ihren Kindern aus. In manchen Familien werden Prügel so oft als Mittel der Erziehung eingesetzt, daß selbst die Kinder dies als Mißbrauch empfinden. Barbara Larney hat mit ehemaligen Kriegskindern gesprochen, die gerade in für Mütter und Kinder besonders belastenden Situationen – etwa während eines Luftschutzalarms oder nach der alliierten Invasion in der Normandie – besonders häufig geschlagen wurden. Andere berichteten der amerikanischen Wissenschaftlerin, daß sie sich aus Angst vor Prügel jeden Tag vor dem Nachhausekommen fürchteten.[23]

Viele Kriegskinder kennen ihren Vater nur aus Erzählungen oder von Fotografien. Das Verschwinden des Vaters aus der Familie unterscheidet sich von Fall zu Fall. Einige der Väter kommen während des Kriegs noch gelegentlich auf Urlaub nach Hause, andere verschwinden sofort und für immer aus dem Leben ihrer Kinder. Kinder, die ihren Vater bereits in den frühen Kriegsjahren verlieren, können sich oft nur schemenhaft an ihn erinnern. »Da ist die Erinnerung an Uniformen aus grobem Stoff und kratzigen Knöpfen, die Erinnerung daran, wie es war, auf den Knien eines Mannes zu sitzen und umarmt und liebkost zu werden. Besonders die Mädchen genossen diese Zärtlichkeiten und vermißten sie, wenn ihre Väter sie verließen.«[24]

Durch die Abwesenheit des Vaters sind Kinder auch dazu gezwungen, in der Familie Aufgabenbereiche zu übernehmen, die durch das Fehlen eines Familienmitglieds und die Verschiebungen der familiären Strukturen frei geworden sind. Da sich die Mütter um den Unterhalt der Familie kümmern müssen, tragen ältere Kinder die Verantwortung für die jüngeren Geschwister. Die Söhne versuchen, ihren Müttern den Mann zu ersetzen. Mit der Übernahme der neuen Rolle entwickeln die Kinder ein anderes Selbstverständnis. Bei der Rückkehr der Väter haben sie Probleme, in ihre Kinderrolle zurückzukehren. Sie wehren sich dagegen, aus den Betten der Mütter verdrängt zu werden, in denen sie während der Abwesenheit des Vaters hatten schlafen dürfen. Viele Kinder bestehen darauf, ihre Väter mit dem Vornamen anzureden. Dora Brandenburg erinnert sich an die Heimkehr ihres Mannes nach neunjähriger Abwesenheit:

»Der Rolf, der Jüngste, der hat seinen Vater überhaupt nicht anerkannt. Der wußte überhaupt nicht, was ein Vater ist. Wir hatten hier in der Bekanntschaft keinen Mann, der Vater war. Also, mit den Kleinen ging das gar nicht: ›Mutti, ist das der Meister, zu dem ich Vater sagen muß?‹ Der Kleine kam morgens so gern zu mir ins Bett, und jetzt kam mein Mann, setzte sich auf die Bettkante, da sagte der Kleine: ›Weg hier, weg hier, siehst du nicht, daß hier besetzt ist?‹ Und ein andermal, ich weiß nicht, mein Mann hatte irgend etwas zu Rolf gesagt, was ihm nicht gepaßt hat. Und ich seh ihn noch. Da stand er noch, die Fäuste geballt, und der Kopf wurde immer dicker vor Wut. Ging er um den Tisch rum auf seinen Vater zu, sagte: ›Du, du, du hast hier überhaupt nichts zu sagen.‹«[25]

Durch die Abwesenheit der Männer und den Tod vieler Väter verändern sich in den ersten drei Kriegsjahren die inneren Strukturen der Familie. Der äußere Rahmen des Familienlebens bleibt in den meisten Familien jedoch bis zum Frühjahr 1942 erhalten.

In der zweiten Kriegshälfte ändert sich dies grundsätzlich. Am 30. und 31. Mai 1942 fliegen 1000 alliierte Bomber ihren ersten Angriff auf Köln. Bis zur Zerstörung Dresdens am 13. und 14. Februar 1945 sterben etwa 500.000 Menschen. Wer überlebt, muß sein Leben zwischen Trümmern und in überfüllten Notunterkünften führen.

Für zahlreiche Deutsche bedeutet der Bombenkrieg die endgültige Auflösung ihres Familienlebens. Als 1942 zahlreiche Städte im Reichsgebiet evakuiert werden, gibt es für viele Familien keine andere Möglichkeit, als die Großstädte zu verlassen. Ihre Wohnungen sind zerstört. Die Umsiedlung erfolgt zunächst in als »nicht kriegswichtig« eingestufte Gebiete in Polen und der Tschechoslowakei. Mit dem Vormarsch der Roten Armee nach Westen ist jedoch bereits zwei Jahre später auch in den Ostgebieten das Leben nicht mehr sicher.[26]

Die schlechte Versorgungssituation und die vermehrten Luftangriffe führen auch zu einer Erweiterung der Kinderlandverschickung. Ab Herbst 1942 werden insgesamt fünf Millionen Kinder zusammen mit Lehrern und Führern der Hitlerjugend in den ländlichen Gebieten Bayerns und des Ostens untergebracht. Die Qualität der Unterbringung reicht von einfachen, hölzernen Baracken bis hin zu ehemaligen Kurhotels. Aufenthalte, die zunächst nur ein paar Wochen dauern sollen, verlängern sich bald auf Jahre. Im November 1943 werden die Leiter der Kinderlager angewiesen, ihre Schützlinge allmählich mit dem Gedanken einer Kriegsweihnacht ohne die Eltern vertraut zu machen. Da das Leben in den Städten mit dem Zunehmen des Bombenkrieges immer unerträglicher und gefährlicher wird und die Kinderlandverschickung eine billige Möglichkeit ist, den Kindern eine Art »Ferien« zu verschaffen, willigt die Mehrzahl der Eltern anfänglich noch in die Evakuierung ihrer Kinder ein. In dem Maße jedoch, in dem sich die Abwesenheit der Kinder vom Elternhaus verlängert, wächst auch der Unmut der Mütter, sich von ihren Kindern trennen zu müssen. Im Herbst 1943 verweigern die Eltern von 150.000 Volks- und Mittelschülern ihren Kindern die Teilnahme an den Evakuierungsmaßnahmen. Noch ist die Kinderlandverschickung freiwillig. Ein Jahr später verwandelt die NS-Führung das Evakuierungsprogramm in eine Zwangsmaßnahme zum Schutz der Kinder.[27]

Das Leben der Kinder in den Landheimen wird von Heimweh ebenso geprägt wie von Abenteuergeist und Lagerromantik. Hitlerjugend und NS-Führung sehen die »Kasernierung« der Kinder fern vom Elternhaus als hervorragende Möglichkeit, die braune Ideologie mit noch mehr Nachdruck in die Köpfe der jungen Deutschen einzupflanzen. Lehrern und Führer der Hitlerjugend fallen aber auch sehr persönliche Erziehungsaufgaben zu. Eine Hamburger Lehrerin erinnert sich:

»Die erste Gefahr ist ja, die sind elf Jahre alt, kommen von zu Hause ganz weg, Heimweh ... Dann, daß sie anzuziehen hatten. Sie kriegten Bezugsscheine, wenn was fehlte. Also sie waren alle gut ausgerüstet. Dann habe ich mir gesagt, mit elf, zwölf setzt die Periode ein ... Und da habe ich den Müttern auch gesagt: ›Ich bitte euch, sprecht mit euren Mädchen darüber. Erzählt ihnen genau, was ist. Und gebt ihnen auch schon Binden und alles mit. Zeigt ihnen, wie man das umbindet und wie man das macht, und sagt ihnen, daß ich genau Bescheid wüßte und sie sich sofort an mich wenden ...‹

Dann habe ich gesagt: ›Die müssen ja etwas zum Liebhaben haben. Wer eine Puppe hat, soll sie mitnehmen.‹ Haben alle ihre Puppe mitgenommen. Wir hatten sie, als wir abfuhren, alle im Arm.«[28]

Als die Nationalsozialisten im Herbst 1944 den »Volkssturm« aufstellen, hat die Fürsorge, die sie Kindern im Rahmen der Kinderlandverschickung angedeihen lassen, ein Ende. Nun werden sie in Kriegseinsätzen sinnlos geopfert.

In der Schlußphase des Kriegswahnsinns wird von Kindern erwartet, Soldat, Schüler und Hitler-Junge zugleich zu sein.[29] Im verzweifelten Kampf, den Hitler und seine braune Riege gegen die unvermeidliche Niederlage führen, hat das Leben der Jugendlichen nur noch als Kanonenfutter einen Wert. Viele finden in den letzten Monaten vor der bedingungslosen Kapitulation den Tod. Wer überlebt, leidet oft sein Leben lang an den traumatischen Erfahrungen des letzten Kriegswinters.

Auch Kindern, die zu jung waren, um von den Nazis als Kriegsmaterial eingesetzt zu werden, fügt der Krieg schwere psychische Schäden zu. Peter Heinl hat 1994 eine Schilderung der Erfahrungen vorgelegt, die er als Arzt für Psychiatrie in der Therapie heute erwachsener Kriegskinder gemacht hat. Die Folgen von Vergewaltigungen im Kindesalter führen bei den betroffenen Frauen zu einer lebenslangen Furcht vor Männern und Mutterschaft. Die Ermordung von Vätern und Großvätern vor den Augen der Kinder gräbt sich tief in deren Seele ein. Kindern, denen der Krieg den Raum zu unbeschwertem Spiel genommen hat, leiden ihr Leben lang an Niedergeschlagenheit. Wer als Kind während des Krieges und der Zeit danach an Mangelernährung leidet, wird die Hungergefühle nie los. Kinder, die auf der Flucht oder in den Bombennächten gefroren haben, frieren auch als Erwachsene noch.

»Und dann schiebt sich wieder das Bild einer Frau in mein Bewußtsein«, erzählt Peter Heinl, »auf dem Boden sitzend zittert, ja schlottert sie vor Angst. Erstmals ist ihr bewußt geworden, was es für sie bedeutet hatte, in einer Berliner Bombennacht gezeugt worden zu sein und schon im Mutterleib Bombenangriffe miterlebt zu haben.«[30]

Während des Krieges kommt der Punkt, an dem die Schuldigen auch zu Opfern werden. Die traumatischen Erlebnisse der Kriegs- und Nachkriegszeit hinterlassen in vielen deutschen Familien für Jahrzehnte ihre Spuren. Tausende von Kindern wachsen nach 1945 ohne Väter auf. Sie müssen entweder mit einem idealisierten Bild des Abwesenden zurechtkommen oder sich mit der Opfer- oder Täterrolle desselben auseinandersetzen. Mütter sind gezwungen, die Familie alleine durchzubringen. Als Kriegswitwen werden sie vom Staat zwar finanziell unterstützt, doch viele Frauen werden mit dem Verlust ihres Partners nur schwer fertig und weigern sich, ihre Männer für tot erklären zu lassen, um in den Genuß der Witwenrente zu kommen. Männer, die den Krieg überlebt haben, kehren oft erst nach Jahren aus der Kriegsgefangenschaft zurück. Oft sind die inneren Bande der Familien durch die lange Abwesenheit zerrissen worden. Nicht selten haben die Frauen die Hoffnung auf die Rückkehr ihrer Partner aufgegeben und sich in einen anderen Mann verliebt. Schafft es die Familie, wieder zusammenzufinden, so muß sie die Unfähigkeit zur Kommunikation überwinden, die sich in den Jahren der Trennung aufgebaut hat, und ihr emotionales Beziehungsgeflecht neu aufbauen. Im zerbombten Nachkriegsdeutschland ist meist kein Raum, um über derartige Probleme zu sprechen. Die Familien haben genug damit zu tun, sich neue Existenzen aufzubauen. Zahlreiche Frauen müssen mit der Doppelbelastung des Broterwerbs zurechtkommen, während sie gleichzeitig ihre durch Krieg und Gefangenschaft körperlich und seelisch schwer geschädigten Männer pflegen.

Erst während der Wirtschaftswunderjahre des nächsten Jahrzehnts können sich die Deutschen wieder hinter einer Fassade der Normalität verstecken. Doch weil das Erlebte nicht besprochen wurde, leben die Ängste, Schuldgefühle und Traumata auch unter diesem Deckmantel fort.

IV.

Die Front

Das Thema »Soldaten an der Front und Sexualität« berührt und bricht gleich zwei Tabus:

Erstens ist es in Anbetracht von Vernichtungskrieg und Holocaust und angesichts des Streits um die Verbrechen der Wehrmacht lange nicht statthaft gewesen, von Soldaten zu berichten, die vergewaltigt oder sich in Frauen in den besetzten Ländern verliebt haben.

Zum zweiten gilt es in den ehemals von Deutschland besetzten Ländern als Schande, daß es Frauen gab, die sich mit den größtenteils verhaßten Besatzern eingelassen haben; die Strafmaßnahmen gegen die »Deutschenhuren« nach dem Krieg waren drakonisch, und das Thema wird in den betroffenen Ländern auch heute noch tunlichst vermieden.

Wissenschaftliche Arbeiten zu diesem Thema sind selten, verläßliche Zahlen kaum zu bekommen. Doch auch hier ist der Forschungsbedarf enorm.

Besatzer und Besetzte lebten, insbesondere an der Westfront, jahrelang Seite an Seite und konnten sich, selbst wenn sie es wollten, nicht aus dem Weg gehen.

An der Ostfront wurde Vergewaltigung bewußt als Mittel der Kriegführung eingesetzt. Aus Scham schweigen Täter wie Opfer, und angesichts des rüchsichtslosen Vernichtungskrieges der Nazis halten viele Historiker eine Beschäftigung mit diesem Thema für nicht statthaft. Dabei war dieser Teilaspekt des Krieges für jeden der Betroffenen das wohl einschneidendste Erlebnis überhaupt.

I.

Die Soldaten im Westen

Daß es das Phänomen »Besatzer liebt Besetzte« beinahe ausschließlich an der Westfront gab, hat einen banalen und einen brutalen Grund. Der banale Grund: Krieg fand in Belgien, Frankreich, Holland, Dänemark, Norwegen oder auf den Kanalinseln über lange Phasen hin nicht statt, die Soldaten waren stationiert und lange Zeit nicht oder kaum in Kampfhandlungen verwickelt. An der Ostfront hingegen wogte der Krieg hin und her; eine feste Front oder stationierte Soldaten waren die Ausnahme. Deutsche Einheiten, die in den dort verhältnismäßig ruhigen Jahren 1940 bis 1944 an der Westfront stationiert waren, trugen Spitznamen wie »Champagner-Kompanie«. Tatsächlich ist das »nicht-militärische« Leben von Soldaten im Krieg hierzulande bislang viel zu wenig beachtet worden – andere Länder, allen voran die USA, haben wesentlich ausgiebigere Forschungen hierzu betrieben.

Der brutale Grund aber lautet: Die Wehrmacht wurde im Osten planmäßig in einen Vernichtungsfeldzug auch gegen die dortige Bevölkerung hineingezogen. Die besetzten Länder im Westen dagegen paßten durchaus in die »arischen« Vorstellungen der NS-Spitze – lediglich über die Franzosen war man sich nicht im klaren, denn die waren für den ehemaligen Westfront-Gefreiten Adolf Hitler immer noch der »unerbittliche Todfeind des deutschen Volkes«.[1] Kontakte zu den Einheimischen in den besetzten Ländern des Westens waren aber ausdrücklich gewünscht und in jeder Form toleriert. Schließlich träumte man vom Großdeutschen Reich, und die Bewohner des Westens galten als rassisch gleichwertig. Dazu kommt, daß sich die Soldaten an der Westfront zumindest in Skandinavien und den Benelux-Ländern im persönlichen Umgang relativ korrekt verhalten haben, was auch diejenigen zugestehen, die für die Deutschen während der Besatzungszeit und danach nur Groll hegten. Die Wehrmachtssoldaten hätten sich geradezu »wie Pfadfinder« benommen, so ein Norweger spöttisch. Noch einmal wegen der Brisanz dieser Aussage: Dies galt, partiell, für die Westfront. Daß es an der Ostfront (und auch im Westen) zu Greueltaten auch von Wehrmachtsangehörigen kam, steht außer Zweifel.

Erst 1998 erschien eine Arbeit, die sich gründlich mit der Thematik befaßte: Die deutsch-norwegische Autorin Ebba Drolshagen interviewte für ihr überaus gelungenes Buch *Nicht ungeschoren davonkommen* Frauen, die in den besetzten Ländern eine Liebesbeziehung mit Soldaten der Wehrmacht unterhielten.[2] Drolshagen versuchte auch, anhand des (nur spärlich vorhandenen) Daten- und Quellenmaterials Schätzungen anzustellen, wie viele Frauen Wehrmachtssoldaten geliebt hatten.

Nicht ungeschoren davonkommen – ein doppeldeutiger Buchtitel, wurden doch nach der Befreiung der besetzten Länder die »Deutschenhuren« kahlgeschoren und durch johlende Menschenmengen getrieben. »Ein Mädchen scheren, weil es in Liebe einem offiziellen Feind seines Landes angehörte, ist ein Absolutes an Scheußlichkeit und an Dummheit zugleich«, schrieb Marguerite Duras.[3] Die Handlungen entstanden keineswegs im Affekt oder im Überschwang der Gefühle in den turbulenten Tagen nach der Befreiung: Bis in den September des Jahres 1945 hinein finden sich Zeitungsmeldungen, die süffisant von solchen Strafmaßnahmen berichten. So schreibt eine norwegische Zeitung:

»Es kommt leider vor, daß Menschen das Recht selbst in die Hand nehmen und Landesverräter von geringerem Kaliber bestrafen. Das passierte u. a. mit einer Frau in Loddefjord: Dort hatten einige Jugendliche eines Samstagabends gefeiert, als die Rede auf eine Deutschenfrau von der gröbsten Sorte kam. Man schlug Scheren vor, was von der angeheiterten Versammlung sofort einstimmig gutgeheißen wurde. Die Gruppe zog zu dem Haus, wo die Frau wohnt. Die verschloß die Tür und schickte einen Unterhändler hinaus, in dem Versuch, sich freizukaufen. Das hatte keinen Erfolg. Die Jugendlichen fanden eine Leiter, enterten den Balkon und eroberten das Haus von oben nach unten, in bester Soldatenmanier. Die Frau ahnte ihr Schicksal und schickte einen Unterhändler hinaus. Drei Jungen sollten die Erlaubnis bekommen, sie zu scheren, solange sie sich sonst anständig benahmen. Und so wurde die Frau nach allen Regeln der Kunst geschoren. Einer aus der Gesellschaft wollte sie photographieren, aber sie sprang ihn an, so daß das Bild leider nichts wurde. Im gleichen Augenblick erklangen drei donnernde Schüsse. Das war die Gesellschaft, die nach bester alliierter Sitte mit drei Dynamitpatronen Siegersalut gab. Wir heißen diese Art … selbstredend nicht gut, aber die Geschichte ist so amüsant, daß wir nicht das Herz hatten, sie unseren Lesern vorzuenthalten.«[4]

Für die amerikanischen Militärbehörden schien, wie eine Forschungsarbeit aus dem Jahr 1994 zeigt[5], der Kontakt ihrer Soldaten zu den deutschen Mädchen eines der größten Probleme der Nachkriegszeit; vordergründig, weil die Zahl der Geschlechtskrankheiten explodierte. Ein in der Arbeit zitierter Comic der Armee-Zeitung *Stars and Stripes* hatte als Hauptfigur eine böse, schmutzige Deutsche namens Veronica Dankeschön – ein Name mit Hintersinn: Die Initialen VD sind in den angelsächischen Ländern die geläufige Abkürzung für Venereal Diseases, also Geschlechtskrankheiten. Die US Army warnte die GIs: »Ein hübsches Mädchen ist wie eine Melodie. Aber ein hübsches deutsches Mädchen ist wie ein Trauermarsch (…). Sie haßt dich (…) wie ihr Bruder, der gegen dich kämpft (…) wie Hitler, der ihre Gedanken der Welt verkündet. Kein Fraternisieren.«

Geschlechtskrankheiten und Nazi-Parolen, vor diesen beiden Infektionen hatte die Militärverwaltung Angst – als hielte sie es für eine besonders perfide Krieglist der bereits geschlagenen Deutschen, nun als »Trojanisches Pferd« die Frauen vorzuschicken und den Feind auf diese Art zu schwächen.

Zurück zu den Wehrmachtssoldaten: Nach dem Krieg kamen in den ehemals besetzten Ländern Forderungen auf, die »Deutschenflittchen« samt ihren Kindern nach Deutschland zu schicken. Begründet wurde dies – ein tragischer Treppenwitz der Geschichte – teilweise in bestem Nazi-Jargon: »Diese Eingriffe müssen der Gesellschaft gestattet werden, um das Geschlecht rein zu halten«, schrieb eine norwegische Tageszeitung; sogar das Wort »Rassenschande« fiel.[6] Im Umgang mit dem Feind galt für die meisten Männer die Auffassung, daß der Körper der Frau eine politische Waffe sei, die man gegen den Feind wendet, indem sie *nicht* eingesetzt wird. Im Krieg wird das Private politisch, eine Trennung ist kaum möglich.

Wie viele Beziehungen zwischen Wehrmachtsangehörigen und Frauen in den eroberten Ländern haben sich während des Krieges entwickelt? Zunächst muß man sich über die Bevölkerungsstruktur in den besetzten Gebieten im klaren sein: Auf den Kanalinseln betrug das Verhältnis Soldat/Zivilist teilweise 1:1, in Norwegen immerhin 1:8, in entlegeneren Gebieten Nordnorwegens sogar bis zu 10:1. Vierhunderttausend Deutsche lebten ab Mai 1940 an der Seite von 3,2 Millionen Norwegern. Selbst bei lauterstem Willen ließen sich Kontakte gar nicht vermeiden. Drolshagen zitiert eine Frau von der Kanalinsel Jersey mit den Worten: »Man kann nicht verfeindet bleiben, wenn man fünf Jahre lang Seite an Seite lebt.«[7] Die Deutschen, die da kamen, waren freundlich und höflich; sie spießten keine Babys mit Bajonetten auf, wie es die britische Propaganda unterstellte, sondern halfen beim Melken der Kühe. Die französische Schriftstellerin Simone de Beauvoir schwärmte in ihrem Kriegstagebuch davon, »welches phantastische Abenteuer es für einen jungen Deutschen sein mußte, als Sieger in Frankreich zu sein, einen Monat Krieg heil überstanden zu haben, gut gekleidet und genährt zu sein und sich für eine auserwählte Rasse zu halten.« Die Beflissenheit der deutschen Soldaten war laut Simone de Beauvoir »voll Anmut«, und die Besatzer hatten »eine ganz spontane und freundliche und offene Nettigkeit«, »die Fahrer der deutschen Lastwagen waren höchst sympathisch, zuvorkommend und taktvoll, ganz hilfsbereit, ohne sich irgendwie bewußt zu sein, daß sie deutschen Edelmut verkörperten.«[8]

Befragungen aus Deutschland nach dem Krieg heimkehrender US-Soldaten ergaben, daß drei von vieren sexuelle Erlebnisse während ihres Einsatzes gehabt hatten. Für die deutschen Wehrmachtsangehörigen muß man sich auf ungenaue, aber wissenschaftlich fundierte medizinisch-soziologische Hochrechnungen verlassen. Rückschlüsse müssen über die in dem besetzten Land geborenen Kinder mit deutschem Vater erfolgen.

Legt man ein Kind pro zehn Beziehungen zugrunde, kommt man für Dänemark, das bei Kriegsende 5500 dänisch-deutsche Kinder registriert hatte, auf eine Zahl von 40.000 bis 60.000 »Deutschenmädchen«, die einmal oder dauerhaft eine Beziehung zu einem Besatzer eingegangen waren. Bei Kriegsbeginn gab es rund 500.000 Däninnen zwischen 15 und 30, das hieße, daß jede zehnte Dänin irgendwann einen deutschen Geliebten gehabt hatte.[9] Allerdings muß bedacht werden, daß Frauen zwischen 30 und 40 auch noch gebärfähig sind, die Kinderzahlen allein also kein absolutes Kriterium darstellen können. Noch erstaunlicher sind die Hochrechnungen für Norwegen: Eine Schätzung aus dem Jahr 1989 taxiert die Zahl auf 40.000 bis 50.000 Frauen, die sich das Schimpfwort »tyskertøs« anhören mußten (ein Schimpfwort, das bis heute seinen üblen Klang behalten hat). Dies entspräche den dänischen Verhältnissen, weil es bei Kriegsbeginn etwa 400.000 Norwegerinnen zwischen 15 und 30 Jahre gab; die Behauptung von Radio London aus dem Jahr 1941, lediglich ein Promille der Norwegerinnen, also gerade einmal 400, verhalte sich »unnational« und flirte mit dem Feind, kann nur als absurd bezeichnet werden.

Modernere Berechnungen kommen für Norwegen auf 80.000 bis 90.000 Beziehungen – und das hieße, daß jede fünfte Norwegerin irgendwann einen deutschen Geliebten gehabt hätte. Möglicher Unterschied: In Dänemark, dem etwas fortschrittlicheren Land, könnte das Wissen über Empfängnisverhütung und auch der Zugang zu empfängnisverhütenden Mitteln leichter gewesen sein als in Norwegen, das damals zu großen Teilen bäuerlich-ländlich geprägt war. Außerdem erhielten in Norwegen Mütter von Kindern deutscher Väter von den deutschen Behörden finanzielle Unterstützung – der Anreiz, einen Deutschen als Vater anzugeben, war im Gegensatz zu Dänemark also ungleich höher. Dazu kommt, daß die Ablehnung der »Deutschenmädchen« in Dänemark weitaus verbreiteter war als in

Norwegen. Bereits im September 1940 registrierte die Polizei in Dänemark Übergriffe, bei denen Frauen geschoren wurden. »Im Grunde wurden sie (die »Deutschenmädchen«, d. A.) von Anfang an stellvertretend für die Deutschen bestraft«, schreibt Drolshagen.

Man muß allerdings fragen, wie genau diese Hochrechnungen sein können, ist doch die Dunkelziffer bei unehelichen Geburten immens – Drolshagen spricht davon, daß die wahre Anzahl der norwegisch-deutschen Kinder um bis zu 50 Prozent über den offiziellen Zahlen liegen könnte.

Auf den von den Deutschen besetzten Kanalinseln sind die Indikatoren ebenfalls eindeutig – während der Besatzungszeit verdoppelte sich die Zahl der unehelich geborenen Kinder auf Jersey; auf Guernsey vervierfachte sie sich, die deutsche Vaterschaft wurde oft nicht verschwiegen.

Gemäß der arischen Weltanschauung taten die deutschen Behörden nicht viel, um Beziehungen zu verhindern, und sie taten sogar einiges dafür, die Affären ihrer Soldaten zu unterstützen. Der Besatzungspolitik mochten kurzfristig militärische und ökonomische Interessen zugrunde liegen – langfristig jedoch sollte eine »germanische« Bevölkerungspolitik betrieben werden, deren Ziel die »Wiedergeburt der germanischen Rasse« war. Die »rassisch wertvollen« Brudervölker sollten miteinander verschmolzen werden, und insbesondere Heinrich Himmler, der sich als Vollstrecker des Hitlerschen Rassegedankens sah, förderte diese Aufgabe, wo er nur konnte.

Bald tauchten aber Probleme mit unehelichen Kindern deutscher Soldaten auf; das pragmatisch denkende Oberkommando der Wehrmacht schlug Anfang 1941 vor, die Unterhaltsstreitigkeiten von Wehrmachtsgerichten in den besetzten Ländern Norwegen, den Niederlanden, Belgien, Frankreich und auf den Kanalinseln regeln zu lassen. Hitler stimmte dem Vorschlag nur in abgewandelter Form zu, weil es sich für ihn um eine »rassenpolitische Frage« handelte, die »jetzt gelöst werden« müsse. Die Regelung, so Hitler, habe zunächst nur für Norwegen und die Niederlande zu gelten.[10] Im Juli 1942 wurde beschlossen, daß in Norwegen und den Niederlanden die Mütter der von deutschen Soldaten gezeugten Kinder eine »besondere Fürsorge und Betreuung« genießen konnten, etwa Unterhaltsbeteiligungen, die Unterbringung in Kliniken und Heimen oder Hilfe bei der Arbeitssuche.

Der »biologische Aufbau« eines germanischen Volkes sollte unter anderem durch flankierende Maßnahmen des »Lebensborn e.V.« unterstützt werden (siehe Kapitel II/4). Der »Lebensborn« nahm die Hitlersche Verordnung vom Juli 1942 offenbar zum Anlaß, seine Arbeit auch auf die von den Deutschen besetzten Gebiete auszudehnen. Der »Lebensborn«-Leiter Gregor Ebner sah gerade die Ausbreitung nach Norwegen mit Genugtuung, hoffte er doch, daß norwegische Frauen mit ihren Kindern in den deutschen Süden ziehen könnten, um, wie er einem Kollegen schrieb, die »rassisch zurückgebliebenen« süddeutschen Regionen »aufzunorden«. Auch Himmler war ganz offen in dieser Sache: Er wolle sich die Option, die unehelichen Kinder einzudeutschen, »selbstverständlich« offenhalten. Etwa 2000 Norwegerinnen siedelten während des Krieges nach Deutschland über; und schätzungsweise 200 bis 250 Kinder wurden aus Norwegen in fünf Lufttransporten in die Heime Kohren-Sahlis, Hohehorst und Bad Polzin gebracht – letzteres ein Umstand, der einer Verschleppung gleichkommt.[11] (Die beschuldigten Verantwortlichen rechtfertigten sich später vor dem Nürnberger Gerichtshof damit, daß diese Aktionen mit Zustimmung der Mütter und auch des norwegischen Justizdepartements erfolgt, formaljuristisch also kaum zu beanstanden waren.) Unterdessen breitete sich der »Lebensborn« in Norwegen aus, bis zum Ende des Krieges entstanden neun Entbindungs- und Kinderheime. Mit rund 6000 Geburten stellte Norwegen nach dem Deutschen Reich das höchste Kontingent an »Lebensborn-Kindern«.[12]

Auch Dänemark paßte den Rassepolitikern ins Konzept. Das Oberkommando der Wehrmacht meldete dem Auswärtigen Amt offizielle 700 Vaterschaftsfälle von September 1941 bis September 1942; die Dunkelziffer dürfte erheblich höher sein. Es war geplant, die dänischen Mütter noch bevorzugter zu behandeln als die norwegischen und niederländischen, schließlich einigte man sich auf eine weitgehend analoge Verfahrensweise. Doch erst im Mai 1945, Tage vor Kriegsende, eröffnete ein »Lebensborn«-Heim in Dänemark. Nach der deutschen Kapitulation wurde das Heim dem Roten Kreuz als Frauenklinik für deutsche Ostflüchtlinge übergeben. In Belgien eröffnete im März 1943 das Heim »Ardennen«, das dreißig Müttern Platz bot. Das Heim war allerdings bei den Belgiern so unbeliebt, daß die Leitung eine SS-Wache zum Schutz anfordern mußte. Das deutsche Personal war den belgischen Angestellten gegenüber stets mißtrauisch: Als eines der wenigen deutschen Kinder im Heim den Erstickungstod starb, gerieten belgische Pflegerinnen unter Verdacht. Erst genaue Nachforschungen zeigten, daß eine deutsche Krankenschwester ihren Dienst nicht ordnungsgemäß versehen hatte.[13]

In Frankreich wurde die Zahl unehelicher Kinder deutscher Besatzungsangehöriger im Oktober 1943 von offiziellen Stellen bereits auf 85.000 geschätzt – eine kaum zu verifizierende Zahl; jedenfalls drängten SS und andere Stellen auf die Errichtung eines Heimes auch in Frankreich. Im Februar 1944 wurde es unter dem Namen »Westland« (später »Westwald«) östlich von Paris eröffnet. Die Freude der »Lebensborn«-Führung über das neue Heim währte allerdings nur einige Monate – bis zur Invasion der Normandie im Juni 1944 durch die Alliierten.

Wehrmachtsdienststellen machten sich für die unehelich geborenen Deutschenkinder stark. Die Feldkommandantur 515 aus Jersey etwa fürchtete um die Einflußnahme auf die Kinder, wenn von deutscher Seite auf Fürsorge verzichtet werde: Im Sommer 1943 schrieb die Kommandantur: »Bei dem nordischen Einschlag der hies. Bevölkerung handelt es sich zum großen Teil um rassisch einwandfreie Kinder und Mütter. Im allgemeinen kann sogar angenommen werden, daß es sich gegenüber Frankreich um rassisch wertvolleres Material handelt.« Auch wies die Kommandantur darauf hin, daß die Mütter der sechzig bis achtzig unehelichen Kinder deutscher Väter starken Anfeindungen ausgesetzt seien. Da die meisten von ihnen die deutsche Sprache beherrschten, könnten sie ins Reich umgesiedelt werden.[14]

Fest steht also, daß Liebesbeziehungen zwischen Besatzern und Besetzten, selbst wenn man von den vorsichtigsten Schätzungen ausgeht, in einem Maße stattgefunden haben, das in einem krassen Mißverhältnis zu den spärlich vorliegenden wissenschaftlichen Arbeiten steht. Die Forschung hat diesen wohl tiefgreifendsten Aspekt des nicht-militärischen Lebens der Soldaten im Krieg und der Frauen, die die Kinder gebaren, bislang sträflich mißachtet.

Fest steht aber auch, daß es nicht nur im Osten, sondern auch im Westen zu Greueltaten deutscher Soldaten an Frauen gekommen ist. Die Nürnberger Prozeßakten zeugen davon, daß Deutsche unter anderem in Saint Jean de Maurienne, Vercors, Saint Donat, Crest, Saillans und St. Die vergewaltigten.[15]

In Frankreich befehligte die militärische Führung Vergewaltigungen auch im Rahmen von Strafaktionen gegen die Résistance:

»(In Crest) wandte sich diese wie immer von der SS befehligte (...) Gegenmaßregel einem Bauernhof zu, in dem sich zwei französische Männer der Widerstandsbewegung verborgen hatten. Da sie sie nicht gefangennehmen konnten, haben diese Soldaten dann die Besitzer des Hofes verhaftet, den Mann und die Frau, und nachdem sie an ihnen mehrere Greueltaten verübt hatten, Messerstiche, Vergewaltigung usw., haben sie sie mit einer Maschinenpistole niedergestreckt. Dann haben sie sich des Sohnes ihrer Opfer bemächtigt, der nur 3 Jahre alt war, und nachdem sie ihn abscheulich gefoltert hatten, an der Tür gekreuzigt.«[16]

2.

Die Soldaten im Osten

Vieles spricht dafür, daß es auch im Osten zu einer hohen Zahl von Kontakten zwischen deutschen Soldaten und Frauen gekommen ist; allerdings dürften diese Kontakte nichts von der Beschaulichkeit und merkwürdigen Kriegsromantik gehabt haben, die mitunter an der Westfront anzutreffen war – »Champagner-Kompanien« gab es im Osten ganz sicher nicht. Der Krieg an der Westfront war oft schlimm und grausam; doch der Krieg an der Ostfront war eine einzige Menschenvernichtungsmaschinerie, in der auch die Sexualität als Unterdrückungsinstrument eingesetzt wurde. Die deutsche Armee führte im Osten einen beständigen Vernichtungskrieg, der sich auch gegen die Zivilbevölkerung richtete. So forderte General Wilhelm Keitel, »in diesem Kampf auch gegen Frauen und Kinder jedes Mittel anzuwenden, wenn es nur zum Erfolg führt.«[1]

Bei den Nürnberger Prozessen wurden auch die sexuellen Verbrechen deutscher Soldaten in Rußland angeklagt, seitdem aber wird geschwiegen. Daß auch die sexuelle Gewalt gegen Frauen ein Aspekt der deutschen Kriegsschuld ist, wird bis heute eher verdrängt. Die Historikerin Birgit Beck gibt den »psychischen und kulturellen Blockaden«[2] in den Köpfen ihrer Kollegen die Schuld für die mangelnde Forschungsarbeit.

Im »totalen Krieg« sollte nicht nur das militärische Potential des Gegners, sondern auch dessen moralisches Stehvermögen vernichtet werden.

Zur Erreichung dieses Ziels war auch der sexuelle Mißbrauch von Frauen erlaubt. »Im Kampf ist alles richtig und notwendig, was zum Erfolg führt«, hieß es für deutsche Soldaten.[3] In einer Note des Volkskommissars für Auswärtige Angelegenheiten, V. M. Molotow, vom 6. Januar 1942 heißt es:

»Grenzenlos sind der Volkszorn und die Empörung, die in der gesamten Sowjetbevölkerung und in der Roten Armee durch die zahllosen Fälle gemeiner Gewalttaten und niederträchtiger Schandtaten hervorgerufen sind, Schandtaten gegen die Frauenehre, (...) die von faschistischen deutschen Offizieren und Soldaten verübt werden.«[4] Das ist nur ein Beispiel. Es muß aber angenommen werden, daß es weitere Zeugnisse aus jener Zeit gibt, die noch nicht ausgewertet wurden.

Die sowjetischen Chef-Ankläger legten 1946 den Richtern der Nürnberger Prozesse eine Reihe von Beweisdokumenten vor, darunter auch das folgende:

»In dem ukrainischen Dorf Borodajewka in der Gegend von Dnjepropetrowsk vergewaltigten die Faschisten alle Frauen und Mädchen. In Beresowka in der Gegend von Smolensk schleppten betrunkene deutsche Soldaten alle Frauen und Mädchen im Alter von sechzehn bis dreißig fort und schändeten sie. (...) Überall brachen die blutgierigen deutschen Verbrecher in Häuser ein, vergewaltigten Frauen und Mädchen vor den Augen ihrer Angehörigen und Kinder, verhöhnten ihre Opfer und ermordeten sie dann auf brutalste Art. (...) Auf Befehl eines deutschen Offiziers namens Hummer schleppten Soldaten die sechzehnjährige L. I. Melschukowa in den Wald und schändeten sie. Kurz darauf sahen andere Frauen, die auch in den Wald geschleppt worden waren, das sterbende Mädchen, das die Deutschen auf Bretter genagelt hatten. Die Frauen (...) mußten zusehen, wie sie dem Mädchen die Brüste abschnitten.«[5]

Bei der Vernichtung russischer, polnischer und tschechischer Dörfer gingen die deutschen Soldaten in zwei Schritten vor. Einer ersten Phase der Plünderung und Vergewaltigung folgte der Mord an der jüdischen Bevölkerung. Sophia Gluschkina erinnerte sich an den deutschen Terror:

»In der nächsten Nacht um zwei Uhr klopften sie wieder an die Tür. Der Kommandant kam herein und verlangte nach der Frau des hingerichteten Juden. Sie weinte nach diesem schrecklichen Tod ihres Mannes; die drei Kinder weinten auch. Man brachte sie fort. Wir dachten, daß sie umgebracht würde, aber die Deutschen waren noch bestialischer, sie vergewaltigten sie unten im Hof.«[6]

Zeugnisse wie diese zeigen, daß die Rassegesetze des braunen Staates Soldaten nicht davon abgehalten haben, in ihren Augen »rassisch minderwertige« Frauen zu mißbrauchen. Eine SS-Richtertagung kam 1943 zu der Erkenntnis, daß sich bei einer konsequenten Anwendung der Nürnberger Rassegesetze jeder zweite SS-Mann strafbar machen würde – im Falle der Waffen-SS stand Vergewaltigung zwar unter Todesstrafe, und darüber hinaus existierten mehrere Erlasse Heinrich Himmlers über die strikte Einhaltung der »Blutschutzgesetze«. Diese Anordnungen wurden jedoch nicht eingehalten. Der Kommandant des SS-Hauptamtes Lettland erklärte, für seine Verbände gelte dieser Befehl nicht.[7]

Durch äußerste Zurückhaltung bei der Strafverfolgung förderte die Führung von Wehrmacht und SS das gewalttätige Potential ihrer Soldaten. So wurden neun SS-Männer für die Vergewaltigung einer siebzigjährigen Russin und ihrer Tochter lediglich zu einer anderen Einheit strafversetzt. In einem anderen Fall wurden drei Soldaten wegen der Vergewaltigung eines russischen Mädchens zu Geldstrafen und zum Verlust ihres militärischen Ranges verurteilt. An der Westfront dagegen drohten höhere Strafen: So wurde in Frankreich bereits der Versuch einer Vergewaltigung mit fünf Jahren Gefängnis bestraft.[8]

Die Duldung von Vergewaltigungen durch Angehörige von Wehrmacht und SS ermöglichte es den Deutschen, die sexuelle Demütigung in ihren Krieg mit einzubeziehen. In Polen unternahmen die deutschen Besatzer allnächtlich Vergewaltigungs-Streifzüge durch die jüdischen Ghettos. Tagsüber veranstalteten sie massenhafte Entkleidungsszenen, bei denen sich Männer, Frauen und Mädchen ausziehen und auf den Boden legen mußten. Die Deutschen gingen dann durch die Reihen und machten schmutzige Witze.[9]

Ein jüdischer Gynäkologe berichtete von einer Vergewaltigung im Warschauer Ghetto:

»In der Swietokerskastraße kam es in einem Glaswarengeschäft zu einer Massenvergewaltigung. Die Deutschen griffen sich die schönsten und gesündesten Mädchen von der Straße und ließen sie in dem Geschäft Spiegel verpacken. Nach der Arbeit wurden die Mädchen vergewaltigt.«[10]

In der Franciskanskastraße des Ghettos schleppten deutsche Offiziere vierzig jüdische Frauen in ein Haus und zwangen sie dazu, sich zu betrinken und nackt vor ihnen zu tanzen. Dann vergewaltigten sie ihre Geiseln.[11]

Ist es überhaupt möglich, daß es an der Ostfront freiwillige sexuelle Kontakte zwischen deutschen Soldaten und der Zivilbevölkerung gab? Könnte es gar, jenseits der abscheulichen Vergewaltigungen, zu Beziehungen gekommen sein?

Liebesbeziehungen in großer Zahl sind unseres Erachtens nahezu undenkbar; denn abgesehen von der Ideologie von SS und Wehrmacht, die an der Ostfront – im Gegensatz zur Westfront – militärische Gewalt, Frauenverachtung und Rassismus aufs Übelste zusammenbrachte, führte der ständig wechselnde Frontverlauf dazu, daß sich ein nichtmilitärisches Leben gar nicht erst entwickeln konnte. Die wenigen freiwilligen sexuellen Kontakte, die es sicherlich gab, sind nicht hinreichend dokumentiert, auch nicht in der osteuropäischen Literatur – es wurden ja nicht nur deutsche Soldaten bei einer Verletzung des Fraternisierungsverbotes schwerstens bestraft. Wie auch im Westen mußten die Frauen gegen Ende des Krieges mit schlimmsten Repressalien durch ihre Mitbürger rechnen. Russische Zwangsarbeiter und Zwangsarbeiterinnen aus dem Reich wurden nach 1945 in stalinistische Straflager verschleppt. Sie galten als politisch unzuverlässig, weil sie – wenn auch unfreiwillig – Kontakt zu Deutschen gehabt hatten.

Schamgefühle und Angst vor politischer Repression haben es den Frauen in Osteuropa und deren Angehörigen jahrzehntelang unmöglich gemacht, über den sexuellen Mißbrauch durch deutsche Soldaten zu sprechen. Noch heute gibt es in Rußland und anderen osteuropäischen Staaten keine öffentliche Auseinandersetzung mit diesem Thema, es gibt – abgesehen von den Aussagen während der Nürnberger Prozesse – keine Quellen: Die betroffenen Frauen waren nicht daran interessiert und kaum in der Lage, ihre Erlebnisse darzustellen. Aufgrund der politischen Konstellation hat es offenbar auch keine Versuche gegeben, ihre Leiden zu thematisieren.

Auch Deutschland hat sich noch nicht zu den Vergewaltigungen bekannt, die seine Soldaten während des Krieges begangen haben. Dieses heikle Thema müßte anhand der Gerichtsurteile gegen Soldaten aufgearbeitet werden, die durchaus existieren. Es gab Rügen, Strafversetzungen, Verurteilungen. Vermutlich wäre aber der Aufschrei noch größer als anläßlich der »Wehrmachts«-Ausstellung. Statt dessen prägt das Bild vom »frauenschändenden Iwan« immer noch die Gedanken der älteren Generation. Trotz aller Greueltaten, die die Soldaten der Roten Armee ohne Frage begangen haben, als sie in Deutschland vorrückten: Die Deutschen haben den Krieg begonnen – auch den Krieg gegen die Frauen.

3.

»Frau komm!« – Sexuelle Gewalt bei Kriegsende

Für die Militärsoziologin Ruth Seifert ist Vergewaltigung »ein extremer Gewaltakt, der sich allerdings sexueller Mittel bedient«.[1] Für Seifert ist der sexuelle Gewaltakt Ausdruck einer jahrhundertealten Frauenfeindlichkeit und Wut des Mannes auf die Frau.

Die Vergewaltigung ist der Versuch, Frauen zu erniedrigen und zu demütigen.[2] Militär, Gewalt und stilisierte Männlichkeit gehen Hand in Hand. Deshalb ist die Vergewaltigung bereits in der inneren Struktur von Armeen angelegt.[3]

Das heißt natürlich nicht, daß jeder Soldat vergewaltigt. Krieg begünstigt jedoch die sexuelle Gewaltausübung über Frauen. Der Zweite Weltkrieg unterscheidet sich dabei nicht von der gegenwärtigen Situation auf dem Balkan. In der unmittelbaren Nachkriegszeit nimmt sich der Eroberer traditionell das »Recht«, seinen Haß auf den Besiegten an dessen Frauen auszulassen.[4]

Genauso wie sich die Soldaten der deutschen Wehrmacht und der SS in Ost- und Westeuropa sexueller Gewalttaten schuldig gemacht haben, vergewaltigen amerikanische, britische, französische und russische Soldaten nach Kriegsende im besetzten Deutschland. Mit dem Mißbrauch deutscher Frauen nahmen sie Rache für die Gewalttaten, die das braune Regime während des Krieges ihren eigenen Frauen, Töchtern und Müttern angetan hatte.[5]

Die meisten Vergewaltigungen fanden in Deutschland Ende April und Anfang Mai 1945 statt. Das Dritte Reich war zu diesem Zeitpunkt kein handlungsfähiger Staat mehr. Insofern beschreibt dieses Kapitel nur in begrenztem Maße einen Aspekt der Geschichte der Sexualität unter dem Hakenkreuz. Doch auch wer die paar Wochen, die der bedingungslosen Kapitulation am 8. Mai 1945 voranggingen, als einen Abschnitt deutscher Geschichte sehen will, der sich keiner Staatsordnung mehr zuschreiben läßt, muß die Ereignisse zu Kriegsende doch als die Folge eines Krieges sehen, den das Dritte Reich verbrochen hatte und in dessen Verlauf auch die Schuldigen zu Opfern wurden.

Weil die Massenvergewaltigungen, die besonders in Berlin im Frühjahr 1945 stattfanden, tiefe Spuren im kollektiven Gedächtnis der Deutschen hinterlassen haben, sind sie von der historischen Forschung – anders als die sexuellen Gewaltverbrechen deutscher Soldaten in Ost- und Westeuropa – besonders intensiv untersucht worden. Grund dafür mag das Interesse sein, das das Bundesministerium für Vertriebene, Flüchtlinge und Kriegsgeschädigte den Gewalttaten der Roten Armee bei der Umsiedlung der deutschen Bevölkerung aus den Gebieten östlich der Oder-Neiße-Linie nach Westen entgegengebracht hat. In den zehn Bände umfassenden Interviews mit Zeitzeugen finden sich ungezählte Berichte über Vergewaltigungen durch Rotarmisten. Auch der Film hat sich eingehend mit dem sexuellen Mißbrauch deutscher Frauen beschäftigt. Die Regisseurin Helke Sander schreibt in der Dokumentation zu ihrem Streifen *BeFreier und Befreite*: »Deutsche Frauen und Mädchen wurden von Russen, Polen, Franzosen und Amerikanern, während Flucht und Vertreibung auch von Tschechen, Serben und Slowenen vergewaltigt.«[6]

Berlin, Ende April 1945: Ausgebrannte Ruinen stehen dort, wo es einst Wohnhäuser und Geschäfte gab. Soldaten der Roten Armee stoßen ins Zentrum der zerstörten Stadt vor. Zwischen Lastwägen und Wehrmachtswagen schleppen sich Menschenmassen über die aufgerissenen Straßen. Müde, verzweifelte Frauen schieben hochaufgeladene Leiterwagen, Schubkarren und Kinderwägen vor sich her. Erschöpfte Kinder folgen in der Nachhut.

Die Flüchtlinge berichten den Berlinern, daß sich die Vorhut der Roten Armee diszipliniert und anständig verhalte, die zweite Angriffswelle jedoch hemmungslos plündere und vergewaltige. Wie Lauffeuer breiten sich die Gerüchte über die Gewalttaten der »Barbaren aus dem Osten« in der zerstörten Hauptstadt aus. Das Klischee vom schlitzäugigen, kinderschlachtenden Mongolen macht die Runde.[7] Die hysterische Angst vor den Russen ist keine Erscheinung der letzten Kriegstage. Während des gesamten Zweiten Weltkriegs hat Joseph Goebbels den Deutschen das Phantom des blutrünstigen Untermenschen aus dem Osten vorgehalten. In den letzten Kriegstagen verbreiten die Medienstrategen des NS-Staates Vergewaltigungspanik.[8]

Als die Russen Berlin sicher in der Hand haben, werden die schlimmen Vorahnungen wahr. Traurige Ironie des Schicksals, gerechte Strafe für den Hochmut des Dritten Reichs oder unabwendbare Folge von Hitlers Kriegswahnsinn? Berlin ist Ende April 1945 so gut wie verteidigungsunfähig. Männer gibt es in der zerstörten Hauptstadt nicht mehr viele. Von den 2,7 Millionen Berlinern sind fast zwei Millionen Frauen.[9] Die männlichen Bewohner sind Greise oder Kinder unter 18 Jahren. Zwischen dem 24. April und dem 3. Mai 1945 werden mindestens 110.000 Frauen Opfer von Vergewaltigungen. Da viele von ihnen mehrmals hintereinander mißbraucht werden, ist die Zahl der Vergewaltigungen größer.[10] Die Zahl der sexuellen Nötigungen berücksichtigt diese vorsichtige Schätzung nicht. Frauen schlafen mit Soldaten, Offizieren und Kommandanten, um ihre Kinder, das Leben ihrer Ehemänner, Brüder und Freunde zu schützen. Militärs erpressen mit der Drohung einer Deportation nach Sibirien den Beischlaf.[11]

In der sowjetischen Besatzungszone (SBZ), in Pommern und Ostpreußen ist die Zahl der Vergewaltigungsopfer noch größer. Da es auf dem Land kaum Möglichkeiten gibt, sich zu verstecken, sind Frauen in ländlichen Gebieten und auf der Flucht stärker gefährdet als in Berlin. In Ostpreußen beginnen die Vergewaltigungen bereits um die Jahreswende 1944/45.[12] Insgesamt werden während des Vormarsches auf Berlin 1,9 Millionen Frauen und Mädchen mißbraucht.[13] In den Gebieten östlich der Oder-Neiße-Linie werden auch weibliche Angehörige des Sanitätspersonals und Wehrmachtshelferinnen Opfer von sexueller Gewalt. Da internationale Abkommen diesen Frauen keinen Kombattanten-Status gewähren, gelten die Schutzbestimmungen für Kriegsgefangene für sie nicht. Durch diese Lücken der internationalen Regelungen sind weibliche Wehrmachtsangehörige besonders schutzlos. Da sie nicht als Soldaten gelten, können sie als Partisaninnen behandelt, sexuell mißhandelt und standrechtlich erschossen werden. Anfang Januar werden in Ostpreußen knapp 1000 Mädchen Richtung Westen in Marsch gesetzt. Sie kommen nie an. Das Verschwinden der jungen Frauen ist kein Einzelfall. In Osteuropa und Frankreich verschwinden bei Kriegsende rund 25.000 Wehrmachtshelferinnen.[14]

Jüdische Überlebende des Holocaust werden genauso Opfer von sexueller Gewalt wie Zwangsarbeiterinnen aus dem Osten, Mädchen im Alter von zehn bis zwölf Jahren ebenso mißbraucht wie siebzigjährige Greisinnen.[15] Viele Rotarmisten scheinen sogar eine Vorliebe für ältere Frauen zu haben. Augenzeugen der Gewalttaten in Ostpreußen erwähnen immer wieder, wie die Soldaten sich an Frauen vergehen, die weit über sechzig Jahre alt sind. Klara Seidler erinnert sich:

»Ein vielleicht 18–19jähriger hatte es auf mich abgesehen. Mit einer Flasche Wein bewaffnet, zwang er mich in die Telefonzelle. Ich sagte: ›Alte Großmama ganz schrumplig.‹ Nur rief er immer: ›Großmama muß.‹«[16]

Die Kommandanten der Roten Armee dulden die sexuelle Gewalt ihrer Untergebenen.[17] Im Siegesrausch rächt sich die Rote Armee für die Verbrechen, die Deutsche an der russischen Bevölkerung, an ihren eigenen Frauen, Müttern und Kindern begangen haben.[18] Ruth Andreas-Friedrich, Mitglied einer Widerstandsgruppe gegen den nationalsozialistischen Terror, kommentiert die Ereignisse im Frühjahr 1945 so: »Der russische Siegesrausch manifestiert sich im Fleische … Im Fleische unserer Frauen. Leibhaftig nehmen sie Stück für Stück der deutschen Erde in Besitz; leibhaftig zeugen sie Nacht für Nacht in sie hinein.«[19]

Die Vergewaltigungen finden im Treppenhaus statt, in Wohnungen und auf der Straße. Mit »Frau komm!« holen die Russen ihre Opfer aus Luftschutzkellern. Sie überfallen Flüchtlingstrecks und mißbrauchen Frauen während der Zwangsarbeit beim Aufräumen der Trümmer, bei Demontagearbeiten und beim Kartoffelschälen.[20] Meist wird dieselbe Frau in aller Öffentlichkeit mehrmals hintereinander vergewaltigt.[21] Nicht selten sind Ehemänner, Verwandte und Kinder Zeugen des Gewaltakts.[22] Manchmal werden deutsche Männer auch zu Mittätern. Anna Falk berichtet:

»Ich habe mich an der Bank festgekrallt, ich hätte sie alle mitgerissen. Aber die paar Männer, die im Bunker waren, haben noch mitgeholfen, daß ich rausgeschleppt wurde. Sie hatten Angst, die Russen lassen den Bunker in die Luft gehen.«[23]

In ihrem Siegesrausch sind die Soldaten der Roten Armee vollkommen hemmungslos und unerbittlich. Die meisten Frauen werden nicht nur sexuell mißbraucht. Sie werden mit Eisenstangen geschlagen, die Soldaten zerbeißen ihnen die Brüste oder schneiden sie ab. Nicht wenige Frauen werden nach der Vergewaltigung ermordet.[24]

Die Russen haben keine Scheu, auch über Nonnen, Kranke, Wöchnerinnen und Schwangere herzufallen.[25] Der ostpreußische Arzt Hans Graf von Lehndorff gedenkt in seinen Memoiren der Opfer unter seinen Patienten:

»Es stört sie gar nicht, daß sie halbe Leichen vor sich haben. Achtzigjährige Frauen sind vor ihnen ebensowenig sicher wie bewußtlose (eine kopfverletzte Patientin von mir wurde, wie ich später erfuhr, unzählige Male vergewaltigt, ohne etwas davon zu wissen).«[26]

Wer seine Wohnung verlassen muß, um Lebensmittel zu organisieren, schwärzt sich das Gesicht mit Ruß, zerzaust sich die Haare und setzt sich eine Brille auf. Frauen bandagieren sich den Kopf, kleben sich Pflaster ins Gesicht und ziehen ihre Kopftücher tief in die Stirn. Sie ziehen alte, schmutzige und zerfetzte Kleidung an. Aus Furcht, sie könnten den Soldaten gefallen, tun sie alles, um alt und krank auszusehen.[27] Dem Einfallsreichtum der Angst sind keine Grenzen gesetzt. Manchmal hilft jedoch schon entschiedene Gegenwehr, um die russischen Soldaten von ihrem Vorhaben abzubringen.[28] Frauen, die ein paar Brocken Russisch können, haben die besten Chancen, von den Rotarmisten verschont zu werden. Erst »die Unfähigkeit, sich miteinander zu verständigen, raubt jeder Beziehung zwischen Siegern und Besiegten den Grundton des Menschlichen«[29], sagt Ruth Andreas-Friedrich.

Die Rotarmisten vergehen sich oft so hemmungslos an ihren Opfern, daß der ganze Damm bis zum Anus aufreißt. Wenn sie nicht verbluten und an den Folgen ihrer Verletzungen sterben, müssen die vergewaltigten Frauen unter den unzureichenden medizinischen Bedingungen der Nachkriegszeit versorgt werden.[30] Zum Schmerz kommt die psychische Verstümmelung hinzu. Vergewaltigte Frauen beschreiben den Gewaltakt als »psychischen Mord«. Im Berlin der Nachkriegszeit ziehen viele Frauen die Konsequenz aus der Tötung ihrer Seelen und bringen sich um.

Die Vergewaltigungen durch westliche Alliierte erreichen nicht das Ausmaß der Gewalttaten, die die Russen in Berlin begehen. Doch auch im übrigen Deutschland werden Frauen Opfer von sexueller Gewalt. Beim Einmarsch der Franzosen in Freudenstadt und Pforzheim werden rund 100 Frauen im Alter von 14 bis 74 Jahren vergewaltigt. In Stuttgart nimmt die Polizei 1198 Fälle von sexuellem Mißbrauch durch französische Soldaten auf.[31] James O. Eastland, Senator des US-Bundesstaates Mississipi, berichtet im Juni 1945 im amerikanischen Oberhaus davon, daß

»nach dem Einmarsch der französischen Truppen in der Innenstadt von Stuttgart mehrere tausend christliche deutsche Mädchen aus gutem Hause in der U-Bahn zusammengetrieben und von senegalesischen Soldaten vier oder fünf Tage lang auf kriminelle Weise vergewaltigt worden seien.«[32]

Da Stuttgart 1945 weder eine U-Bahn hatte, noch senegalesische Soldaten bei der Eroberung der Stadt eine größere Rolle spielten, scheint es sich bei den Ausführungen Eastlands um den Rassismus eines amerikanischen Südstaatenpolitikers zu handeln. Karl Weber, Stuttgarts Polizeichef bei Kriegsende, weist allerdings darauf hin, daß es in der schwäbischen Stadt zwar keine Untergrundbahn, wohl aber ein großes Eisen- und Straßenbahndepot und einen berühmten Autotunnel, die Wagenburg, gebe, und verleiht damit den Vorwürfen Eastlands eine gewisse Plausibilität. Im Stuttgarter Polizeibericht schreibt Weber, die meisten Frauen seien in ihren Wohnungen überwältigt worden. Die turbantragenden Marokkaner hätten auf ihren Streifzügen einfach die Türen von Wohnungen eingetreten. Vier Frauen seien umgebracht worden. In einem Fall hätte ein Ehemann seine geschändete Frau getötet und dann Selbstmord begangen.[33]

Frauen leiden ihr Leben lang an den Folgen der Tat. Oft zerbrechen die Ehen der Vergewaltigungsopfer. Frauen, die vergewaltigt wurden, verweigern sich sexuell. Es fällt ihnen schwer, mit ihren Männern über die Vergewaltigung zu sprechen, und obwohl sie wissen, daß ihre Frauen nichts für den »Ehrverlust« können, sind viele Männer schockiert und angeekelt. Viele lassen sich scheiden oder verweigern jahrelang jede Zärtlichkeit.[34] Die Auswirkungen dieser doppelten Demütigung auf die Psyche der Frauen waren verheerend und haben deren sexuelles Verhalten in der Nachkriegszeit und wohl auch die Erziehung ihrer Kinder nachhaltig geprägt.

V.

Im Fadenkreuz

Nichts zeigt die sexualpolitische Willkür des Nationalsozialismus deutlicher als der Umgang des Dritten Reiches mit sexuellen Randgruppen. Während Familien vom braunen Staat gefördert und umsorgt werden, damit sie ihre Sexualität in den Dienst der Rassenideologie stellen, verfolgt er Prostituierte, homosexuelle Männer, lesbische Frauen und Liebesbeziehungen zwischen jüdischen und »arischen« Deutschen. Seine menschenverachtende Ideologie duldet die Sexualität dieser Menschen nicht. Lesben und Schwule werden ihrer Persönlichkeit und Identität beraubt. Sexuelle Randgruppen werden zwangssterilisiert, in Konzentrationslager eingeliefert und ermordet.

Weil sie keine Kinder zeugen, passen Schwule nicht in den ideologischen Rahmen des Nationalsozialismus. Im Zuge der ideologischen und technischen Aufrüstung des Dritten Reiches werden gleichgeschlechtlich veranlagte Männer zu Staatsfeinden erklärt. Ab 1937 werden sie in reichsweiten »Schwulenlisten« erfaßt. Der Großinquisitor der Homosexuellenhatz, Heinrich Himmler, befiehlt ihre Einweisung in Konzentrationslager und ihre Ermordung.

Lesbische Frauen weigern sich nach Ansicht der Nazis, ihre Mutterrolle und ihre Verantwortung für die Geburt von Soldaten zu übernehmen. Da es für die Sexualpolitiker des Dritten Reiches jedoch kein selbstbestimmtes, aktives Liebesleben der Frau und damit auch keine weibliche Homosexualität gibt, sieht der Staat keine Notwendigkeit, strafrechtlich gegen lesbische Frauen vorzugehen. Für die Moralapostel des Regimes bleiben Lesben, anders als homosexuelle Männer, trotz ihrer sexuellen Entgleisung »bevölkerungspolitisch verwertbar«. Dennoch sind Lesben gezwungen, ihre sexuelle Veranlagung zu verbergen und die moralischen Anforderungen des Dritten Reiches zumindest als Lippenbekenntnis zu wiederholen. Lesbische Liebe wird in den Untergrund verdrängt und unsichtbar gemacht.

Auch gegen »arisch«-jüdische Liebespaare führt das Dritte Reich einen unerbittlichen Kampf. Wenn ein Paar nicht der gleichen »Rasse« angehört, können die Nationalsozialisten mit den Rassegesetzen auch in dessen Intimsphäre und Sexualleben eingreifen. Kinder deutsch-jüdischer Eltern tragen einen Makel, oft lassen sich ihre Eltern auf Anraten von Freunden und Verwandten scheiden.

Willkürlich unterteilt der braune Staat Eltern und Kinder in »rassisch minderwertige Vernichtungskandidaten« und wertvolle Mitglieder der »Volksgemeinschaft«. Wenn es den Nachbarn nicht gefällt, daß zwei Menschen sich lieben, kommen jüdisch-»arische« Paare schnell in Verruf. Mit dem Vorwurf der »Rassenschande« öffnen die Nationalsozialisten ein Ventil, über das Neid und Haß abgelassen werden können.

Prostituierte haben weder in den Moralvorstellungen der Nazis noch auf den Straßen des Dritten Reiches Platz. Weil sie dem Wunschbild des »sauberen Reiches« nicht entsprechen, werden sie entmündigt und ihrer Fruchtbarkeit beraubt. Nur dort, wo es die Kriegspläne Hitlers erfordern, in Wehrmachtsbordellen, Konzentrationslagern und Zwangsarbeiterasylen, wird käufliche Liebe nicht nur geduldet, sondern ist sogar erwünscht.

I.

Männer mit dem rosa Winkel – Die Verfolgung homosexueller Männer im NS-Staat

Am 30. Juni 1934 definiert das NS-Regime eine neue Opfergruppe. Die Morde des »Röhm-Putsches« sind der Auftakt einer reichsweiten Homosexuellenhatz. Zwar konnten sich schwule Männer schon seit der Machtergreifung nicht mehr ganz sicher fühlen, doch erst ab 1934 werden sie systematisch und mit bis 1945 ständig zunehmender Brutalität und Radikalität verfolgt.[1] Die Macht totalitärer Regime beruht nicht ausschließlich auf Terror und der staatlichen Kontrolle sämtlicher Lebensbereiche. Erst Stigmatisierung und Verfolgung von Sündenböcken sichern Diktaturen die Zustimmung breiter Bevölkerungskreise. Homosexuelle erfüllen im NS-Staat diese Aufgabe ebenso gut wie jüdische Mitbürger, Zigeuner oder Obdachlose.

Im Sommer 1934 informiert Göring den Stellvertreter Hitlers – Rudolf Heß – darüber, daß der kommende Winter außerordentlich hart sein werde. Die zu einer Verbesserung der materiellen Situation der deutschen Bevölkerung notwendigen Mittel ständen allerdings noch nicht zur Verfügung. Es sei deshalb alles zu tun, um die Stimmung im Volk zu heben. In einem Brief vom 31. August 1934 deutet der preußische Ministerpräsident an, daß »eines von diesen Mitteln die Befreiung des Parteiapparates von Elementen« sein könnte, »an denen das Volk mit Recht Anstoß nimmt.«[2] Burkhard Jellonnek hat die nationalsozialistische Homosexuellenverfolgung, um das Volk bei Laune zu halten, folgerichtig als moderne Variante antiker »Panem et circenses« beschrieben.[3]

Die Notwendigkeit der »Ausmerzung« Homosexueller wird von der NS-Propaganda nur selten damit begründet, daß es sich bei homosexuellen Männern um verweichlichte »Tunten« handle, deren Geschlechtsleben amoralisch und pervertiert sei. Das Vergehen eines schwulen Mannes liegt nach Ansicht der Nazis vielmehr darin, daß er der Volksgemeinschaft seine Zeugungskraft entzieht. Mit jedem Homosexuellen gehe dem deutschen Volk ein Vater verloren.[4] Im Zuge der ideologischen, wirtschaftlichen und militärischen Aufrüstung Deutschlands mache er sich deshalb eines schweren Verbrechens schuldig:

»Da die Homosexuellen erfahrungsgemäß für den normalen Geschlechtsverkehr unbrauchbar werden, wirkt sich die Gleichgeschlechtlichkeit auch auf den Nachwuchs aus und wird zwangsläufig zu einem Geburtenrückgang führen. Die Folge davon ist eine Schwächung der allgemeinen Volkskraft, durch die nicht zuletzt die militärischen Belange eines Volkes gefährdet werden.«[5]

Im NS-Staat ist Homosexualität nicht nur eine »Krankheit«. Sie ist ein elementarer Verstoß gegen das rassische Lebensgesetz, das die Stärke eines Volkes an seiner Geburtenrate mißt.[6]

Gestapo und Polizei berufen sich auf die Theorien einiger zeitgenössischer Psychiater, die von der vollen Verantwortung des einzelnen für dessen Sexualität ausgehen. Jedem Homosexuellen stehe es offen, sich für ein schwules Leben oder für das »Gleichgewicht des Geschlechtshaushaltes« zu entscheiden. Für die Nazis geben homosexuelle Männer ihren »perversen Trieben« hemmungslos nach. Sie lehnen bürgerliche Normen ab und wollen sich nicht in die nationalsozialistische Leistungsgesellschaft einordnen. Auf einer am 18. Februar 1937 in Bad Tölz gehaltenen Rede erklärt SS-Chef Heinrich Himmler seinen Mitarbeitern:

»Es gibt unter den Homosexuellen Leute, die stehen auf dem Standpunkt: was ich mache, geht niemand etwas an, das ist meine Privatangelegenheit. Alle Dinge, die sich auf dem geschlechtlichen Sektor bewegen, sind jedoch keine Privatangelegenheit eines einzelnen, sondern sie bedeuten das Leben und Sterben eines Volkes, bedeuten die Weltmacht [...]. Das Volk, das sehr viele Kinder hat, hat die Anwartschaft auf die Weltmacht und Weltbeherrschung.«[7]

Die besondere Schwere des Vergehens homosexueller Männer liegt darin, daß sie ihre »Perversion« für sich behalten. In den Jahren der Weimarer Republik hatten Psychiater wie Emil Kraepelin und Karl Bonhoeffer die wissenschaftliche Behauptung aufgestellt, daß die Vorliebe eines Mannes für die gleichgeschlechtliche Liebe auf sexuellen Mißbrauch durch einen älteren Mann in ihrer Jugend zurückzuführen sei. Mit der »Verführungstheorie« widersprachen sie Kollegen, die Homosexualität für ein genetisch vererbtes Sexualverhalten hielten. Die Theorien Bonhoeffers und Kraepelins übernahmen die Nazis als wissenschaftliche Grundlage für die »Seuchentheorie«. Durch die Verführung anderer Männer infizierten Homosexuelle in den Augen der NS-Machthaber den gesamten »Volkskörper« mit der »Seuche« der Homosexualität. Jugendliche, deren sexuelle Orientierung noch schwach sei, fielen der »perversen Krankheit« besonders häufig zum Opfer.[8] Auf einer Arbeitstagung der »Reichszentrale zur Bekämpfung der Abtreibung und Homosexualität« erklärt der Leiter der Zentrale, Kriminalrat Meisinger, am 6. April 1937:

»Gelingt es einem Homosexuellen, einen Jungen einer Gefolgschaft oder einer Schar für sich zu gewinnen, so werden meist – das lehrt die Erfahrung – auch die Freunde dieses Jungen von dem betreffenden Verführer mißbraucht werden. Es zählt nicht zu den Seltenheiten, daß Homosexuelle bei ihren Vernehmungen in ihren Geständnissen unumwunden zugeben, daß sie mit 50 und noch mehr Jungen homosexuelle Schweinereien getrieben haben.«[9]

Durch die Verführung von Teenagern und die seuchenartige Ausbreitung ihrer Abartigkeit unter Jugendlichen entzögen Homosexuelle zukünftigen Generationen eines Volkes die Zeugungskraft. Schwule Männer sind in den Augen des NS-Staates für die Schwächung und den Untergang eine Volkes verantwortlich. Sie sind Staatsfeinde. Homosexualität ist für die Nazis eine besondere Perversion, die neben Landflucht, Selbstmord und sinkenden Kinderzahlen als ein Symptom sterbender Völker gilt. Sie wird in einen bevölkerungspolitischen Kontext eingeordnet und damit vom kriminellen zum staatsfeindlichen Akt.[10]

Zwischen 1933 und 1945 verfolgt der NS-Staat homosexuelle Männer mit zunehmender Rücksichtslosigkeit und Brutalität. Bis 1935 beschränkt sich die Verfolgung der homosexuellen Subkultur auf propagandistische Maßnahmen, die Zerschlagung der in der Weimarer Republik entstandenen sexualpolitischen Reformbewegung und Razzien in einschlägig bekannten Restaurants, Bars und anderen Lokalen. Nach der Verschärfung der strafrechtlichen Bestimmungen 1935 – nach § 175 Reichsstrafgesetzbuch stand Homosexualität bereits seit 1871 unter Strafe – und der Einrichtung der »Reichszentrale zur Bekämpfung der Homosexualität und Abtreibung« im Jahre 1936 steigt die Zahl der wegen homosexueller Delikte verurteilten Männer.[11] Die polizeistaatliche Verfolgung Homosexueller wird planstabsmäßig organisiert. Die Propagandamaschine wird gezielter eingesetzt. Der Terror wird größer. Während des Zweiten Weltkriegs nimmt die Verfolgung homosexueller Männer nochmals drastisch an Intensität und Grausamkeit zu. Ab 1940 werden sie in Konzentrationslagern interniert. Ab 1941 werden homosexuelle Angehörige der SS und der Polizei mit dem Tod bestraft.[12]

Die homosexuelle Subkultur zieht sich vor dem Terror des NS-Staates immer stärker in die Anonymität flüchtiger Beziehungen und One-Night-Stands zurück. Schwule Männer verstecken ihre sexuelle Veranlagung hinter der Maske eines gutbürgerlichen Alltagslebens. Trotzdem schläft die homosexuelle Szene in Großstädten wie Hamburg, Berlin und Düsseldorf in den ersten Jahren des Dritten Reiches nicht ein. In der Anonymität der Großstädte können schwule Männer ihre Sexualität auch weiterhin ausleben.[13] Die Razzien und Säuberungsaktionen, die Gestapo und Kriminalpolizei 1934/35 durchführen, sind keineswegs der entscheidende Schlag gegen die Schwulenbewegung. Die Schließung einzelner Clubs und Lokale führt lediglich dazu, daß die Szene auf andere Treffpunkte ausweicht. Die Institutionen der homosexuellen Subkultur bleiben intakt, solange sie dem Blick der Öffentlichkeit entzogen sind. Wer ein unvermeidliches Restrisiko in Kauf nimmt und gewisse Vorsichtsmaßnahmen trifft, kann sich auch in den ersten Jahren des NS-Staates noch mit gleichgesinnten Männern treffen. Die Wahrung der eigenen Anonymität steht für homosexuelle Männer im Vordergrund. Geben sie ihren Namen preis, so laufen sie Gefahr, von ihren Sexualpartnern an Polizei oder Gestapo verraten zu werden. Schwimmbäder und besonders Pissoirs entwickeln sich zu häufig besuchten Treffpunkten. In öffentlichen Bedürfnisanstalten können homosexuelle Männer ihre Sexualpartner auf einer flüchtigen und unpersönlichen Grundlage treffen. Meistens wissen sie voneinander nicht mehr als den Vornamen. Oft ist nicht einmal dies der Fall.[14]

Durch die Kriminalisierung der Homosexualität und die Verfolgung der schwulen Szene fördert der NS-Staat die homosexuelle Prostitution: Zahlreiche Jugendliche haben in den Jahren der Weltwirtschaftskrise ihre Stellen verloren. Für viele arbeits- und obdachlose Jungen ist die Prostitution die einzige Möglichkeit, sich ihr tägliches Brot zu verdienen. In Parks, Rotlichtvierteln und rund um Pissoirs werben die Stricher um ihre Kundschaft. Gegen ein bis drei Reichsmark können Freier ihre Lust umgehend und anonym bei ihnen befriedigen. Für zahlreiche ältere Homosexuelle ist der Strich oft der einzige Ort, an dem sie einen jüngeren, attraktiven Sexualpartner treffen können.[15]

Den Rückzug in die vermeintliche Sicherheit der Privatsphäre treten nur wenige Homosexuelle an. Zu groß ist die Gefahr, bei schwulem Sex in der eigenen Wohnung von einem Nachbarn oder vom Blockwart ertappt zu werden. Feste Beziehungen werden zu einer Unmöglichkeit. Größere homosexuelle Zirkel tarnen ihre Treffen zwar als Skatabende, doch müssen sie zu ihren Zusammenkünften Frauen als Alibi einladen.[16]

Der NS-Terror bedient sich eines weitverzweigten Netzes von Informanten. Die Bespitzelung durch Nachbarn, Arbeitskollegen und Blockwarte nimmt zu. Innerhalb des nationalsozialistischen Wertesystems folgt der Denunziant lediglich seiner Pflicht gegenüber Volksgemeinschaft und Führer, wenn er einen schwulen Mitbürger der Vernichtungsmaschinerie des NS-Staates ausliefert. Der Staat macht es dem Gesellschaftsspitzel leicht, persönliche Motive wie Sozialneid und Rache unter dem Deckmantel der Pflichterfüllung zu verbergen.[17] Das Regime schleust Spitzel in alle gesellschaftlichen Bereiche ein. Ehefrauen zeigen ihre Männer bei der Polizei an, um von diesen die Einwilligung zur Scheidung zu erzwingen. Der Anzeigenteil von Tageszeitungen wird auf homosexuelle Angebote hin überprüft. Taxifahrer und Hotelportiers, Badewärter und Friseure, Gepäckträger und Aufwartemänner in Pissoirs bespitzeln ihre Kunden und Gäste.[18] In der Arbeitswelt können Rivalitäten um Beförderungen und bessere Stellen einen homosexuellen Mann um seinen Arbeitsplatz bringen und der Verfolgung durch Gestapo und Kriminalpolizei aussetzen.

Homosexuelle leben im Dritten Reich nicht nur in der ständigen Angst, den nationalsozialistischen Machthabern aufzufallen. Durch ihre sexuelle Veranlagung sind sie auch anfällig für Erpressungen. Die meisten Strichjungen wissen um die Angst ihrer Freier, an die Sittendezernate verraten zu werden. Für ihr Schweigen lassen sie sich von ihren Kunden nicht nur mit Bargeld, sondern auch mit Sachleistungen oder durch persönliche Vorteile entlohnen. Oft erpressen sie ihre Kunden über längere Zeiträume hinweg und kassieren auf diesem Weg Summen in Höhe von mehreren hundert Reichsmark. Bisweilen lassen sich Strichjungen für ihre Diskretion sogar monatliche Renten aussetzen. Beim »Freier putzen« sind dem Einfallsreichtum der Stricher keine Grenzen gesetzt. Mal laden sie ihre Kunden in ein Kaffeehaus ein und geben sich nach einem intimen Gespräch als Kriminalpolizisten zu erkennen. Mal informieren sie ihre »Kollegen« darüber, daß sie in Kürze an einem bestimmten Ort mit einem Kunden »klüngeln« werden. Von zwei anderen Strichern, die in der Rolle von Sittenpolizisten auftreten, wird das Pärchen während des Verkehrs überrascht. Der Stricher versucht sich – in der Hoffnung, der Freier werde seinem Vorbild folgen – durch eine großzügige Spende freizukaufen. Während der Freier nach seiner vermeintlichen Freilassung das Weite sucht, teilt sich die Gruppe von Strichjungen die Beute. Couragierte Homosexuelle können sich den Erpressungen der Stricher zwar entziehen, indem sie den Erpresser anzeigen. Tritt ein Prostituierter allerdings als »Kronzeuge« in die Dienste der Polizei, entgehen die betroffenen Freier ihrer Festnahme nur selten. Auf dem Revier erklären die Strichjungen ihre Prostitution mit ihrer Arbeitslosigkeit und schwören ihrem Lebenswandel ab. In Begleitung des Denunzianten unternimmt die Polizei dann ausgedehnte Streifzüge. Unterwegs identifizieren die Stricher die Wohnungen ehemaliger Kunden. In Pissoirs, Clubs und Lokalen weisen sie die Polizei auf ihnen bekannte Gesichter hin.

Die Beschuldigten werden zunächst auf ein Polizeirevier gebracht. Um während der Vernehmung die Namen von möglichst vielen anderen Homosexuellen zu erfahren, setzen die Beamten nicht nur psychischen Druck ein. Können dem Beschuldigten auch unter der Folter keine homosexuellen Delikte angelastet werden, durchsucht die Polizei seine Wohnung nach verdächtigen Briefen. Ergibt auch dies kein einschlägiges Material, so wird der vermeintliche Homosexuelle unter Polizeikontrolle gestellt und muß sich regelmäßig auf der Wache melden. Erhärtet sich der Verdacht gegen den festgenommenen Mann, wird er wegen Vergehens gegen § 175 StGB vor einer Strafkammer angeklagt. Der Verurteilung zu einer Gefängnisstrafe oder Internierung in einem Arbeitslager folgt nicht selten eine Sicherheitsverwahrung. Ab 1940 wird der überwiegende Teil der verurteilten Homosexuellen nach der Verbüßung ihrer Haftstrafen in Konzentrationslagern »verwahrt«. Die Nazis verschleppen zwar bereits ab 1933 immer wieder homosexuelle Männer in KZs, doch erst während des Zweiten Weltkrieges nimmt die Zahl der Homosexuellen in den Lagern deutlich zu.[19]

In den Jahren bis zum Überfall auf Polen schikanierte der NS-Staat homosexuelle Männer noch auf andere Weise. Im Zuge der nationalsozialistischen Familienpolitik müssen Junggesellen ab 1933 zehn Prozent ihres Einkommens als Solidarbeitrag für kinderreiche Familien abführen. Beamte haben ihrer Dienststelle schriftlich zu erklären, weshalb sie keine Ehe eingehen. Verheiratete kinderlose Staatsdiener müssen darlegen, weshalb sie keinen Nachwuchs haben. Ab 1937 werden kinderlose Beamte nur noch selten befördert. Wer den Einblick ins eheliche Schlafzimmer verweigert, dem droht die Entlassung.[20]

Homosexuelle sind der staatlichen Kontrolle ihrer Intimsphäre noch weit schutzloser ausgeliefert als heterosexuelle Männer und Frauen. Bereits seit dem Röhm-Putsch setzt sich Heinrich Himmler als Reichsführer der SS und Chef der deutschen Polizei für die polizeiliche Erfassung homosexueller Männer ein. Die Neufassung des § 175 – ab 1935 steht selbst die sexuelle Annäherung von erwachsenen Männern unter Strafe – erlaubt es dem »Großinquisitor« der Schwulenverfolgung, seine Homophobie in der zweiten Hälfte der dreißiger Jahre voll auszuleben. Bereits während der Pubertät leidet der aus kleinbürgerlichen Verhältnissen stammende Himmler an Kontaktängsten. Sexuelle Enthaltsamkeit erhebt er zur höchsten Tugend. Beziehungen zu Frauen hat Himmler nicht. Für Burkhard Jellonnek leidet der Reichsführer SS an einer ausgeprägten Sexualneurose.[21]

1936 wird die Kriminalpolizei des NS-Staates als Reichskriminalpolizei neu organisiert und der Direktion der SS unterstellt. Ganz Deutschland wird dem polizeistaatlichen Terror Himmlers ausgesetzt. Am 10. Oktober desselben Jahres richtet er die »Reichszentrale zur Bekämpfung der Homosexualität und Abtreibung« ein. Die Jagd auf homosexuelle Männer wird zur Angelegenheit der SS.[22] Auf Arbeitstagungen schärft Himmler seinen »Abteilungsleitern« die Gefährlichkeit der gleichgeschlechtlichen Liebe ein. Die Öffentlichkeit läßt er wissen, daß Schwule keinerlei Mitleid verdienen. In einem unter der Überschrift »Das sind Staatsfeinde« veröffentlichten Leitartikel des SS-Organs *Das Schwarze Korps* heißt es am 4. März 1937:

»Kranke sind nur die gewissen zwei Prozent. Arm und bedauernswert erscheinen sie so wenig wie der geborene Verbrecher. Ihre Gefährlichkeit übersteigt jede Vorstellungskraft. Vierzigtausend Anormale, die man sehr wohl aus der Volksgemeinschaft ausscheiden könnte, sind, wenn man es ihnen zuläßt, imstande, zwei Millionen zu vergiften.«[23]

Himmler verschärft die zentrale Erfassung gleichgeschlechtlich veranlagter Männer. Er läßt eine »Reichskartei für Homosexuelle« anlegen. Ab dem 1. Januar 1937 muß jede Polizeidienststelle dreimonatlich die ermittelte Zahl der homosexuellen Männer nach Berlin melden. Strichjungen und »Jugendverführer« sind dabei gesondert auszuweisen. Bis dahin war die Erfassung homosexueller Männer noch nicht lückenlos erfolgt. Die NS-Machthaber hatten sich lediglich für Männer interessiert, die mit Kindern unter 14 Jahren, Untergebenen oder Abhängigen Sex hatten. Gleichgeschlechtlich liebende Männer, die nur mit Erwachsenen verkehrten, sowie Personen, die in Partei und Öffentlichkeit keine Rolle spielten, wurden nicht auf die »Schwulenlisten« gesetzt.[24] Unter Himmler steigt die Zahl der polizeilich erfaßten Homosexuellen von knapp 4000 Männern 1937 auf über 42.000 im Jahre 1940.[25]

Himmler stellt dem NS-Staat einen organisierten Verwaltungsapparat zur Verfügung, mit dem der Terror gegen homosexuelle Männer weiter verschärft wird. Gemeinsam mit Hitler macht Himmler ab den frühen vierziger Jahren in bisher unbekannter Brutalität Jagd auf gleichgeschlechtlich liebende Männer. Am 18. August 1941 äußert sich Hitler zur »Pest der Homosexualität«. Ein Aktenvermerk des Führerhauptquartiers hält seine Forderung fest, schwule Männer besonders in Hitlerjugend, Wehrmacht, NSDAP und SS mit »rücksichtsloser Strenge« zu verfolgen. Drei Monate später ergeht der Führerbefehl zur »Reinhaltung von SS und Polizei«. Homosexuelle Mitglieder dieser

Machtorgane können jetzt ohne ordentliches Gerichtsverfahren mit dem Tod bestraft werden.[26]

Bereits ein Jahr zuvor hatte Himmler in einem Geheimerlaß verfügt, daß alle Männer, die mehr als einen schwulen Geschlechtspartner gehabt haben, im Anschluß an ihre Gefängnisstrafen in Konzentrationslagern zu internieren seien. Auch wenn von einem »Homocaust« keine Rede sein kann – die Zahl der in KZs gequälten und ermordeten Homosexuellen erreicht nicht annähernd jene der jüdischen Häftlinge –, verlieren in den nationalsozialistischen Tötungslagern immerhin rund 10.000 homosexuelle Männer ihre Würde und ihr Leben.[27] Im KZ Sachsenhausen werden homosexuelle Männer oft bereits bei ihrem Eintreffen zu Tode geprügelt.[28] Heinz Heger berichtet in *Die Männer mit dem rosa Winkel* von seiner Ankunft im Lager:

»Als erstes erhielt ich von ihm [einem Kapo des Lagers] zwei Ohrfeigen, die mich zu Boden warfen. Ich rappelte mich hoch und mußte mich in Achtungstellung vor ihm hinstellen, worauf er mir sein Knie mit voller Wucht in die Hoden stieß, so daß ich mich vor Schmerzen auf dem Erdboden krümmte.«[29]

Die Tyrannei der Lagerleitungen ist willkürlich und grausam. Insassen haben selten die Chance, Strategien des Überlebens zu entwickeln. Einzelne Männer können zwar durch den Verkauf ihres Körpers an einen Kapo ihr Leben retten, der Gruppe der homosexuellen Häftlinge als Ganzes hilft dies jedoch nicht. Der sexuelle Mißbrauch von Männern ist in den Lagern keine Seltenheit. Immer wieder suchen sich Kapos und Mitglieder der SS schwule Neuankömmlinge als Liebhaber. Den betroffenen Männern steht es offen, ihren Körper an die Lagerleitung zu verkaufen. Tun sie dies nicht, sinken ihre Überlebenschancen auf Null.[30] Heinz Heger überlebte den Terror der Konzentrationslager als »Lustknabe« verschiedener Kapos.

»Eine SS-Wache brachte uns zu unserem Block und übergab uns dort dem wachhabenden Offizier ... eine Gruppe von acht bis zehn Kapos versammelte sich vor uns und betrachtete uns von oben bis unten. Ich war inzwischen erfahren genug, um genau zu wissen, wieso ... Sie suchten nach einem möglichen jungen Liebhaber unter den Neuankömmlingen. Da ich, obwohl ich bereits 23 war, immer noch keinen Bart hatte und deshalb jünger aussah, als ich wirklich war, und da ich dank der Sonderzuteilungen meines Kapos in Sachsenhausen nicht sehr abgemagert war, stand ich offensichtlich im Mittelpunkt der Überlegungen dieser Kapos ... Die Lage, in der wir fünf uns befanden, kam mir vor wie der Markt für Sklavenjungen im alten Rom ... Der Blockälteste, dessen Liebhaber ich wurde, war ein professioneller Krimineller aus Hamburg, der in seinem Milieu als Safeknacker sehr geschätzt wurde. Die Häftlinge ... fürchteten seine Brutalität sehr, doch zu mir war er großzügig und freundlich ... Er rettete mir mehr als zehnmal das Leben. Dafür bin ich ihm bis heute dankbar.«[31]

Einzelne Homosexuelle können sich auf diesem Weg der Grausamkeit der Konzentrationslager entziehen. Die Masse der schwulen Gefangenen ist der NS-Tötungsmaschinerie jedoch schutzlos ausgeliefert. Die besonderen Umstände, unter denen Homosexuelle in den Lagern leben, führen dazu, daß die Sterberate unter ihnen höher ist als unter anderen Häftlingen. Die Lagerleitungen brandmarken schwule Gefangene durch ein auf ihren Anzügen angebrachtes »rosa Dreieck«. Die Markierung einzelner Häftlingsgruppen durch sichtbare Symbole ist in den Konzentrationslagern die Regel. Die Kennzeichnung homosexueller Insassen fällt jedoch größer aus als die anderer Gruppen. Schwulen Männern ist es nicht möglich, sich mit anderen Gefangenen zu solidarisieren. Der geringe Schutz, den die Gruppe als Ganzes dem einzelnen Häftling bietet, bleibt den »Männern mit dem rosa Winkel« verwehrt. Auch der Zusammenhalt unter den schwulen Insassen ist gering. Sie haben Angst, sich bei gegenseitiger Hilfe erneut dem Vorwurf der Homosexualität und damit weiteren Schikanen durch das Lagerpersonal auszusetzen.[32]

Mit gezielten Maßnahmen sorgen die Lagerleitungen dafür, daß kaum ein Homosexueller überlebt. Durch den Vermerk »R.u.« – Rückkehr unerwünscht – in den Akten schwuler Häftlinge erscheinen sie den Lagertyrannen wie geschaffen für den Einsatz in Strafkompanien. Die Aussicht, die Arbeit in Steinbrüchen oder Chemiefabriken zu überleben, ist gering. Zahlreiche Schwule werden als »Arbeitstiere« bei der Trockenlegung von Mooren und Sümpfen eingesetzt. Die Leiter der Moorlager haben die ausdrückliche Erlaubnis, vom Vollzugsreglement abzuweichen.[33]

Die Zahl der homosexuellen Häftlinge, die in Tötungslager wie Brandenburg/Havel, Hadamar, Natzweiler, Groß-Rosen oder Mauthausen überführt werden, ist überdurchschnittlich hoch. Schwule Männer, deren Arbeitskraft für die Aufrechterhaltung des Lagerbetriebes unerläßlich ist, entgehen dem Transport in die Gaskammern. Sie müssen statt dessen ihre Entmannung beantragen.[34]

In der Weimarer Republik faßte § 224 StGB die zwangsweise Entmannung zwar unter den Tatbestand der Körperverletzung, bereits am 24. November 1933 nahmen NS-Juristen jedoch die Zwangssterilisation in das »Gesetz gegen gefährliche Gewohnheitsverbrecher und Maßregeln der Sicherung und Besserung« auf. NS-Gerichten war es ab diesem Zeitpunkt erlaubt, die Entmannung eines Sittlichkeitsverbrechers anzuordnen, wenn dieser wegen Sex in der Öffentlichkeit, sexueller Nötigung mit Körperverletzung oder Mißbrauch von Kindern zu einer Freiheitsstrafe von mindestens sechs Monaten verurteilt worden oder einschlägig vorbestraft war.

Sittlichkeitsverbrecher werden nicht mehr therapiert. NS-Mediziner und Juristen »heilen« das unerwünschte Sexualverhalten von Exhibitionisten und Päderasten, indem sie die vermeintliche Wurzel des Übels buchstäblich vom Körper abtrennen. Die gesundheitlichen Schäden und die Auswirkungen des Hodenschnittes (Lagerärzte machen oft keinen Unterschied zwischen Sterilisation und Kastration) auf die Psyche der betroffenen Männer interessieren sie nicht. Der Rückgang der Körperbehaarung an Brust, Kinn und Wangen, der drastische Alterungsprozeß der Haut, Ansätze zur Brustbildung, Osteoporose und Muskulaturverlust, die Anfälligkeit für Zuckerkrankheit und Arterienverkalkung bei kastrierten Männern sind bedeutungslos verglichen mit ihrer »geistigen Hinrichtung«. Die betroffenen Männer leiden unter Minderwertigkeitsgefühlen und Selbstmordgedanken:[35]

»Lieber tot als Entmannung! Ein Eunuche ist nur noch ein Arbeitstier, nachts kann er vor Wollustgefühl nicht schlafen.«[36]

Homosexuelle werden in den Tötungslagern des nationalsozialistischen Staates nicht nur ihrer Männlichkeit beraubt. NS-Ärzte opfern sie ihren sinnlosen wissenschaftlichen Versuchen. So führt der dänische Arzt Carl Peter Jensen (alias Carl Vaernet) im Auftrag der SS in Buchenwald Hormonversuche zur sexuellen Umpolung schwuler Männer durch. In Kopenhagen hatte Vaernet wegen seiner Sympathien für die nationalsozialistische Besatzungsmacht seine Patienten verloren. Im Sommer 1943 wird er vom Reichsarzt der SS, Dr. Grawitz, in den Kreis um Himmler eingeführt. Grawitz berichtet dem SS-Chef von Hormonversuchen, die Vaernet in Dänemark an Ratten durchgeführt hatte. Vaernet selbst versichert Himmler, er könne Homosexuelle durch eine hormonelle Umpolung von ihrem Laster heilen. Himmler ist begeistert.

Ab Juli 1944 führt der dänische Mediziner in Buchenwald Hormonversuche an schwulen Männern durch. Den Patienten wird nach einem Schnitt in der Leistengegend eine Testosterontablette eingesetzt. Durch Urin- und Blutkontrollen wird die Hormonabgabe des Implantates protokolliert. Während der Arbeitseinsätze werden die Probanden mit weiblichen Prostituierten zusammengebracht. Kommt es nach der unauffälligen Annäherung und sexuellen Anmache der Frauen zum Geschlechtsverkehr, deutet Vaernet dies als Hinweis auf die Therapiefortschritte seiner Patienten.[37]

Im Frühjahr 1945 befreien die alliierten Truppen jüdische Deutsche, Zigeuner und politische Häftlinge aus den Konzentrationslagern. Für homosexuelle Gefangene ist der Tag der Freiheit noch nicht gekommen. Auch den neuen Machthabern gilt ihr »Anderssein« zunächst als verachtens- und bestrafenswert. Schwule bleiben weiter inhaftiert. Die Orte, an denen sie die größte Qual und das meiste Leid erfahren haben, dürfen sie vorerst nicht verlassen.[38]

2.

Frauenliebe im Dritten Reich

Das Schicksal homosexueller Männer bleibt lesbischen Frauen während des Dritten Reiches weitgehend erspart. Wenn sie nicht als »Asoziale« oder Regimegegner auffallen, müssen sie in der Regel nicht befürchten, strafrechtlich verfolgt oder in ein Konzentrationslager verschleppt zu werden. Die weibliche Homosexualität fällt nicht unter den Tatbestand des § 175 StGB. In den Augen der Nationalsozialisten macht die sexuelle Orientierung von Lesben diese – anders als gleichgeschlechtlich veranlagte Männer – nicht zwangsläufig zu Staatsfeinden.[1]

Der geringere Druck auf Lesben kann mit den Ansichten der braunen Machthaber zur weiblichen Sexualität erklärt werden. Die Nazis gehen von einer »natürlichen« Abhängigkeit der Frau vom Mann aus. Dies gilt auch in sexueller Hinsicht: Passivität ist für sie der beherrschende Charakterzug der Frau. Sie ist jederzeit bereit zum Geschlechtsverkehr. Ein selbstbestimmtes, aktives Geschlechtsleben und damit weibliche Homosexualität sind für NS-Ideologen undenkbar.[2] Die Veranlagung von Lesben wird als »Pseudohomosexualität«[3] gesehen, als eine oberflächlichere und schwächere Form der gleichgeschlechtlichen Veranlagung des Mannes. Die Gefahr der Veführung durch andere Lesben ist bei Frauen geringer. Gleichgeschlechtlich liebende

Frauen können sich mit der »perversen Seuche« nicht unheilbar anstecken. Sie können kuriert werden und bleiben damit bevölkerungspolitisch »verwertbar«. Notfalls müssen sie durch eine Zwangsehe dazu gezwungen werden, wieder »normalen« Geschlechtsverkehr zu haben.[4] Der Philosoph und Frauenfeind Ernst Bergmann ruft bereits 1933 öffentlich dazu auf, das »Geschlecht der Mannweiber ... zwangsweise zu begatten, um sie zu kurieren, müßte man nicht befürchten, daß sie ihre Entartung auf die Nachkommenschaft vererben.«[5]

Viele Nazis geben einer übervorsichtigen Sexual- und Rollenaufklärung die Schuld an den lesbischen Entgleisungen junger Frauen. Weil Mädchen von ihren Müttern nicht vernünftig auf ihre eigene Mutterrolle vorbereitet würden, revoltierten sie durch die Zuwendung zu anderen Frauen gegen ihren natürlichen Geschlechtscharakter. Um derartige Fehlentwicklungen zu verhindern, muß, in den Augen der braunen Sittenwächter, der Familienvater die »Heranzüchtung« der Geschlechterrollen bei seinen Kindern übernehmen. Als Mann in der Familie hat er mit Strenge dafür zu sorgen, daß sich Söhne zu heldenhaften Kämpfern und Töchter zu mütterlichen Frauen entwickeln.[6]

Die NSDAP versteht nicht, daß die körperliche Liebe mit Männern lesbischen Frauen keine Befriedigung verschaffen *kann*. In ihren Augen bleibt jede Lesbe eine heterosexuell veranlagte Frau, die nur zu ihrem Glück gezwungen werden muß. Frauen, die sich dem nationalsozialistischen Mutterkult nicht anpassen und an der Geburtenschlacht nicht teilnehmen wollen, gelten als sittlich entartet. Sie werden aus der Öffentlichkeit verdrängt: »Die Lesbe ist es nicht wert, in der Gesellschaft geachtet zu werden, soweit man sie nicht körperlich tötet, wird sie wenigstens totgeschwiegen.«[7]

Einigen nationalsozialistischen Juristen reicht die totale Ausgrenzung der Lesben aus dem öffentlichen Bewußtsein nicht. Sie akzeptieren zwar die »bevölkerungspolitische Verwertbarkeit« lesbischer Frauen, stellen sich aber, wie der Vorsitzende des Landgerichts im oberpfälzischen Weiden, Strauss, die Frage, ob lesbische Frauen überhaupt zu einem »normalen« Geschlechtsleben zurückkehren wollen.[8] Die Mehrheit der Nazis scheint allerdings an den Erfolg der Zerschlagung lesbischer Lebensformen im Zuge der gesellschaftlichen und politischen Gleichschaltung nach 1933 zu glauben. Das allgemeine Interesse an einer strafrechtlichen Verfolgung lesbischer Frauen hält sich deshalb in Grenzen.

Allerdings war schon gegen Ende der Weimarer Republik die lesbische Subkultur in Berlin zunehmend unter Druck geraten. Einschlägige Zeitschriften wie *Die Freundin* und *Frauenliebe* (Auflage über 10.000), die im Mekka der Homosexualität bis 1932 an vielen Kiosken erhältlich sind, dürfen bereits im Jahr vor der Machtergreifung nicht mehr öffentlich ausgelegt werden. In Lesbenbars und -clubs werden Razzien durchgeführt. Zahlreiche Lokale werden geschlossen.[9] Die festgenommenen Frauen werden langen Verhören unterzogen. Nach der Machtergreifung verbieten die Braunhemden zentrale Institutionen der Sexualbewegung wie das »Institut für Sexualforschung« und den »Bund für Menschenrecht«, die sich während des vorangegangenen Jahrzehnts für eine entspanntere Sexualmoral eingesetzt hatten. Lesbische Lebensformen, die sich seit der Jahrhundertwende entwickelt haben, werden zerstört. Gleichgeschlechtlich veranlagte Frauen können sich nicht mehr offen zur Frauenliebe bekennen.[10]

Der Erlaß der Notverordnungsgesetze ab dem 28. Februar 1933 erlaubt es dem NS-Staat unter anderem auch, die Frauenbewegung aufzulösen, die sich während der Weimarer Republik für die Bildung und die Erwerbstätigkeit von Frauen einsetzte. In den Augen der Nazis ist diese Bewegung lesbisch unterwandert, weil sie die traditionelle Geschlechterrollenverteilung in Frage stellt.[11]

Der Aufruf, gleichgeschlechtlich veranlagte Frauen an die nationalsozialistische Obrigkeit zu verraten, schafft ein Klima der Angst. Zahlreiche Lesben ziehen sich ins Privatleben zurück, beginnen ein Doppelleben, brechen Kontakte zu Freunden und Bekannten ab und wechseln nicht selten ihren Wohnort. Andere verlassen das Land. Lesbische Frauen werden – wie schwule Männer – von Blockwarten und Vorgesetzten bespitzelt.[12] Wenn ihre sexuelle Orientierung bekannt wird, werden lesbische Frauen von ihren Arbeitgebern entlassen. Lesbische Liebe am Arbeitsplatz wird getarnt. Wenn sie im gleichen Betrieb arbeiten, gehen weibliche Liebespaare zueinander auf Distanz, siezen sich.[13] Die Verdrängung aus dem Erwerbsleben im Zuge der NS-Frauen- und Arbeitsmarktpolitik trifft Lesben, die in der Regel unverheiratet und damit auf ihre Erwerbstätigkeit angewiesen sind, besonders hart.[14] Um sich zu schützen, gehen mehr als 1,4 Millionen gleichgeschlechtlich veranlagte Frauen nach 1933 Ehen ein.[15] Im Idealfall können sie einen schwulen Mann heiraten, dem aber die Ehe – aufgrund der strafrechtlichen Bestimmungen des § 175 – weitaus weniger Schutz bietet. Zahlreiche Lesben lassen sich während des Dritten Reiches lange Haare wachsen und kleiden sich bewußt fraulich. Wer stur an seinem Bubikopf festhält, wird auf der Straße angepöbelt. Das Tragen von Hosen ist ohnehin unmöglich. Es steht als Erregung öffentlichen Ärgernisses unter Strafe.[16]

Trotz allem Drucks gibt es in Berlin auch unter den nationalsozialistischen Machthabern eine lesbische Subkultur. Frauencliquen treffen sich in Privatwohnungen oder tarnen ihre Rendezvous als »Damen-Ruder-Club« und »Tanzunterricht«. In einigen Kaffees und Lokalen treffen sich weiterhin gleichgeschlechtlich veranlagte Männer und Frauen zum Tanzen. An den Türen werden Wachposten aufgestellt. Betritt ein unbekannter Besucher das Lokal, so wechseln die Partner, es wird »hetero-getanzt« - im Dritten Reich dürfen Personen gleichen Geschlechts nicht miteinander tanzen.[17]

Ironie am Rande – obwohl die letzten Kriegsjahre für die deutsche Bevölkerung allgemein bedrückend sind, wird das Leben lesbischer Frauen kurz vor 1945 wieder etwas erträglicher. Weil die Verwaltung des NS-Staats kurz vor dem »Endsieg« im Chaos versinkt, werden sexuell unangepaßte Frauen immer seltener bemerkt und verfolgt.[18] In den Jahren davor ist jedoch die Bereitschaft, sich an die Moralvorstellungen des Dritten Reiches anzupassen, für lesbische Frauen unerläßliche Voraussetzung, um den nationalsozialistischen Terror unbeschadet zu überstehen.[19]

Es gibt jedoch Lesben,die ihre Stellung im NS-Staat ungehemmt dazu nutzen können, ihre Sexualität auszuleben. Für Frauen, die in der braunen Diktatur Machtpositionen innehaben, gelten andere Regeln. Im Lübecker Frauengefängnis belästigen Nazi-Aufseherinnen die inhaftierten Frauen. Auch in den KZs werden Frauen von berüchtigten Aufseherinnen, wie Irma Grese und Maria Mandel, belästigt. Die im Rang eines SS-Generals stehende Hitler-Vertraute »Schwester Pia« (alias Eleonore Bauer) zwingt weibliche KZ-Häftlinge zum lesbischen Verkehr.[20]

Lesbische Frauen, die sich dem NS-Staat nicht anpassen wollen, werden offiziell nicht wegen ihrer sexuellen Orientierung verfolgt. Das Regime bekämpft sie als »Asoziale«, kommunistische Volksfeinde, Prostituierte, aufgrund ihrer Zugehörigkeit zum jüdischen Glauben, wegen angeblicher krimineller Delikte, politischer Unzuverlässigkeit, als Wehrkraftzersetzerinnen und, wenn ein Abhängigkeitsverhältnis zwischen Erzieherin und Schützling besteht, auch wegen Verführung Minderjähriger nach § 176 Strafgesetzbuch.[21] Für die Nazis besteht ein auffälliger Zusammenhang zwischen Prostitution und weiblicher Homosexualität. Sie gehen davon aus, daß es sich bei lesbischen Frauen zu über 60 Prozent um vorbestrafte Dirnen handelt.[22] Gleichgeschlechtlich veranlagte Frauen werden von den nationalsozialistischen Machthabern in den gleichen Topf mit »Asozialen« und Kriminellen geworfen. Werden sie als »Asoziale« gebrandmarkt, sind lesbische Frauen von Zwangssterilisation und KZ bedroht.

Die Verfolgung »Asozialer« erreicht in den Monaten vor der Sommerolympiade in Berlin 1936 ihren ersten Höhepunkt. Mit großangelegten Razzien versuchen die Nationalsozialisten, die Straßen der Hauptstadt von allen Personen zu reinigen, die nicht in ihr Bild von einem sauberen Deutschland passen.[23] Seit Heinrich Himmlers Erlaß zur »Vorbeugenden Verbrechensbekämpfung« vom Dezember 1937 werden immer weitere Personenkreise unter den dehnbaren Begriff der »Asozialität« gefaßt und verfolgt. Im September des darauffolgenden Jahres einigt sich der Reichsführer SS mit Reichsjustizminister Thierack darauf, daß die Gefängnisse »Asoziale« an die SS zum Zwecke der Vernichtung durch Arbeit in den Konzentrationslagern ausliefern. Gleichzeitig regt der Oberbürgermeister von Berlin den Aufbau einer umfassenden »Asozialen«-Kartei nach dem Vorbild anderer Städte und Reichsgaue an. In Frankfurt an der Oder, in Hessen, Sachsen und Thüringen bestehen solche Karteien bereits 1938.[24] Wer sich weigert, dem nationalsozialistischen Staat seine Arbeitskraft und seine Fruchtbarkeit zur Verfügung zu stellen, wird erfaßt, verfolgt und vernichtet. Lesbische Frauen sind davon ebenso betroffen wie kinderreiche Familien aus der Arbeiterklasse, vorbestrafte Jugendliche, Drogensüchtige und Sonderschüler.

Auch Frauen, die Annäherungsversuche eines hohen Parteifunktionärs, Soldaten oder SS-Mannes abwehren, laufen Gefahr, als Lesben verfolgt zu werden: Helene G. ist seit 1943 als Luftwaffenhelferin in Oslo tätig. Weil sie die Aufdringlichkeit eines Leutnants der Nachrichtentruppe abweist und mit einer Kollegin ein Zimmer teilt, wird sie als Lesbe angezeigt und zusammen mit ihrer Freundin ins Mecklenburger Kriegsgefangenenlager Bützow verschleppt:

»Dort kam sie mit sechs anderen Lesben in einen Extrablock ... Die Lesben kamen in einen vollständig leeren Block und wurden von männlichen Kapos bewacht. Bei der Einlieferung sagten die SS-Posten zu den Kriegsgefangenen: ›Die hier sind der letzte Dreck. Die würden wir nicht mit dem Sofabein ficken. Wenn ihr die ordentlich durchzieht, kriegt ihr jeder eine Flasche Schnaps.‹ ... Die SS-Posten hetzten zunächst russische und französische Kriegsgefangene auf die gefangenen Lesben, um sie mal ›richtig durchzuficken‹.«[25]

Weil sie glauben, daß der Sex mit Männern lesbische Frauen schon wieder auf »Vordermann« bringen werde, verordnen die Nationalsozialisten zahlreichen gleichgeschlechtlich veranlagten Frauen eine »Zwangstherapie« im Bordell.[26]

Während der zwölf Jahre des »Tausendjährigen Reiches« ist das Regime außerordentlich darum bemüht, jedes Verhalten zu unterbinden, das den herrschenden Moralvorstellungen nicht entspricht. In Hitlerjugend, Wehrmacht, SS und SA werden schwule Männer schon aufgrund der kleinsten Verdachtsmomente unnachgiebig verfolgt. Die NS-Frauenverbände fördern jedoch die Schwärmerei junger Frauen für ihre Führerinnen. Im Bund deutscher Mädel (BdM) werden Mädchen einem paramilitärischen Drill unterzogen und durch Sport abgehärtet. Die nationalsozialistischen Mädchengruppen fördern unter der weiblichen

Jugend einerseits ein eher männliches Verhalten, andererseits haben die NS-Machthaber Angst davor, daß der BdM zur Brutstätte lesbischer Sexualität werden könnte. Auf einer Tagung führender SS-Funktionäre erklärt Heinrich Himmler seinen Männern:

»Ich empfinde es als eine Katastrophe, wenn ich Mädel und Frauen sehe – vor allem Mädel –, die mit einem wunderbar gepackten Tornister durch die Gegend ziehen. Da kann einem schlecht werden. Ich sehe es als Katastrophe an, wenn Frauenorganisationen, Frauengemeinschaften, Frauenbünde sich auf einem Gebiet betätigen, das jeden weiblichen Reiz, jede weibliche Würde und Anmut zerstört. Ich sehe es als Katastrophe an, wenn – ich spreche insgesamt, denn das geht eigentlich uns direkt nicht an – wir Narren von Männern die Frauen zu einem logischen Denkinstrument machen wollen, sie in allem schulen, was überhaupt nur möglich ist, wenn wir die Frauen so vermännlichen, daß mit der Zeit der Geschlechtsunterschied, die Polarität verschwindet. Dann ist der Weg zur Homosexualität nicht weit.«[27]

Eine BdM-Führerin, die mit einem minderjährigen Mädchen lesbischen Sex hat, setzt sich der Strafverfolgung nach § 176 – Verführung Minderjähriger – aus. Das betroffene Mädchen wird zumeist vor ein Ehrengericht gestellt und dort gedemütigt. Nicht alle lesbischen BdM-Leiterinnen werden jedoch bestraft. Wenn sie dem Bild der deutschen Frau entsprechen, sich dem Regime gegenüber konform verhalten und die Machtverteilung unter den örtlichen NSDAP-Funktionären akzeptieren, kommen sie meist ungeschoren davon.[28]

Gleichgeschlechtlich veranlagte Frauen, die in ein Konzentrationslager deportiert werden, werden dort äußerlich meist nicht als Lesben gekennzeichnet. Anders als schwule Männer, denen von den Nazis der rosa Winkel auf den

Häftlingsanzug genäht wird, sind sie daher keinen besonderen Schikanen aufgrund ihrer sexuellen Orientierung ausgesetzt.[29]

Doch auch in den nationalsozialistischen Vernichtungslagern wird Frauenliebe unter Häftlingen verfolgt und streng bestraft. Was die einzelnen Kommandanten unter lesbischer Liebe verstehen, hängt vom jeweiligen Lagerleiter ab. In Ravensbrück gelten Frauen 1941 bereits dann als Lesben, wenn sie Händchen halten.[30] Meist reicht ein kleiner Verdacht aus, um die inhaftierten Frauen einem Strafarsenal zu unterziehen, das von ein- oder mehrtägigem Nahrungsentzug über Steharrest bei Wind und Wetter und Prügelstrafen von 25 bis 100 Schlägen, die Einweisung in die Strafblocks und Strafkompanien bis hin zur Sonderhaft in den »Bunkern« der KZs reicht, in denen verhört, geprügelt und gefoltert wird. Bei dem schlechten Ernährungs- und Gesundheitszustand der Häftlinge kann jede dieser Strafen den Tod bedeuten.[31] Lina Haag erinnert sich:

»Es vergeht kaum ein Tag, an dem nicht in der Frühe eine Tote in den Dunkelzellen aufgefunden wird … Nackt, mit zerschlagenen Knochen und blutbesudelten Körpern liegen die toten Frauen auf dem Fußboden. Manche haben sich unter die Pritschen zu drücken versucht oder sind unter den Tisch geflüchtet, um den Todeshieben zu entgehen. Zusammengekrümmte, zusammengeschlagene, erstarrte Wesen, die einmal Namen, Männer, Kinder, Heime hatten, liegen da mit unergründlich starren Blicken.«[32]

Lesbischen Frauen wird in den KZs ebenso wie homosexuellen Männern, Juden und Zigeunern der Überlebenskampf dadurch erschwert, daß die Nazis jegliche Solidarität unter den Häftlingen zu verhindern suchen. Der Verrat von gleichgeschlechtlich veranlagten Frauen wird von den Lagerleitungen belohnt. In der Extremsituation der KZs kommt es auch zu falschen Verdächtigungen und Denunziationen, zumal die meisten Häftlinge »Asozialität« ebenso mit lesbischer Liebe gleichsetzen wie ihre faschistischen Folterknechte.[33] Die Situation lesbischer Frauen in den Lagern wird oft auch noch dadurch verschlechtert, daß sie Funktionshäftlingen schutzlos ausgeliefert sind, die sich lesbische Liebe erkaufen oder erpressen können.[34] Nach den Buchstaben des Gesetzes sind Lesben zwar »bessergestellt« als Homosexuelle, doch auch ihre Sexualität wird vom NS-Staat als Druckmittel genutzt und zwingt die Frauen zur Heuchelei und zur Verleugnung ihrer Neigung.

Die entmenschlichte Atmosphäre der nationalsozialistischen Vernichtungslager förderte jedoch die Entwicklung von »Lagerhomosexualität«. Eine Gefangene erinnert sich:

»Man hatte das Bedürfnis nach einer engen Beziehung, nach Anlehnung, nach Zärtlichkeit, so einem Ersatz von Beschützer, den die Frau im Mann heute noch sieht. Das waren mehr so Spiele mit einem ernsten Hintergrund.

Bestimmt gab es Zärtlichkeiten, denn man hatte auch das Bedürfnis danach – aber das würde ich persönlich nicht als homosexuelle Beziehung bezeichnen. Man muß sich davor hüten, das mit heutigen Augen zu sehen.«[35]

3.

Staatsdirnen und Verfolgte – Prostituierte im Dritten Reich

Wenn während des Zweiten Weltkrieges ein deutsches Schlachtschiff im französischen Hafen Brest festmacht, herrscht in den Bordellen der nationalsozialistischen Besatzer Hochbetrieb. Die Frauen bleiben »zwischen den Nummern einfach liegen. Nichts mehr mit Bidethocken, Höschen an, Schöntun, Höschen wieder runter: ausgeleierte Fleischzylinder, in denen Tag für Tag fünf Dutzend verschiedene Kolben up and down rammelten«[1], heißt es in Lothar Günther Buchheims Roman *Das Boot.*

Geschlechtskrankheiten sind der Schrecken jeder Armeeführung. Die deutsche Wehrmacht ist hier keine Ausnahme. Sie zerstören schließlich die Gesundheit von Soldaten und schwächen die Schlagkraft der Truppe. Bereits kurz nach der Besetzung Frankreichs und Polens nimmt die Zahl der geschlechtskranken Wehrmachtssoldaten in diesen Gebieten beängstigende Ausmaße an. Während des Zweiten Weltkriegs leidet phasenweise jeder zehnte deutsche Soldat an Syphilis, Tripper oder Schanker. Die Lösung des Problems sieht die nationalsozialistische Heeresführung in der Einrichtung von Wehrmachtsbordellen. Frankreich und Skandinavien, der Balkan, Rußland und Polen werden mit einem Netz streng reglementierter Häuser überzogen, die ausschließlich deutschen Soldaten vorbehalten sind.[2]

Nur in Afrika richtet die deutsche Wehrmacht keine eigenen Bordelle ein. In Libyen, Ägypten und Äthiopien greift General Erwin Rommel auf die örtlichen Etablissements zurück. Diese allerdings werden von den Angehörigen des Afrikakorps kaum besucht. In der afrikanischen Wüstenhitze vergeht der Truppe jede Lust. Außerdem ist der Geschlechtsverkehr mit Farbigen verboten. Die weißen Frauen in den afrikanischen Puffs sind meist sehr alt. Die arabischen Serails hingegen sind trotz aller Verbote bei der Truppe sehr beliebt. Sie können mit jungen, attraktiven Mädchen aufwarten.

In den Kriegsgebieten in Europa dürfen Wehrmachtsbordelle nicht an jedem Truppenstandort errichtet werden. Der zuständige Feldkommandant gibt sein Einverständnis nur dort, wo die Zahl der stationierten Soldaten einen eigenen Puff rechtfertigt. Über die Auslastung der Bordelle muß Rechenschaft abgelegt werden. Die Feld- und Ortskommandanten sind verantwortlich für Ausstattung und hygienische Standards der Häuser. Sie legen die Preise fest, schreiben Hausordnungen und haben dafür zu sorgen, daß jederzeit ausreichend Frauen zur Verfügung stehen.

Die Bordelle müssen über Zimmer mit fließendem Kalt- und Warmwasser und Bidets verfügen. In jedem Zimmer muß ein Schild mit der Aufschrift »Geschlechtsverkehr ohne Schutz ist streng verboten!« hängen. Der Besitz und Gebrauch sadomasochistischer Werkzeuge steht unter Strafe. Beim Handel mit erotischer Literatur und pornographischen Abbildungen hingegen drücken die zuständigen Militärstellen ein Auge zu.

Die Truppenärzte haben für die Versorgung der Häuser mit Seife, Handtüchern, Desinfektionsmitteln und Kondomen zu sorgen. Bis zum Kriegsende können sie die gewünschten Artikel beim Sanitätshauptpark in Berlin bestellen. Lediglich Luftangriffe verhindern eine unverzügliche Lieferung an die Front. Auch wenn der NS-Staat an anderen Stellen unter Versorgungsschwierigkeiten leidet und bereits kurz nach Kriegsbeginn die Versorgung der Rüstungsindustrie mit Gummi Probleme bereitet: Kondome für die Soldaten gehen den Nazis nie aus. Außer in den Bordellen selbst werden die deutschen Soldaten auch in Militärkantinen, Marketendereien und beim Zahlmeister mit Latex versorgt.

In Frankreich, den Niederlanden, Belgien und Skandinavien kann die deutsche Wehrmacht auf bereits vorhandene Bordelle zurückgreifen. In den Westgebieten leiten die bisherigen Betreiber ihre Häuser auch unter den deutschen Besatzern, organisieren das weibliche Personal und erhalten dafür die Hälfte der Einnahmen. Die Zusammenarbeit mit den französischen Puffmüttern klappt so gut, daß Paris bereits ein Jahr nach dem deutschen Einmarsch über 19 Wehrmachtsbordelle in der Innenstadt und zehn weitere in den Vororten verfügt.

Im Osten muß die Infrastruktur der Lust neu aufgebaut werden. Unter Stalin ist die Prostitution in Rußland verboten. Die deutschen Besatzer haben Mühe, ausreichend Mädchen für ihre Soldaten zu finden. Junge Russinnen werden vor die Wahl gestellt, Zwangsarbeit in Deutschland zu leisten oder »Dienst« in einem Bordell zu tun. Die Wehrmacht ist nicht wählerisch, wenn es um die Lust geht. Auch jüdischen Russinnen machen sie dieses Angebot. Wichtig ist nicht die »rassische« Herkunft der Mädchen, sondern ihre Figur und ihr Gesicht. Von den hygienischen Standards und der Ausstattung französischer Bordelle können Soldaten in Rußland und Polen allerdings nur träumen.

»Da stank's auch gemein: Schweiß, Parfüm, Sperma, Pisse und Lysol – eine hundsföttische Mischung – der Geruch der schwärenden Gier. Eau de Javel hieß das Lysolzeug, gegen den kein noch so süßliches Parfüm ankam. Da wären auch Nasenklemmen am Platz gewesen«[3], schreibt Lothar Günther Buchheim, und das dürfte der Realität durchaus entsprechen.

Das Leben der Prostituierten wird von der deutschen Wehrmacht im Westen streng überwacht. Die zuständige Standortkommandantur führt Listen, auf denen Name, Geburtsort und der letzte Aufenthaltsort der Mädchen festgehalten werden. Die Mädchen bekommen einen »Künstlernamen« zugeteilt, den sie auf keinen Fall wechseln dürfen, eine Kontrollnummer und eine Kennkarte. Sie wohnen im Bordell. Arzt- oder Friseurbesuche dürfen sie nur in Begleitung einer zuverlässigen Aufsichtsperson machen. Die Straßen, durch die die Mädchen gehen dürfen, werden von den Besatzern festgelegt. Wird eine Prostituierte schwanger, darf sie noch drei Monate lang Dienst tun. Dann muß sie ausscheiden. Für ihr weiteres Schicksal interessiert sich niemand mehr.

Das besondere Augenmerk der Militärbehörden gilt den Preisen, die für einen Besuch im Bordell zu entrichten sind. In Frankreich, Skandinavien, Belgien und den Niederlanden kann sich ein Soldat bereits für zwei bis drei Reichsmark in den Armen einer Prostituierten vom Kriegs- und Besatzungsalltag erholen. Der Besuch in besseren Bordellen kostet bis zu fünf Reichsmark. Werden die Preise zu hoch angesetzt, weichen die Soldaten auf freie Prostituierte aus.

Im Winter 1941 treten die zwanzig Dirnen des Wehrmachtsbordells im russischen Constanza in den Streik.[4] Aufgrund der zu hohen Preise werden sie kaum von deutschen Freiern besucht. Für andere Männer dürfen sie nicht arbeiten. Das Bordell bleibt leer. Um den Betrieb aufrecht und die Frauen bei Laune zu halten, überweist ihnen die Wehrmacht ab März 1942 einen Pauschalbetrag von 15.000 Lei täglich, was in etwa dem Umsatz entspricht, den sie bei 15 Besuchern machen würden.

Will sich ein Soldat im Bordell verwöhnen lassen, so ist sein Besuch bis ins letzte Detail geregelt. Die Gesundheitsbelehrungen, die er regelmäßig von seinen Vorgesetzten erhält, werden bereits beim Betreten des Puffs aufgefrischt. Im Salon aufgehängte Schilder rufen ihm ins Gedächtnis, daß Sex ohne Gummischutz streng verboten ist. Das Mädchen seiner Wahl händigt ihm ein Kondom und eine Besucherkarte aus, auf der ihr Name und ihre Kontrollnummer vermerkt sind. Die Karte ist zwei Monate lang aufzubewahren. Im Falle einer Infektion mit Geschlechtskrankheiten können die Truppenärzte auf diesem Wege das Mädchen ausfindig machen, von dem die Gefahr ausgeht. Will der junge Mann vor dem Akt noch etwas trinken, so kann er sich im Westen ein Glas Bier, Wein oder Mineralwasser bestellen. In Rußland und Polen ist der Ausschank von Getränken in den Bordellen verboten.

Wer glaubt, daß er sich nach dem Verkehr der gesundheitlichen Überwachung der Wehrmacht entziehen kann, hat sich geirrt. Selbst für das Abstreifen des Kondoms gibt es Vorschriften. In Anlage 5 der Richtlinien für die Errichtung von Wehrmachtsbordellen in den Westgebieten findet der Soldat genaue Anweisungen zur hygienischen Entsorgung des Präservativs:

»Nach Verkehr Abstreifen des gebrauchten Gummischutzes, ohne daß seine Außenseite mit den Fingern oder Eichel und Harnöffnung in Berührung kommt. Dann gründliche Reinigung der Hände und Geschlechtsteile, danach Harn lassen.«[5]

Sofort nach dem Bordellbesuch muß der Soldat eine Sanitätsstube aufsuchen. In den ambulanten Krankenstationen wird er auf Geschlechtskrankheiten untersucht und, falls nötig, behandelt.

Der Massenbetrieb und die von Vorschriften geprägte Stimmung in den Wehrmachtsbordellen treibt die Soldaten weiterhin in die Arme von Straßenprostituierten. Um die Truppe auch auf der Straße vor Syphilis und Tripper zu schützen, erfassen die Militärbehörden frei arbeitende Frauen mittels einer Gesundheitskarte und unterwerfen sie regelmäßigen medizinischen Untersuchungen. Die 5000 bis 6000 Pariser »Kartendirnen« müssen einmal wöchentlich einen Arzt aufsuchen und alle zwei Monate einen Abstrich machen lassen.

Viele deutsche Soldaten mißachten die Auflage, außerhalb der Wehrmachtsbordelle nur mit Mädchen zu schlafen, die eine *carte sanitaire* haben. Die wilde, von der Wehrmacht nicht überwachte Prostitution ist kaum in den Griff zu bekommen. Razzien führen nicht zum Erfolg. Allein in Paris setzen sich etwa 80.000 bis 100.000 Prostituierte der Gefahr aus, der Wehrkraftzersetzung angeklagt zu werden, weil sie ohne »Gewerbeschein« mit einem deutschen Soldaten Geschlechtsverkehr hatten.[6]

Nicht nur die deutschen Generäle wissen, daß die Befriedigung sexueller Lust die Moral und Disziplin einer Männergesellschaft fördert. Auch die Kommandanten der Konzentrationslager und die Leiter der Zwangsarbeiterasyle in den Städten des Dritten Reiches richten in ihren Lagern Bordelle ein. Im Juni 1941 regt Heinrich Himmler bei einem Besuch in Mauthausen an, dort ein Häftlingsbordell zu errichten. Die dazu erforderlichen Prostituierten werden aus dem Frauenkonzentrationslager Ravensbrück geholt. Dort übernimmt Dr. Walter Sonntag die Auswahl. Der ständig alkoholisierte Sadist beordert Frauen, die bereits über einschlägige Berufserfahrungen verfügen, zum Appell, befiehlt ihnen, sich auszuziehen, und läßt sich von ihnen bis ins kleinste Detail zeigen, was sie zu bieten haben. Sind die Mädchen einigermaßen hübsch, volljährig und selbstverständlich tripperfrei, sind sie für den Einsatz in den SS-Bordellen anderer KZs geeignet.[7] Vor ihrem »Arbeitseinsatz« verschreibt ihnen Sonntag einen Besuch im Solarium und Sonderrationen an Lebensmitteln. Die zweite Wahl ist für die Bordelle der Zwangsarbeiter und Häftlinge bestimmt.[8]

Den Mädchen wird in Aussicht gestellt, nach einem halben Jahr im Bordell aus dem KZ entlassen zu werden. In den Bordellen erhalten sie etwas Geld und anstatt des im KZ üblichen Strohsacks ein Bett. Das macht den »Dienst« für viele inhaftierte Frauen interessant. Die meisten Frauen, die in die Bordelle anderer Konzentrationslager verschickt werden, kommen jedoch bereits nach kurzer Zeit schwanger oder geschlechtskrank nach Ravensbrück zurück. Dort setzen die Schwestern der Krankenstation vielen die Todesspritze. Entlassen werden die wenigsten. Himmler scheint wohl nie an eine Entlassung gedacht zu haben, die »irgendein Wahnsinniger«, so der Reichsführer SS, den Frauen versprochen hat.[9]

Um Liebesbeziehungen zwischen deutschen Frauen und den etwa acht Millionen in deutschen Städten asylierten Zwangsarbeitern zu verhindern, dringt Martin Bormann ab 1941 auf die Errichtung von Bordellen in den Arbeitslagern. Himmler greift die Idee gerne auf. Für ihn sind die Arbeiterbordelle unerläßlich, da sonst »Millionen von Ausländern auf deutsche Frauen und Mädchen losgehen würden«.[10] Außerdem könne mit dem Versprechen eines Bordellbesuches die Arbeitsleistung der in der Rüstungsindustrie beschäftigten Arbeiter gesteigert werden. Im Interesse der Kriegswirtschaft entwickelt Himmler ein dreistufiges System von Vergünstigungen, nach dem besondere Leistungen zuerst mit einigen Zigaretten honoriert werden sollen. Besonderer Eifer wird mit etwas Geld belohnt. Die tüchtigsten Zwangsarbeiter dürfen sich einen Abend lang im Bordell vergnügen.[11]

Den Landesarbeitsämtern, der Kriminalpolizei und den

Gauobmännern der Deutschen Arbeitsfront wird aufgetragen, an geeigneten Orten Arbeiterbordelle einzurichten. Die Industriebetriebe, die ausländische Arbeitskräfte beschäftigen, sollen einen großen Teil der Kosten tragen. Vier Jahre nach Kriegsbeginn gibt es in Deutschland bereits sechzig solcher Bordelle. Fünfzig weitere sind im Bau. Allein in Hamburg werden in sechs Lagern Bordelle eingerichtet – in Alsterdorf, Moorfleet, Neuhof, Harburg, Waltershof und Finkenwerder.[12]

In den Arbeiterbordellen ist für je 300 Männer eine Prostituierte vorgesehen. Damit die Puffs auch rentabel arbeiten, müssen die Frauen Miete sowie Verpflegung, Heizung und Wäsche bezahlen. Die medizinische Betreuung gibt es umsonst. Die Frauen kommen aus allen besetzten Ländern. Sind sie gut, so können sie am Tag steuerfrei bis zu 200 Reichsmark verdienen und mit Genehmigung der Devisenstelle nach Hause überweisen. In der Lohntüte eines deutschen Fabrikarbeiters befinden sich zu der Zeit am Monatsende rund achtzig Reichsmark weniger.[13]

Was dem Zwangsarbeiter und Frontsoldaten von den nationalsozialistischen Machthabern zugestanden wird, stört in den deutschen Städten. In Leipzig, Hamburg und Nürnberg, in Berlin, Köln und vielen anderen deutschen Städten werden Prostituierte während des Dritten Reichs verfolgt, entmündigt und zwangsweise sterilisiert. Hier sind sie nicht erwünscht.

Armut und Hunger, Frust und Verzweiflung beherrschen während der Weltwirtschaftskrise die deutsche Gesellschaft. Millionen sind arbeitslos. Für Frauen ohne Ausbildung ist die Prostitution oft der einzige Weg, sich ihren Lebensunterhalt zu verdienen. In Gasthäusern und Kneipen, Kaffeehäusern, Konzerthallen und Bahnhöfen, in Kinos, Theatern und Grünanlagen verkaufen sie für ein paar

Reichsmark ihre Körper. Eine heftige Diskussion um Volksgesundheit und die sittliche Gefährdung der Jugend prägt die letzten vier Jahre vor der faschistischen Machtergreifung.[14]

Am 26. Mai 1933 fügen die Nationalsozialisten einen Paragraphen in das Strafgesetzbuch ein, nach dem jeder, der »öffentlich in auffälliger Weise oder in einer Weise, die geeignet ist, einzelne oder die Allgemeinheit zu belästigen, zur Unzucht auffordert oder sich dazu anbietet«, in den Gefängnissen des Regimes verschwindet.[15] Nachdem die Prostitution in der Weimarer Republik weitestgehend legal gewesen war, sahen die nationalsozialistischen Machthaber hier einen besonders großen »Reformbedarf«.

Mit dem neuen Strafrecht steht den Nazis ein Rechtsmittel zur Verfügung, mit dem sie die Straßen des Dritten Reiches von Prostituierten säubern können. Allein in Hamburg werden zwischen Juni und Dezember 1933 über 1500 Frauen festgenommen und angeklagt. Ab November werden sie in Obdachlosenasyle eingeliefert.[16]

Die Kasernierung von Prostituierten ist nach geltendem Recht nicht zulässig. Doch das interessiert die braunen Machthaber wenig. Im Kampf gegen die Prostitution liefern sich die Gesundheits- und Fürsorgebehörden mit der Polizei ein Wettrennen um die wirksamsten Maßnahmen zur Bekämpfung des Lasters. Prostituierte müssen während des Dritten Reiches in von der Polizei bestimmten Bordellstraßen wohnen. Die käufliche Liebe soll von den Straßen des nationalsozialistischen Deutschlands verschwinden. Sie soll unsichtbar gemacht und dennoch nicht ganz verboten werden.[17]

Die Nazis haben eindeutige Vorstellungen davon, wie ein »anständiges deutsches« Bordell auszusehen hat. Die Treppenhäuser der Gebäude sind Tag und Nacht ausreichend zu beleuchten. In Häusern, die keine Zentralheizung haben, ist in jedem Zimmer ein Ofen aufzustellen. Der Vermieter hat jederzeit für saubere Bettwäsche und Handtücher zu sorgen. Im Erdgeschoß müssen Vorhänge angebracht werden, um die Passanten vor dem Anblick des unsittlichen Treibens zu schützen. Den Mädchen ist es untersagt, sich im Eingangsbereich oder an den Fenstern zu zeigen. Die Nazis wollen Bordellstraßen, aber keine Rotlichtviertel. Einen Salon gibt es nicht. Wer sich der käuflichen Liebe hingibt, soll es dabei nicht auch noch gemütlich haben. Der Ausschank von Getränken ist streng verboten.[18]

Einige der polizeilich überwachten Bordelle dienen dem pseudowissenschaftlichen Interesse der braunen Machthaber. Im Bordell in der Stuttgarter Klosterstraße müssen Dirnen gebrauchte Kondome aufbewahren. Sind die Sammelbehälter voll, werden sie abgeholt und in die Labore der nationalsozialistischen Forschungsanstalten gebracht. Dort werten die Ärzte des Regimes den Inhalt der Kondome zu »rassenwissenschaftlichen« Forschungszwecken aus.[19]

Der Druck auf Prostituierte wird im Verlauf der dreißiger Jahre zunehmend schlimmer. Ab 1934 können sie wegen eines Vergehens gegen § 327 Strafgesetzbuch angezeigt werden, wenn sie der Aufforderung zur Eindämmung der Geschlechtskrankheiten nicht nachkommen. Nach zweijähriger Haftstrafe landen viele in den Konzentrationslagern Moringen, Lichtenburg und Ravensbrück.[20]

Immer mehr Frauen werden während des Dritten Reiches als Prostituierte eingestuft. Frauen, die Hilfsschulen besucht haben, die kein gutbürgerliches Leben führen und bereits einmal geschlechtskrank waren, gelten als »Asoziale« und damit als Huren. Wer sich der moralischen Engstirnigkeit des Regimes nicht anpassen will, läuft Gefahr, als Prostituierte verschrien zu werden. Frauen, die wechselnde Liebesbeziehungen haben, werden als »hwg-Personen« abgestempelt, als Personen, die häufig wechselnden Geschlechtsverkehr haben. Für die Nationalsozialisten gibt es keinen Unterschied zwischen Prostituierten und »hwg-Personen«. Als gegen Kriegsende immer mehr Frauen dem Frust der langen Trennung von ihren soldatischen Ehemännern entfliehen, indem sie sich einen neuen Liebhaber suchen, werden sie der Wehrkraftzersetzung angeklagt und als Prostituierte in Arbeits- und Konzentrationslager verschleppt. Frauen, die sich den nationalsozialistischen Vorstellungen von der »wertvollen« deutschen Hausfrau nicht unterordnen wollen, gelten als Abschaum des weiblichen Geschlechts, als »gemeinschaftsunfähig, erbkrank und minderwertig«.[21] Sie werden als »moralisch schwachsinnig« bezeichnet, entmündigt, in geschlossene Anstalten eingeliefert und ihrer Fruchtbarkeit beraubt. In den Heimen müssen die Frauen nähen, waschen, bügeln und stopfen. Sie leisten Dienst in der Küche und im Garten und reinigen in den Pflegeabteilungen die Zimmer. Mit der kostenlosen Zwangsarbeit der eingewiesenen Prostituierten senken die Sozialbehörden die Kosten der Pflegeanstalten.[22]

Ab 1934 werden immer mehr Prostituierte nach ihrer Verhaftung und Entmündigung sterilisiert. Da Prostitution zur Begründung einer Zwangssterilisation nicht ausreicht, werden die Frauen für »moralisch schwachsinnig« erklärt. Als »moralisch schwachsinnig« gelten Personen, die in den Augen der nationalsozialistischen Gesundheitsverwaltung nicht in der Lage sind, ihr tägliches Leben zu bewältigen. Der Tatbestand ist so formuliert, daß die braunen Machthaber jede ihnen mißliebige Person darunter fassen können:

»Bei der Frage, ob der zu Entmündigende, ›seine Angelegenheiten zu besorgen vermag‹, wird nicht verlangt, daß er zur Besorgung der ›Gesamtheit‹ seiner Angelegenheiten nicht in der Lage ist. Selbst wenn er auf einzelnen Lebensgebieten ein vernünftiges Verhalten zeigt, jedoch wegen moralischer Haltlosigkeit dringend eines Schutzes bedarf, können die Voraussetzungen der Entmündigung gegeben sein. Hierbei ist bei Prostituierten ihr Verhalten bei G.-Krankheiten [Geschlechtskrankheiten] von besonderer Bedeutung. Wenn diese Frauen sich der Behandlung entziehen (z.B. unangemeldet umhertreiben), zur Infektionsquelle werden, so liegt ein Indiz dafür vor, daß sie nicht die notwendige Vorsicht anzuwenden vermögen. Dies ist wiederum ein Indiz dafür, daß sie zur Besorgung ihrer Angelegenheiten nicht in der Lage sind.«[23]

Käthe Petersen, Juristin bei der Hamburger Gesundheitsverwaltung, versteht es, den Begriff des »moralischen Schwachsinns« für die Durchsetzung ihrer persönlichen Vorstellung von gesellschaftlicher Reinheit auszunutzen. Nach der Übernahme der Abteilung für Sammelpflege 1936 unterstellt die zielstrebige und karrierebewußte Beamtin immer mehr »geistig gebrechliche Frauen« zwangsweise ihrem »Schutz«, entmündigt sie und ordnet ihre Sterilisation an.[24] Als Gaby Zürn 1986 die erste Arbeit über Prostituierte im nationalsozialistischen Hamburg schreibt, hat sie Probleme, geeignete Gesprächspartnerinnen zu finden. Es stellt sich heraus, daß viele der von Petersen in geschlossene Anstalten eingewiesenen Frauen mehr als vierzig Jahre nach dem Ende des faschistischen Terrorstaates noch nicht entlassen worden waren.[25]

4.

»Rassenschande – Angriff auf die Reinheit des deutschen Blutes«

Nürnberg im Herbst 1935: Ein Meer roter Hakenkreuzfahnen ziert die verwinkelten Straßen unterhalb des Burgbergs; Tannengrün schmückt Türen und Fenster der mittelalterlichen Häuser; in den Nobelhotels der Frankenstadt steigt die Elite des Dritten Reichs ab. Auf dem Reichsparteitagsgelände im Nürnberger Süden brüllen Hitler und Goebbels ihrem Publikum das neue Selbstbewußtsein des faschistischen Deutschlands entgegen; mit Fackelzügen und Parademärschen von Hitlerjugend und SS feiert sich der braune Staat; athletisch gebaute junge Männer springen vor ihrem »Führer« Flick-Flack; Tausende von Mädchen defilieren tanzend an Adolf Hitler vorbei.

Der Schein faschistischer Selbstzufriedenheit trügt. Hinter den Kulissen herrscht Verlegenheit. Eigentlich will Adolf Hitler auf dem Parteitag eine außenpolitische Erklärung abgeben und die Revision der deutschen Grenzen fordern. Seine Chefdiplomaten raten ihm davon ab. Die Verkündigung des Reichsflaggengesetzes allein, das die Hakenkreuzfahne zur Staatsflagge erklärt, ist dem Braunauer bei diesem Anlaß zu dürftig. Am Abend des 13. September 1935 weist Hitler seinen Innenminister Wilhelm Frick an, noch während des Parteitages ein Gesetz vorzulegen, das die Ehe zwischen »Ariern« und Juden verbietet.

Innenminister Frick weist also seinen »Rassereferenten« Bernhard Lösener an, sich noch in derselben Nacht auf den Weg nach Nürnberg zu machen. Am folgenden Tag trifft sich Lösener in der Frankenstadt mit den Staatssekretären im Innenministerium, Wilhelm Stuckart und Hans Pfundtner. In einem Sitzungssaal des Nürnberger Polizeipräsidiums machen sich die drei Männer an die Arbeit. Im Verlauf des Nachmittags ziehen sie in die komfortable Villa des Lebkuchenfabrikanten Heinrich Haeberlein um. Nach fünfzehnstündiger Arbeit legen sie gegen Mitternacht vier Fassungen des sogenannten Gesetzes zum »Schutz des deutschen Blutes und der deutschen Ehre«[1] und des »Reichsbürgergesetzes«[2] vor. Hitler entscheidet sich für die mildeste Version.

Die sogenannten »Nürnberger Rassegesetze« werden bis 1943 um insgesamt 13 Verordnungen erweitert.[3] Sie sind die gesetzliche Grundlage, mit der das Dritte Reich in den kommenden neun Jahren nicht nur in die Intimsphäre der Deutschen eingreift, anhand der es Liebesbeziehungen und Ehen zwischen »arischen« und jüdischen Deutschen verfolgt und bestraft, sondern auch schließlich Millionen von Menschen vernichtet.

In den Nürnberger Gesetzen und den zu ihrer Durchführung erlassenen Verordnungen wird festgelegt, wer als Jude zu gelten hat. Kinder und Enkel aus sogenannten »Mischehen« werden als Mischlinge ersten und zweiten Grades eingeordnet. Das »Blutschutzgesetz« verbietet die Heirat zwischen Juden und Deutschen.[4] Als »Juden« bezeichnet die erste Durchführungsverordnung zum »Reichsbürgergesetz«[5] jeden, der drei jüdische Großeltern hat, Mitglied einer jüdischen Religionsgemeinschaft ist oder dieser nach dem 15. September 1935 beitritt. Außerdem gilt für die Nazis fortan jeder als »Jude«, der mit einem Juden verheiratet ist oder nach dem 15. September eine Ehe mit einem jüdischen Deutschen eingeht. Auch die Kinder aus diesen Ehen gelten als »Juden«. »Mischlinge ersten Grades« haben zwei jüdische Großeltern, vorausgesetzt, sie sind nicht mit einem Juden verheiratet und gehören nicht der jüdischen Religion an. Als »Mischling zweiten Grades« gilt unter den gleichen Voraussetzungen jeder, der nur einen jüdischen Großelternteil hat. Wenn ein Großelternteil die pseudowissenschaftlichen »jüdischen Rassenmerkmale« der faschistischen Erbbiologie aufweist, wird er auch dann als »Jude« eingestuft, wenn er der jüdischen Religion nicht angehört.[6]

Die Nürnberger Gesetze führen auch den neuen Straftatbestand der »Rassenschande« in die deutsche Rechtsprechung ein. Intime Beziehungen sind strafbar, wenn es sich bei dem Paar nicht um Angehörige der gleichen »Rasse« handelt. Prominente Nazi-Bonzen wie der Chefideologe des Dritten Reichs, Alfred Rosenberg, und der fränkische Gauleiter Julius Streicher fordern schon Monate vor dem Nürnberger Parteitag eine Verfolgung deutsch-jüdischer Liebespaare. Das Zentralorgan der SS, *Das schwarze Korps*, fällt im Frühjahr 1935 in das Rassengeschrei ein. Im Juli fordert der von Streicher herausgegebene *Stürmer* die Todesstrafe für »Rassenschänder«.[7] Im Jahr des Reichsparteitags versorgt Frankenführer Streicher die Öffentlichkeit mit einer Greuelgeschichte über die angebliche sexuelle Perversion jüdischer Männer. Unstillbar sei die Gier der Juden nach deutschen Frauen. Frauen, die einmal mit einem Juden im Bett waren, verkündet Streicher, könnten danach nur noch Kinder mit »typisch jüdischem Aussehen« zur Welt bringen, da ihr Blut für alle Zeit vergiftet sei.[8] Auch auf die Standesämter üben Funktionäre der NSDAP Druck aus. Schon vor dem September 1935 sollen die Beamten »jüdisch-arischen« Paaren das Aufgebot verweigern. Viele Beamte kommen der Forderung nach dieser Art der »Rechtspflege« nach.

Der Erlaß der Rassengesetze erlaubt es, Beziehungen, die bis 1935 aufgrund fehlender gesetzlicher Bestimmungen nicht strafrechtlich verfolgt werden konnten, mit Härte zu bekämpfen. Waren jüdisch-deutsche Paare bislang »lediglich« Opfer öffentlicher Hetztiraden und gewalttätiger Übergriffe, so erfüllt ihre Verbindung nunmehr einen Straftatbestand. Elf Tage nach der »Nürnberger Runde« werden die Beamten des Dritten Reiches davor gewarnt, »in Fällen von ›rassenschänderischem Treiben‹ in der Zeit vor dem Erlaß der neuen Judengesetze strenge Maßregeln zu ergreifen, außer bei besonders brutalen Verführungen und Schändungen. Bei Verstößen nach Verkündung der neuen Judengesetze ist unnachsichtlich einzuschreiten.«[9]

In Fällen von »Rassenschande« wiegt das Verbrechen des jüdischen Mannes in den Augen der Nazis schwerer als das Vergehen der Frau. »Für das Verbrechen der Rassenschande ist der Mann verantwortlich«, heißt es in einer Ausführungsverordnung zu den Nürnberger Gesetzen vom 16. Februar 1940.[10] Für die Ideologen des totalitären Staates ist es undenkbar, daß Frauen eine eigene, aktive Sexualität haben. Entweder sie nehmen den Samen des deutschen Mannes dankbar auf, oder sie werden von jüdischen oder anderen »Rassenschändern« »verführt«. Obwohl Frauen in den Augen der Nazis gegen die Verführung durch einen Juden hilf- und wehrlos sind, gehen sie in Fällen von »Rassenschande« dennoch nicht straffrei aus. Sie werden öffentlich diffamiert. In seinem Mustergau Nürnberg läßt Julius Streicher »Rassenschänderinnen« öffentlich die Haare abschneiden und auspeitschen. Dann werden sie mit einem Schild um den Hals – »Ich bin eine Judensau« – durch die Straßen der Stadt geführt.[11]

Ab September 1935 sind Ehen zwischen jüdischen und »arischen« Deutschen einer besonderen Belastung ausgesetzt. Der Vorwurf und die rechtlichen Konsequenzen der

»Rassenschande« treffen alle Familienmitglieder in gleicher Weise. Oft lassen sich die deutschen Partner auf Druck und Anraten von Eltern, Verwandten und Freunden scheiden. Kinder, die nichts von ihren Schulkameraden und Freunden unterscheidet, die in ihren Schuluniformen aussehen wie alle anderen, die den Hitlergruß entbieten und »Heil Hitler« rufen, haben plötzlich einen Makel. Sie sind der Brutalität der Nazis, der Verfolgung und drohenden Vernichtung in den Konzentrationslagern ausgesetzt. Eltern und Großeltern stehen vor der fast unlösbaren Aufgabe, das Leben der Kinder zu retten und die Gefahr gleichzeitig vor ihnen zu verschweigen, damit sie ihre Kindheit unbeschwert erleben können.

Ein Nürnberger Fall von »Rassenschande«, den die *Spiegel*-Redakteurin Christiane Kohl offengelegt hat, zeigt, wie sich eine Strafverfolgung wegen »Rassenschande« aus der üblen Nachrede, dem Klatsch und Getuschel der Nachbarn ergeben konnte.[12] Kohls Studie legt nahe, daß der Tatbestand der »Rassenschande« für die Nationalsozialisten eine hervorragende Möglichkeit darstellte, gesellschaftliche Spannungen zu lenken und ein Ventil zum Ablassen von Haß, Neid und Mißgunst zu öffnen.

Bereits kurz nach dem Einzug der jungen Fotografin Irene Scheffler in ein Nürnberger Mietshaus 1932 verbreiten ihre Mitbewohner, sie empfange öfters Herrenbesuch, darunter den eleganten und wohlhabenden jüdischen Schuhgroßhändler Leo Katzenberger. Bald werden der Jude und das Mädchen von der gesamten Hausgemeinschaft bespitzelt. »Ihre Beobachtungen tratschten die Bewohner miteinander durch, verschärften ihren Aussagewert und verbreiteten sie im Wohnquartier«,[13] kommentiert Christiane Kohl. Die Scheffler habe mit Katzenberger eine Liebesbeziehung, heißt es. Außerdem rausche nach den Herrenbesuchen immer viel Wasser durch Irenes Toilette. Selbstverständlich liege das daran, daß sich die junge Frau nach dem Verkehr mit den Herren wasche. Auf die Idee, daß die junge Fotografin das Wasser zur Entwicklung der soeben gemachten Fotos benötigt, kommt niemand. Auch die Begründung, der mit der Familie Scheffler befreundete Schuhgroßhändler besuche Irene nur, um die Miete zu kassieren und ihr bei der Buchhaltung zu helfen, läßt die Hausgemeinschaft nicht gelten. Bald füllt der Klatsch über den Juden und das Mädchen die Milch- und Lebensmittelgeschäfte des gesamten Viertels. Als Leo Katzenberger seinen Lageristen entläßt, verschärft sich für die junge Fotografin und den älteren Herrn die Lage. Der Lagerist Heilmann, der im selben Haus wie Irene wohnt, zeigt Katzenberger bei der Gestapo an und behauptet, Irene würde die finanzielle Unterstützung ihres väterlichen Freundes gegen sexuelle Dienste »billig abarbeiten«.

Am 29. Juli 1939 heiratet Irene Scheffler den Handelsvertreter Hans Seiler. Anstatt den Trauschein als Beweis dafür zu nehmen, daß Irene nichts mit Leo Katzenberger hat, wirft man ihr nach dem Einzug Hans Seilers an die Front vor, ihre Liebesbeziehung zu dem Juden in Abwesenheit ihres Ehemannes fortzusetzen. Hausbewohner Kleylein zeigt Katzenberger schließlich bei der NSDAP an. Irene Scheffler wird ins Nürnberger Büro der Partei vorgeladen. Von Natur aus unbeschwert und vertrauensselig, gibt die Fotografin während des Verhörs zu, daß sie in ihrer langjährigen Freundschaft mit dem Schuhgroßhändler auch schon mal auf dessen Schoß gesessen und sein Kopf dabei ihre Brust berührt hätte. Die Beamten des Sittendezernates wollen von Irene wissen, ob ihr der Jude nicht auch zwischen die Beine gelangt, sich entblößt oder von Irene verlangt hätte, sein Glied zu berühren. Als die junge Fotografin die Fragen verneint, wird ihr zunächst ein Kontaktverbot mit Katzenberger auferlegt.

Die Beziehung zwischen dem Juden und der Fotografin kommt schließlich vor Gericht. Obwohl die Gesetze eine Maximalstrafe von 15 Jahren Zuchthaus vorsehen, wird Leo Katzenberger zum Tode verurteilt. Die Richter lügen sich über eine dünne Beweislage hinweg und verdrehen die Gesetze des Dritten Reichs so gekonnt, daß sie den alten Mann verurteilen können. Da sich Katzenberger mit Irene auch nach der für Juden durch die »Volksschädlingsverordnung« festgesetzten Sperrstunde von 20.00 Uhr getroffen hatte, kann Richter Rothaug das Todesurteil fällen. Leo Katzenberger ist der erste Jude, der in einem Fall von »Rassenschande« zum Tode verurteilt wird. Am 3. Juni 1942 wird er in München-Stadelheim durch das Fallbeil hingerichtet.

Irene wird wegen Meineids zu zwei Jahren Zuchthaus verurteilt. Die Urteilsbegründung strotzt vor hämischen Unterstellungen und vorschnellen Schlüssen.

Nach den NS-Rassegesetzen mußte gar kein »echter Geschlechtsverkehr« zwischen den Angeklagten stattgefunden haben, »jede Art geschlechtlicher Betätigung« war in einem solchen Fall als Beischlaf zu werten. Und wenn es tatsächlich nur zu Küssen, zum Tätscheln der Oberschenkel und zum Streicheln des Busens gekommen wäre, wären diese Fummeleien durchaus auch als strafwürdige »Ersatzhandlungen« gewertet worden. Richter Rothaug verkündete jedenfalls, das Gericht sei überzeugt, daß Katzenberger regelmäßig mit der Scheffler Beischlaf ausgeführt haben müsse, weil das »nach der Lebenserfahrung« einfach zwingend sei.[14]

Nicht immer ist den Nationalsozialisten an einer konsequenten Anwendung der Nürnberger Gesetze gelegen. Wenn die Nazis Leistungen für die »Volksgemeinschaft« für besonders bemerkenswert oder unverzichtbar halten, können jüdische Beamte und Unternehmer, Wissenschaftler, Schauspieler, Dirigenten und Wehrmachtssoldaten auf Antrag von den Nürnberger Gesetzen befreit und »Ariern« gleichgestellt werden.

Einigen Filmschauspielern, darunter Hans Albers, Theo Lingen und Heinz Rühmann, »verzeiht« Hitler ihre jüdischen Lebenspartner.[15] Die wissenschaftlichen Leistungen der Nobelpreisträger Otto H. Warburg und Gustav Hertz hält die Führung des faschistischen Staates für so lobenswert, daß die beiden jüdischen Professoren während des Dritten Reichs nicht behelligt werden.[16] Als Hitler im Juni 1937 der Befreiungsantrag Artur Imhausens vorliegt, läßt er sich über die Verdienste des »Halbjuden« aufklären und erfährt, daß der Unternehmer und Erfinder ein Verfahren zur Herstellung von Seife und Fett aus Kohle entwickelt hat. Hitlers lapidarer Kommentar: »Wenn der Mann die Sache wirklich erfunden hat, dann machen wir ihn zum Arier.«[17]

Besonders peinlich für die Elite des braunen Staates ist es, wenn Mitglieder der nationalsozialistischen Führungsetagen, wie etwa der Generalfeldmarschall und Generalinspekteur der Luftwaffe, Erhard Milch, unter die Bestimmungen der Nürnberger Gesetze fallen. SS-Obergruppenführer Reinhard Heydrich ist mit dem Makel einer jüdischen Großmutter behaftet. Vom Reichsorganisationsleiter der NSDAP, Dr. Robert Ley, heißt es, daß er ursprünglich Levi hieß. Die Ariernachweise der beiden NS-Bonzen werden zur Chefsache erklärt und im Tresor von Hitlers Stellvertreter, Rudolf Heß, unter Verschluß gehalten.[18]

Anträge auf Befreiung von den Rassengesetzen sind möglich und müssen an das Reichsinnenministerium gestellt werden. Die letzte Instanz ist jedoch Hitler selbst.[19]

Durch eine willkürliche Entscheidung können Menschen im Dritten Reich zu erwünschten Mitglieder der »Volksgemeinschaft« erklärt oder der Vernichtung preisgegeben werden.

Traumatisierung durch Schweigen – Ein Nachwort

Als der Krieg aus war, einigte sich die deutsche Öffentlichkeit rasch auf den Mythos von der ›Stunde Null‹. In der ›Stunde Null‹ klingelte der Wecker, das deutsche Volk wachte auf, schaute sich ein wenig verschlafen um und stellte erschrocken fest, mit welchem Liebhaber es sich da ins Bett gelegt hatte. Leidenschaft sollte folglich nicht wieder vorkommen.«[1]

Ein Trieb wie die Sexualität läßt sich nicht so einfach verdrängen und ausschalten, wie die Deutschen nach Harald Martensteins Fazit 1945 annahmen. Doch wenn Lust und Sexualität schon nicht restlos unterdrückt werden können, so kann man sich doch zumindest weigern, sie wahrzunehmen, kann sie leugnen oder verdrängen.

In den Jahren zwischen der bedingungslosen Kapitulation und der Gründung der Bundesrepublik fanden die Deutschen zahlreiche gute Gründe, um sich weder mit der Frage auseinanderzusetzen, was Hitler und seine Schergen verbrochen hatten, noch wie es in den vorangegangenen zwölf Jahren um ihre Sexualität bestellt war. Die zerbombten Städte mußten aufgeräumt und das Land neu aufgebaut werden. Die junge Republik verdrängte dabei, vielleicht als selbstauferlegte Strafe und Sühne, den Lebensgenuß aus ihrem Bewußtsein. Die Sexualität des Menschen ist zentraler Bestandteil seines Lebensgefühls. Wie viele andere Gefühle auch wurde sie im Zuge der allgemeinen Selbstkasteiung während der Wirtschaftswunderjahre aus dem politischen und wirtschaftlichen Establishment verdrängt. Bis heute sind Erotik und Leidenschaft in der normalen Familie oder etwa sexuelle Skandale in der deutschen Wirtschaft und Politik, anders als in den USA oder Großbritannien, selten öffentliche Themen.[2]

In den deutschen Familien wird der »Sinn des Lebens« seit den fünfziger Jahren mit finanziellem Wohlstand und beruflichem Erfolg, nicht jedoch mit einem »savoir vivre« identifiziert, das auch lasziv und erotisch sein darf. Unter dem Deckmantel der wirtschaftlichen Prosperität und der nach 1950 allmählich zurückkehrenden politischen Normalität konnten die Deutschen leicht verstecken, was der Nationalsozialismus ihrer Sexualität angetan hatte. Prüderie beherrschte das Land.

1968 revoltierte in Deutschland, wie fast überall in der westlichen Welt, die Jugend und forderte eine Liberalisierung der Lust. Doch auch die Achtundsechziger können mit ihrer Sexualität oft nicht lustvoll umgehen. Über das Liebesleben kann nur dann gesprochen werden, wenn gleichzeitig das korrekte politische Bewußtsein gewahrt bleibt. Im Kontext der Frage nach der nationalsozialistischen Vergangenheit heißt das, daß zwar eine Auseinandersetzung mit dem Holocaust und der »Schuldfrage« politisch korrekt ist, nicht jedoch die Frage, wie das Dritte Reich die Sexualität der Deutschen geprägt hat. Die Bewältigung der politischen Vergangenheit ist eine kognitive Denkleistung. Sie läßt eine größere Distanz zu und fordert weniger Betroffenheit als die Auseinandersetzung mit emotionalen Erlebnissen, zu denen eben auch die Sexualität gehört.[3]

Daß die Auseinandersetzung mit der kollektiven Sexualgeschichte schwerer fällt, erklärt jedoch nur teilweise, weshalb das Thema der Sexualität unter dem Hakenkreuz bis heute ignoriert wird. Als die Deutschen gegen Ende der sechziger Jahre bereit waren, sich dem zu stellen, was der Nationalsozialismus Millionen von Menschen in ganz Europa angetan hatte und was mit ihrem eigenen Land in den zwölf Jahren der braunen Diktatur geschehen war, war es bereits zu spät.

Wenn historische Schuld und emotionale Verwüstungen jahrzehntelang verdrängt werden, wenn sich große Teile der Bevölkerung weigern, über Ereignisse zu sprechen, die sich tief in ihre Psyche eingegraben haben, dann entstehen kollektive Komplexe und Traumata. Dann wird es unmöglich, verantwortungsvoll mit historischen Erfahrungen umzugehen. Der »Historikerstreit« und die Debatte um Goldhagens *Hitlers willige Vollstrecker*, zahlreiche hervorragende Forschungsarbeiten und die Verarbeitung des Themas »Drittes Reich« in allen Medien zeigen, daß die Republik einen verantwortungsvollen Umgang mit der Geschichte dieses Jahrhunderts gefunden haben könnte. Im Bereich der Sexualgeschichte gibt es diesen Umgang bis heute jedoch nur in Ansätzen. Die Geschichte der Sexualität unter dem Hakenkreuz wird bis heute in zwei unterschiedlichen Formen totgeschwiegen:

1. Die Verbrechen, die die Nazis an sexuellen Randgruppen begangen haben, werden von der Öffentlichkeit auch heute noch tabuisiert. Homosexuellen, Zwangssterilisierten, lesbischen Frauen und Paaren, die unter die »Rassengesetze« fielen, wird bis heute die Anerkennung ihres Opferstatus weitestgehend verweigert.
2. Dem Schweigen der Opfer steht die Unfähigkeit breiter Bevölkerungsteile und der Unwille der Schuldigen, der Mitläufer und Handlanger gegenüber, darüber zu sprechen, wie der Nationalsozialismus deren Sexualität verändert hat.

In vielen deutschen Familien ging der harte, alltägliche Kampf ums Überleben und der Wiederaufbau nach 1945 mit einer Abkühlung des emotionalen Beziehungsgeflechts einher.

Zahlreiche Männer kehrten nie zu ihren Familien zurück. Ehepaare, die sich wiederfanden, waren sich fremd geworden. Oft hatten Frauen während der Abwesenheit ihrer Ehemänner einen anderen Partner gefunden. Viele Kinder erkannten ihre Väter nicht wieder und weigerten sich, sie als Haupt der Familie zu akzeptieren. Viele Paare waren nicht fähig, über die traumatischen Erlebnisse des Krieges zu sprechen. Die Fronterlebnisse der Männer wurden ebenso verschwiegen wie die Vergewaltigungserfahrungen der Frauen oder Seitensprünge mit Zwangsarbeitern, Kriegsgefangenen oder Frauen in den während des Krieges besetzten Ländern. Die Unfähigkeit, über diese Dinge zu sprechen, hat Spuren in den Psychen vieler Menschen hinterlassen. Das Sexualleben lief aufgrund der Entfremdung und Abkühlung bei vielen Paaren entweder gar nicht mehr oder erst nach langer Zeit wieder an.

Das Schweigen in den Familien mag mit dafür verantwortlich sein, daß die Pädagogik des Nationalsozialismus über 1945 hinaus fortwirken konnte. So war zum Beispiel Johanna Haarers Erziehungsbuch *Die deutsche Mutter und ihr erstes Kind* bis 1988 ein ungebrochener Erfolg beschieden. Der Titel des Werks wurde zwar leicht verändert – die Mutter war nach 1945 keine »deutsche« Mutter mehr –, sein Inhalt und damit die pädagogischen Grundgedanken wurden jedoch kaum überarbeitet. Insgesamt wurden von dem Titel über 1,2 Millionen Stück verkauft.[4] Noch in den fünfziger und sechziger Jahren wurden angehende Kinderkrankenschwestern nach Johanna Haarers Ratschlägen ausgebildet. In vielen bundesdeutschen Haushalten steht *Die Mutter und ihr erstes Kind* auch heute noch im Bücherregal.

Die mangelnde kritische Distanz zur Erziehungslehre Johanna Haarers mag daher kommen, daß Menschen dazu neigen, an Althergebrachtem festzuhalten und die Vergangenheit positiver zu bewerten, als sie wirklich war. Sie könnte aber auch damit erklärt werden, daß die Familienerfahrungen der Jahre 1933 bis 1945 verschwiegen und tabuisiert wurden und Eltern und Kinderärzte, Ausbildungsschwestern und Erzieher deshalb gar nicht erkannten, daß sie sich mit ihrer positiven Einschätzung der Pädagogik Haarers an den Erziehungsgrundsätzen des Nationalsozialismus orientierten.

Trotz der Verurteilung und Hinrichtung der politischen und militärischen NS-Amtsinhaber kann das Jahr 1945 nur bedingt als historische Zäsur gesehen werden. Dies gilt auch auf dem Gebiet der Sexualität. Die Führer des Dritten Reiches überlebten die Jahre 1945/46 zwar meist nicht – sie nahmen sich entweder schon vor Kriegsende das Leben oder wurden im Zuge der Nürnberger Prozesse hingerichtet. Auch die für die Sexualpolitik des Regimes und die für die Menschenversuche in den KZs Verantwortlichen wurden in Nürnberg meist zum Tode verurteilt und hingerichtet oder verschwanden hinter Gittern. Dies gilt für Viktor Brack ebenso wie für Carl Clauberg. Lediglich Josef Mengele gelang die Flucht nach Südamerika. Trotz einer von der Bundesrepublik für seine Ergreifung ausgesetzten Summe von zehn Millionen Mark konnte er nie gefaßt werden.

Was jedoch geschah mit den Tausenden von Ärzten, die kleinere Praxen betrieben, die in Gesundheitsämtern und in Kliniken gearbeitet und hier Erbgesundheitszeugnisse ausstellt hatten; die Zwangssterilisationen anordneten und Menschen als »rassisch minderwertig« oder »fortpflanzungswürdig« beurteilten? Die medizinischen Mitläufer und Handlanger, ohne die das Regime seine Politik der »Auslese« und »Ausmerze« nicht hätte umsetzen können, blieben nach 1945 meist unbehelligt und durften weiterhin als Ärzte praktizieren. Diese Ärztegruppe hatte sich nach 1933 bereitwillig gleichschalten und von den Nazis instrumentalisieren lassen. Zahlreiche Mediziner verrieten ihren Auftrag, zu heilen und Leben zu schützen, an das braune Regime. Die Einsicht in das eigene Versagen wurde von vielen dieser Ärzte jahrzehntelang verweigert. Erst in den Achtzigern durchbrach das *Deutsche Ärzteblatt* mit mehreren Artikelserien zur Geschichte der Medizin unter dem Hakenkreuz das Schweigen. Auf medizinischen Kongressen nahm man sich in einschlägigen Vorträgen und Diskussionsgruppen des Themas an. Die Reaktion des Ärztestandes war zumeist von Erschütterung geprägt. Das Entsetzen über die Verbrechen, die Kollegen in zwölf Jahren deutscher Geschichte begangen hatten, war wohl deshalb so groß, weil die Medizinerzunft zu lange zu diesen Unmenschlichkeiten geschwiegen hatte.

Das öffentliche Schweigen über die Verbrechen, die die Nazis an sexuellen Randgruppen begangen haben, und den Zwangssterilisationsterror, den sie im Zuge ihrer Sexualpolitik betrieben, ist bis heute weitestgehend ungebrochen. In der Bundesrepublik blieben die Paragraphen 175 und 175a StGB, mit denen das Dritte Reich homosexuelle Männer verfolgte, in Konzentrationslager einwies und dort ermordete, in der nationalsozialistischen Fassung bis zum 1. September 1969 in Kraft. Erst im März 1994 ist der Straftatbestand Homosexualität endgültig aus dem Strafgesetzbuch entfernt worden. Die bundesdeutschen Gerichte waren der Meinung, daß der Paragraph 175 in der Fassung von 1935 auf rechtstaatliche Art und Weise zustande gekommen und kein nationalsozialistisches Unrecht gewesen sei.

Zwar konnten bis in die siebziger Jahre hinein Homosexuelle in keinem Land der westlichen Welt ein wirklich freies Sexualleben führen, doch ihre Ächtung scheint in

Deutschland stärker gewesen zu sein als anderswo. Franz Josef Strauß sagte 1971: »Ich will lieber ein kalter Krieger sein als ein warmer Bruder«, und auch Helmut Schmidt meinte noch 1980: »Ich bin doch kein Kanzler der Schwulen.« Angesichts solcher Aussagen muß die Frage nach dem vorbelasteten Umgang der Deutschen mit der Homosexualität erlaubt sein. Wenn führende deutsche Politiker, Kanzlerkandidat der eine, Kanzler der andere, mit diesen Äußerungen keinen Popularitätsverlust erleiden, zeugt dies von der Einstellung der Gesellschaft gegenüber Homosexuellen.

Die Männer mit dem rosa Winkel, die das Lager überlebt hatten, galten und gelten bis heute als rechtmäßig Verurteilte. Entschädigungen für die erlittene KZ-Haft wurden und werden ihnen in der Regel nicht zuerkannt. Das Bundesentschädigungsgesetz (BEG) aus dem Jahr 1956 definierte zwar als anspruchsberechtigt, »wer aus Gründen der politischen Gegnerschaft oder aus Gründen der Rasse, des Glaubens oder der Weltanschauung verfolgt worden« war, höchste bundesdeutsche Gerichte erkannten jedoch nicht an, daß Schwule ebenfalls Opfer der Vorstellungen der Nazis geworden waren. Die Strafverschärfung, so der Bundesgerichtshof schon 1951, sei damals »in ordnungsgemäßer Form zustande gekommen«, und es gebe keinerlei Anhaltspunkte dafür, daß die Fassung von 1935 »eine Verwirklichung nationalsozialistischer Ziele oder Gedanken bilde«. Das Bundesverfassungsgericht begründete es noch krasser: Es stellte 1957 fest, daß sich die deutsche Rechtsprechung »stets auf die Anschauungen des Volkes berufen« habe; die höchsten deutschen Richter zitierten unbefangen eine NS-Rechtsquelle, wonach die Strafverschärfung notwendig gewesen sei, »um das Laster des gleichgeschlechtlichen Verkehrs wirksam bekämpfen zu können«. Das Gericht erklärte Homosexualität nunmehr als »eindeutigen Verstoß gegen das Sittengesetz« und mit dem Artikel 2 des Grundgesetzes (freie Entfaltung der Persönlichkeit) unvereinbar. Homosexualität galt damit auch in der Bundesrepublik als eine verfassungsfeindliche sexuelle Orientierung.

Schwule konnten Wiedergutmachungsanträge nur nach dem Allgemeinen Kriegsfolgengesetz (AKG) von 1958/1959 stellen. Gerade in diesen beiden Jahren wurden jedoch 3500 Homosexuelle aufgrund ihrer Veranlagung verurteilt, und nur 14 Anträge auf Wiedergutmachung gingen ein. Die Bundesregierung erklärte 1987 hierzu, daß es einen Zusammenhang zwischen jener Verfolgungswelle und der geringen Zahl der Anträge nicht gegeben habe, denn schließlich sei ja »nur die homosexuelle Betätigung«, nicht aber »eine entsprechende Veranlagung« strafbar gewesen.

Anfang der achtziger Jahre wurden an das AKG angelehnte Härtefondsregelungen für »vergessene NS-Opfer« eingerichtet. Ganze neun Anträge von Schwulen gingen ein, weitere elf Personen, die wegen ihrer Homosexualität durch KZ-Haft zu Schaden gekommen waren, meldeten sich zwischen 1988 und 1990 bei den Oberfinanzdirektionen. In den neuen Bundesländern galt seit November 1990 ebenfalls eine Regelung in Anlehnung an die AKG-Härtefonds. Davor war es für die »175er« in der DDR nicht möglich, Entschädigungen zu erhalten.

Erst 1985 erinnerte der damalige Bundespräsident Richard von Weizsäcker in seiner vielbeachteten Rede zum 40. Jahrestag der Befreiung am 8. Mai an die Verfolgung der Homosexuellen. Und erst im Januar 1999 wurde in Sachsenhausen dieser Opfergruppe des NS-Terrors zum ersten Mal in einer KZ-Gedenkstätte öffentlich gedacht. Die Bundesrepublik hat eine moralische Verantwortung in einer angemessenen Form bis heute nicht übernommen.

Auch die Sterilisations-Urteile der Nazis wurden bis Anfang der neunziger Jahre nicht angezweifelt. Also fand sich im Bundestag keine Mehrheit, um die Urteile aufzuheben und den Opfern eine Entschädigung nach dem Bundesentschädigungsgesetz zuzusprechen. Den Verzicht auf Zahlungen begründete in den sechziger Jahren der damalige Finanzminister Franz Josef Strauß mit dem furchtbaren Diktum, daß sonst »von dem gesamten Entschädigungsbetrag 60 Prozent an Geisteskranke, Schwachsinnige oder schwere Alkoholiker gezahlt werden würden«. Der starke Mann der CSU erinnerte sich anscheinend daran, daß die Nazis mit dem weitgefaßten Tatbestand des »moralischen Schwachsinns« jeden seiner Fruchtbarkeit berauben konnten, der nicht in die braune Weltordnung paßte. Konsequenzen wollte der spätere bayerische Landesvater daraus jedoch offenbar nicht ziehen.

Erst 1968 wurde das »Gesetz zur Verhinderung erbkranken Nachwuchses« formell für ungültig erklärt, und erst seit 1980 können Opfer von Zwangssterilisationen eine einmalige Zahlung von 5000 Mark beantragen. 14.000 Personen haben diese Zahlung beantragt, doch viel mehr haben aus Scham verzichtet. 9000 Betroffene haben, seit dies 1990 möglich wurde, erfolgreich einen Antrag auf eine monatliche Zahlung von 100 Mark gestellt – eine Summe, die Klara Novak, Gründerin des »Bundes der Euthanasiegeschädigten und Zwangssterilisierten e.V.«, zu Recht »lächerlich« findet.

Im September 1998 wurde die Rente für Zwangssterilisierte von 100 auf 120 Mark erhöht. Noch nach über fünfzig Jahren fehlt den betroffenen Frauen und Männern die offizielle Anerkennung als Entschädigungsberechtigte nach dem Bundesentschädigungsgesetz. 1988 und 1994 sprachen Bundestag und Bundesrat den etwa 400.000 Opfern der Zwangssterilisationen, von denen 1998 noch schätzungsweise 50.000 lebten, »Achtung und Mitgefühl« aus.

Erst 1994 kam auf einem Kongreß der Deutschen Gesellschaft für Gynäkologie und Geburtshilfe die Mitverantwortung der Mediziner ausführlich zur Sprache – von der Mitverantwortung der Juristen oder von einer offiziellen Entschuldigung staatlicher Stellen war bis heute nichts zu hören.

Der Umgang mit den homosexuellen und zwangssterilisierten Opfern des NS-Staates, mit den Vergewaltigten, den zwangsweise getrennten Paaren, den drangsalierten und traumatisierten Überlebenden zeigt, daß auch heute noch wichtige Aspekte der deutschen Verbrechen sträflich verschwiegen werden. Im Bereich der Sexualität hat dieses Schweigen zu lange angedauert.

ANHANG

Anmerkungen

Die Usurpation der Körper – Ein Vorwort

1 Bleuel, *Das saubere Reich.*

2 Siehe unter anderem: Benz (Hg.), *Frauen im Nationalsozialismus*; Chamberlain, *Hitler, die deutsche Mutter und ihr erstes Kind*; Kasberger, *Heldinnen waren wir keine*; Klaus, *Mädchen im Dritten Reich*; Koonz, *Mothers in the Fatherland*; Thalmann, *Frausein im Dritten Reich*; Wagner, *Nationalsozialistische Frauenansichten*; Weyrather, *Muttertag und Mutterkreuz.*

3 Bock, *Zwangssterilisationen im Nationalsozialismus*; Hix, *Zwangssterilisierungen*; Rothmaler, *Zwangssterilisation*; Schmuhl, *Sterilisation, ›Euthanasie‹, ›Endlösung‹.*

4 Czarnowski, *Das kontrollierte Paar*; Dies., *Der Wert der Ehe für die Volksgemeinschaft*; Meyer, Schulze, *Von Liebe sprach damals keiner*; Mühlfeld, Schönweiss, *Nationalsozialistische Familienpolitik*; Sachse, *Siemens, der Nationalsozialismus und die moderne Familie.*

5 Lilienthal, *»Der Lebensborn e.V.«*

6 siehe unter anderem: Limpricht, Müller, Oxenius (Hg.), *»Verführte« Männer*; Herzer, *Hinweise auf das schwule Berlin*; Kokula, *Zur Situation lesbischer Frauen*; Sparing, *»... wegen Vergehen nach § 175 verhaftet«*; die Arbeiten von Jellonek, *Homosexuelle unter dem Hakenkreuz* und

Schoppmann, *Nationalsozialistische Sexualpolitik* und *Zeit der Maskierung* bilden dabei eine Ausnahme.

7 Seidler, *Prostitution*, *Homosexualität*, *Selbstverstümmelung*; Ebbinghaus, *Der Staat*; Zürn, *›A. ist Prostituiertentyp‹*.

8 Beck, *Vergewaltigung von Frauen.* Birgit Beck ist eine der wenigen Historikerinnen, die das Thema der sexuellen Gewalt im Zweiten Weltkrieg als eigenständige Fragestellung ernst genommen hat. Von ihren Kollegen und Kolleginnen wird das Thema der Vergewaltigungen in der Zeit zwischen 1939 und 1945 meist in dem Kontext der sexuellen Gewalt im Krieg allgemein behandelt.

I. Die Führer

1 Fest, *Hitler*, S. 466

1. Adolf Hitler

1 Auf eigentümliche Art scheint der Gedanke dennoch faszinierend zu sein; Joachim Fest (*Hitler*, S. 22) und Guido Knopp (*Hitler*, S. 142) erwähnen ihn. Brigitte Hamann hingegen *(Hitlers Wien)*, die sich am intensivsten mit Hitlers Wiener Zeit befaßt hat, geht darauf nicht ein.

2 Hitler, *Mein Kampf*, S. 269ff.

3 Zur Beziehung Greiner/Hitler vgl. insb. Dörrzapf, *Liebe der Jahrhundertmänner*, S. 102f; Fest, *Hitler*, S. 75 und Hamann, *Hitlers Wien*, S. 275ff. sprechen Greiner jegliche Seriosität ab.

4 Knopp, *Hitler*, S. 140

5 Kubizek, *Hitler*, S. 282f.

6 vgl. Kubizek, *Hitler*, S. 76ff., der Hitlers Beziehung zu Stefanie ausführlich schildert.

[7] Kubizek, *Hitler*, S. 80f.
[8] Knopp, *Hitler*, S. 108f.
[9] zit. nach Knopp, *Hitler*, S. 134
[10] zit. nach Knopp, *Hitler*, S. 91
[11] vgl. Fest, *Hitler*, S. 466f.
[12] Knopp, *Hitler*, S. 144
[13] Den Vorfall bestätigt Hitlers Hausfotograf Heinrich Hoffmann in seinem Buch *Hitler was my Friend*, London 1955. Als weiterer Beleg dieser Szene gilt ein Brief von Walter Buch, einem Vertrauten Hitlers in frühen NSDAP-Tagen. In diesem Brief (abgedruckt in Tyrell, *Führer befiehl* ..., S. 211ff.), den Hitler möglicherweise nie zu lesen bekam, schreibt Buch u.a.: »Wir beide, meine Frau + ich, waren der Meinung, daß wir alles tun wollten, Ihnen + Ihrer Nichte über das schwere Erlebnis hinwegzuhelfen.«
[14] Fest, *Hitler*, S. 467
[15] Fest, *Hitler*, S. 467, faßt die Theorien zusammen, die auf den Äußerungen der Autoren und Chronisten Ernst Hanfstaengl, Konrad Heiden, Walter Görlitz/H. A. Quint und Hans Frank beruhen.
[16] Knopp, *Hitler*, S. 144
[17] Fest, *Hitler*, S. 146
[18] Speer, *Erinnerungen*, S. 106
[19] Fest, *Hitler*, S. 744
[20] Diese Details erzählte Traudl Junge in einem im März 1998 erschienenen Interview mit der Zeitschrift *Amica*.
[21] Knopp, *Hitler*. S. 146
[22] Fest, *Hitler*, S. 473
[23] zit. nach Fest, *Hitler*, S. 473
[24] Helmut Ulshöfer veröffentlichte in seinem Buch *Liebesbriefe an Adolf Hitler – Briefe in den Tod* 43 von 8000 Briefen, die der amerikanische Offizier W. C. Emker aus der Reichskanzlei an sich nahm. Einige Beispiele:

»Ich habe Sie so sehr lieb und wenn ich noch 10mal vergeblich warten müßte, so würde es nichts ändern, denn Liebe hofft und duldet alles.«

Brief mit Ausschnitt aus dem *Völkischen Beobachter* inklusive Foto des Braunauers:

»Wenn ich das Bild ansehe, könnte ich weinen, der gutmütige Blick. Wäre zu gern mein ganzes Leben mir Dir zusammen gewesen. Aber immer Besuch, oder durch die Kinder und Enkelkinder konnte ich nicht so fort, wie ich wollte. Du hast auch manches gemacht, was ich nicht wußte. Und was hab ich für Geld ausgegeben, um mit Dir einmal zusammenzukommen. Bin ins Schützenhaus, ins Nachtkino, bin zweimal in Berlin gewesen, und alles vergebens. Die letzte Reise bin ich gleich »D«-Zug gefahren, waren wieder 12 RM weg. Würde am 23. April mit dem Sonderzug zur Baumblüte nach Berlin fahren, aber auch nur, um mit Dir zusammenzukommen!, sonst machte ich nicht fort.

Was mache ich? Du läßt Dich doch nicht sehen! Und besuchen kann ich Dich auch nicht.«

Ein Brief mit beigelegtem Foto:

»Lieber Adi!

Du wirst gewiß etwas Sehnsucht nach mir haben. Ich will Dir zum Zeichen meiner Liebe wieder ein Bild senden. Lege Dir auch ein kleines von mir bei. Hier sehe ich wie eine Madonna nach dem Himmel.

Ich bin manchmal sehr traurig.

Den 23. VII. fahre ich nach meiner Heimat.

Du warst ja auch schon in Karlsbad.

… Ich werde von dort öfters an Dich denken.

Du süßes Luderchen, innige Küsse.

Deine Ritschi.«

»Mein lieber zuckersüßer Adolf.

Muß an Dich schreiben, denn ich bin so allein. Zuhause die Jungs sind beide spazieren gegangen, Lenchen ist zu ihrem Freund, und ich sitze und machte Handarbeiten, z. B. Strümpfe stopfen und Wäsche ganz machen, wollte runter gehen, aber es regnet, und ich habe so viel ganz zu machen, immer arbeiten, nicht, mein Süßer, und hier in der Kaserne, da sind heute so viel eingezogen, eine Menge Mädels und Frauen dabei, die werden auch alle schön weinen. Ich gucke mir immer Deine Bilder an und lege sie vor mich hin, dann küsse ich sie auch. Jaja, mein lieber, süßer, guter Adolf, die Liebe ist echt wie Gold. (…) Also nun, mein Süßer, nehme ich auch an, daß Du mein Paket bekommen hast mit dem Kuchen und daß er Dir auch gut geschmeckt hat. Was ich an Dich schicke, ist alles aus reiner Liebe. Nun werde ich schließen. Sei Du, mein lieber, süßer, guter Adolf, vieltausendmal gegrüßt und geküßt von Deiner

lieben guten Miele.«

»Liebster, heißersehnter Mann, Herzensbester!
Wölflein!

Liebling, darf ich bald zu Dir kommen? Oder zweifelst Du an meiner Liebe? Kannst ruhig schlafen, sie ist echt. Heute hatte ich starke Sehnsucht nach Dir, und es ist manchmal nicht sehr leicht, immer in Entsagung zu leben. (…) Gönne Du mir ein wenig Erholung. Vergiß mich nicht, und laß mir Dein Herz leuchten in seiner ganzen Frische. Dir, mein Guter, eine angenehme Nacht.

Gott mir Dir.

Spanne mich nicht mehr auf die Folter, und gönne mir die Lebensfreude. Dir, großer Mann, herzliche Küsse und bald einen herzlichen Genuß.

›Heil Adölflein‹
Eva K.«

»Sehr verehrter Herr Oberreichskanzler!

Wäre es Ihnen möglich, mir beiliegenden Vertrag unterschrieben wieder zukommen zu lassen?

Mit vorzüglichster Hochachtung
Anne Marie R.
M. V.«

Der beiliegende Vertrag liest sich wie folgt:

»Heiratsvertrag.

Der Unterzeichnete bezeugt hiermit, Fräulein Anne-Marie R. (M.V.) zum gesetzlichen Ehegatten zu nehmen.«

»Lieber Führer!

Alle haben Dir schon längst ihr Opfer gebracht, nur ich Säumige zögerte so lange damit, weil ich nichts als Torheiten beging. Wirst Du nun das meine noch annehmen wollen? Ich habe ja nichts als meine Liebe zu Dir. Wenn Du die jetzt noch willst, dann, lieber Führer, nimm sie Dir. Sonst habe ich ja nichts, was ich Dir zum Opfer bringen könnte, als nur diese Liebe. Ich besitze außerdem absolut nichts, gar nichts mehr, ich sage es gleich, ich selber bin nur klein und unscheinbar, und meine Liebe zu Dir ist groß, und die gebe ich Dir ganz, o nimm sie hin.

Deine Emmi«

[25] Die Briefwechsel zwischen Reichskanzlei und Polizei sind ebenfalls in Ulshöfers Buch dokumentiert.

[26] Fest, *Hitler*, S. 467

[27] zit. nach Knopp, *Hitler*, S. 146

2. Joseph Goebbels

[1] Fest, *Gesicht des Dritten Reiches*, S. 123
[2] Goebbels, *Tagebücher*, S. 2
[3] Goebbels, *Tagebücher*, S. 193
[4] Fest, *Gesicht des Dritten Reiches*, S. 123
[5] Fraenkel, *Goebbels*, S. 19f.
[6] Peuschel, *Männer um Hitler*, S. 45
[7] Fraenkel, *Goebbels*, S. 48
[8] Fest, *Gesicht des Dritten Reiches*, S. 125
[9] Goebbels, *Michael*. Zitiert nach Michel: *Vom Poeten zum Demagogen*
[10] Fraenkel, *Goebbels*, S. 62
[11] Fraenkel, *Goebbels*, S. 63
[12] Fraenkel, *Goebbels*, S. 64f.
[13] Fraenkel, *Goebbels*, S. 68
[14] Goebbels, *Tagebücher*, S. 124ff.
[15] Goebbels, *Tagebücher*, S. 141
[16] Goebbels, *Tagebücher*, S. 182
[17] Goebbels, *Tagebücher*, S. 269
[18] Fest, *Gesicht des Dritten Reiches*, S. 125
[19] Goebbels, *Tagebücher*, S. 185
[20] Fest, *Gesicht des Dritten Reiches*, S. 125
[21] Peuschel, *Männer um Hitler*, S. 51
[22] zit. nach Fest, *Gesicht des Dritten Reiches*, S. 128
[23] Fraenkel, *Goebbels*, S. 150
[24] Wykes, *Goebbels*, S. 81
[25] Fraenkel, *Goebbels*, S. 151
[26] Fraenkel, *Goebbels*, S. 154
[27] Von dieser Aussprache berichtete Lida Baarova den Autoren Fraenkel und Manvell (Fraenkel, *Goebbels*, S. 245).
[28] Fraenkel, *Goebbels*, S. 245
[29] Heiber, *Goebbels*, S. 253
[30] Wykes, *Goebbels*, S. 142
[31] Fest, *Gesicht des Dritten Reiches*, S. 133

[32] Heiber, *Goebbels*, S. 257
[33] zit. nach Heiber, *Goebbels*, S. 255
[34] zit. nach Fraenkel, *Goebbels*, S. 320f.
[35] Fraenkel, *Goebbels*, S. 248

3. Hermann Göring

[1] Fest, *Gesicht des Dritten Reiches*, S. 103
[2] Peuschel, *Männer um Hitler*, S. 74
[3] Paul, *Wer war Hermann Göring*, S. 57
[4] Peuschel, *Männer um Hitler*, S. 76
[5] Paul, *Hermann Göring*, S. 67
[6] Paul, *Hermann Göring*, S. 67
[7] Peuschel, *Männer um Hitler*, S. 76
[8] Fest, *Hitler*, S. 215
[9] vgl. Peuschel, *Männer um Hitler*, S. 79
[10] Martens, *Göring*, S. 18
[11] Martens, *Göring*, S. 18f.
[12] Paul, *Hermann Göring*, S. 118
[13] zit. nach Peuschel, *Männer um Hitler*, S. 83
[14] zit. nach Fest, *Gesicht des Dritten Reiches*, S. 105
[15] Fest, *Gesicht des Dritten Reiches*, S. 112
[16] Fest, *Gesicht des Dritten Reiches*, S. 112f.
[17] zit. nach Fest, *Gesicht des Dritten Reiches*, S. 105
[18] zit. nach Peuschel, *Männer um Hitler*, S. 64
[19] Paul, *Hermann Göring*, S. 226
[20] Diese Szene soll sich laut Emmy Görings Memoiren *(An der Seite meines Mannes)* so abgespielt haben; weiter ist der Vorfall nicht zu belegen.
[21] Fest, *Gesicht des Dritten Reiches*, S. 114
[22] Fest, *Gesicht des Dritten Reiches*, S. 115
[23] Paul, *Hermann Göring*, S. 112
[24] Fest, *Hitler*, S. 773
[25] Fest, *Hitler*, S. 773f.
[26] Paul, *Hermann Göring*, S. 218

[27] Martens, *Göring*, S. 128
[28] Paul, *Hermann Göring*, S. 219
[29] Martens, *Göring*, S. 113

4. Ernst Röhm und die »schwule« SA – Homosexualität in NS-Organisationen

[1] Gritscheneder, *»Der Führer hat sie zum Tode verurteilt«*, S. 18ff.
[2] Gritscheneder, *»Der Führer hat sie zum Tode verurteilt«*, S. 29ff.; vgl. auch Roschmann, *»Röhm-Putsch 1934«*, S. 27; Jellonnek, *Homosexuelle unter dem Hakenkreuz*, S. 69ff.
[3] Jordan, *Der 30. Juni 1934.*, S. 18
[4] *Völkischer Beobachter* vom 1.7.1934
[5] Historiker sind sich bezüglich der wahren Motive der Mordaktion einig: vgl. Jordan, *Der 30. Juni 1934*, S. 21; Roschmann, *»Röhm-Putsch 1934«*, S. 34; Gossweiler, *Die Röhm-Affäre*, passim; *Weißbuch über die Erschießungen am 30. Juni 1934*, passim
[6] Jordan, *Der 30. Juni 1934*, S. 21; Roschmann, *»Röhm-Putsch 1934«*, S. 34
[7] Höhne, *Mordsache Röhm*, S. 312: Otto Gritscheneder, *»Der Führer hat sie zum Tode verurteilt«*, S. 51
[8] Jordan, *Der 30. Juni 1934*, S. 27
[9] *Weißbuch über die Erschießungen am 30. Juni 1934*, S. 88.
[10] Jordan, *Der 30. Juni 1934*, S. 15
[11] Jordan, *Der 30. Juni 1934*, S. 15; Höhne, *Mordsache Röhm*, S. 310
[12] *Völkischer Beobachter* vom 1.7.1934
[13] *Völkischer Beobachter* vom 1.7.1934
[14] Blüher, *Die Rolle der Erotik*, passim
[15] Höhne, *Mordsache Röhm*, S. 310
[16] Höhne, *Mordsache Röhm*, S. 310
[17] Plant, *The Pink Triangle*, S. 125
[18] Jellonnek, *Homosexuelle unter dem Hakenkreuz*, S. 95ff.

[19] Grau (Hg.), *Homosexualität in der NS-Zeit*, S. 209
[20] Grau (Hg.), *Homosexualität in der NS-Zeit*, S. 209f.
[21] Grau (Hg.), *Homosexualität in der NS-Zeit*, S. 210
[22] Grau (Hg.), *Homosexualität in der NS-Zeit*, SS. 211f., 242ff.
[23] Klassen, Oxenius, *Jugendgruppierungen*, S. 73; Jellonnek, *Homosexuelle unter dem Hakenkreuz*
[24] Grau (Hg.), *Homosexualität in der NS-Zeit*, S. 278

II. Die Forscher

[1] Roth, *›Auslese‹ und ›Ausmerze‹*, S. 159.

1. Liebe, Lust und Rassismus – Sex im Zeichen des »arischen Gedankens«

[1] Bock, *Zwangssterilisationen*, passim
[2] Baader, *Rassenhygiene und Eugenik*, S. 36-42; Scherer, *›Asozial‹ im Dritten Reich*, S. 20
[3] Hitler, *Mein Kampf*, S. 449
[4] Schmuhl, *Sterilisation, ›Euthanasie‹, ›Endlösung‹*, S. 300f.
[5] Czarnowski, *Das kontrollierte Paar*, S. 35; Scherer, *›Asozial‹ im Dritten Reich*, S. 26
[6] Scherer, *›Asozial‹ im Dritten Reich*, S. 21
Mühlfeld, Schönweiss, *Nationalsozialistische Familienpolitik*, S. 19
[7] Hitler, *Mein Kampf*, S. 481f
[8] Mühlfeld, Schönweiss, *Nationalsozialistische Familienpolitik*, S. 75.
[9] Mühlfeld, Schönweiss, *Nationalsozialistische Familienpolitik*, SS. 44, 75f., 78
[10] Mann, *Biologismus*, S. 31
[11] Mann, *Biologismus*, S. 34

[12] Mann, *Biologismus*, S. 31
[13] Baader, *Rassenhygiene und Eugenik*, S. 37: Mann, *Biologismus*, SS. 28, 31f.
[14] Hitler, *Mein Kampf*, S. 316; Mühlfeld, Schönweiss, *Nationalsozialistische Familienpolitik*, S. 23; Mann, *Biologismus*, S. 33
[15] Baader, *Rassenhygiene und Eugenik*, S. 37; Mühlfeld, Schönweiss, *Nationalsozialistische Familienpolitik*, S. 21
[16] Ploetz, *Tüchtigkeit*, S. 145
[17] Mann, *Biologismus*, S. 33; Baader, *Rassenhygiene und Eugenik*, S. 39f.; Mühlfeld, Schönweiss, *Nationalsozialistische Familienpolitik*, S. 23; Scherer, *›Asozial‹ im Dritten Reich*, S. 23
[18] Baader, *Rassenhygiene und Eugenik*, S. 41

2. Zwischen »Auslese« und »Ausmerze« – Zwangssterilisationen im Dritten Reich

[1] Schmuhl, *Sterilisation, ›Euthanasie‹, ›Endlösung‹*, S. 296
[2] Schmuhl, *Sterilisation, ›Euthanasie‹, ›Endlösung‹*, S. 305; vgl. Mühlfeld, Schönweiss, *Nationalsozialistische Familienpolitik*, S. 44
[3] Czarnowski, *Das kontrollierte Paar*, S. 35
[4] Bastian, *Furchtbare Ärzte*, S. 46f.
[5] Stoll, *Mit Hansi zum Endsieg*.
[6] Bastian, *Furchtbare Ärzte*, S. 46
[7] Hix, *Zwangssterilisierungen*, S. 232
[8] Hix, *Zwangssterilisierungen*, S. 237
[9] Hix, *Zwangssterilisierungen*, S. 237; Roth, *›Auslese‹ und ›Ausmerze‹*, S. 157f.; vgl. Mühlfeld, Schönweiss, *Nationalsozialistische Familienpolitik*, S. 143; Rothmaler, *Zwangssterilisationen*, S. 137
[10] Roth, *›Auslese‹ und ›Ausmerze‹*, S. 153; vgl. Mühlfeld, Schönweiss, *Nationalsozialistische Familienpolitik*, S. 143
[11] Hix, *Zwangssterilisierungen*, S. 237

[12] Hix, *Zwangssterilisierungen*, S. 237ff.
[13] Rothmaler, *Zwangssterilisationen*, S. 143
[14] Hix, *Zwangssterilisierungen*, S. 232; Rothmaler, *Zwangssterilisationen*, S. 137, 140f.
[15] Hix, *Zwangssterilisierungen*, 239
[16] Hix, *Zwangssterilisierungen*, S. 234
[17] Rothmaler, *Zwangssterilisationen*, S. 141; Hix, *Zwangssterilisierungen*, S. 234
[18] Hix, *Zwangssterilisierungen*, S. 242; Rothmaler, *Zwangssterilisationen*, S. 141
[19] Hix, *Zwangssterilisierungen*, S. 234
[20] Rothmaler, *Zwangssterilisationen*, S. 143
[21] Hix, *Zwangssterilisierungen*, S. 242
[22] Czarnowski, *Das kontrollierte Paar*, S. 153
[23] Czarnowski, *Das kontrollierte Paar*, S. 210
[24] Czarnowski, *Das kontrollierte Paar*, S. 216
[25] Scherer, *›Asozial‹ im Dritten Reich*, S. 26; Czarnowski, *Das kontrollierte Paar*, S. 210
[26] Roth, *›Auslese‹ und ›Ausmerze‹*, S. 158; Czarnowski, *Das kontrollierte Paar*, S. 153
[27] Czarnowski, *Das kontrollierte Paar*, S. 153
[28] Scherer, *›Asozial‹ im Dritten Reich*, S. 27
[29] Schmuhl, *Sterilisation, ›Euthanasie‹, ›Endlösung‹*, S. 306
[30] Reiter, *Unerwünschter Nachwuchs*, S. 225-236

3. »Versuchslabor« KZ – Die NS-Medizin und die Sexualität

[1] Toellner, *Ärzte im ›Dritten Reich‹*, S. 22
[2] Toellner, *Ärzte im ›Dritten Reich‹*, S. 19f.
[3] Klee, *Auschwitz*, S. 488
[4] Klee, *Auschwitz*, S. 73
[5] *Bericht Menschenversuche*, S. 2; Mitscherlich, Mielke, *Medizin ohne Menschlichkeit*, S. 237; vgl. auch Klier, *Die Kaninchen von Ravensbrück*, SS. 153, 156

[6] Klier, *Die Kaninchen von Ravensbrück*, S. 153

[7] Lifton, *Ärzte im Dritten Reich*, S. 43; Klier, *Die Kaninchen von Ravensbrück*, S. 156; Klee, *Auschwitz*, S. 85f.; Bastian, *Furchtbare Ärzte*, S. 85ff.

[8] *Trials of War Criminals*, Bd. 1, NO-212; Clauberg an Himmler, 7.6.1943

[9] Klee, *Auschwitz*, S. 86; Klier, *Die Kaninchen von Ravensbrück*, S. 157: Lifton, *Ärzte im Dritten Reich*, S. 309f.

[10] Lifton, *Ärzte im Dritten Reich*, SS. 310f., 317; Klier, *Die Kaninchen von Ravensbrück*, S. 157

[11] *Trials of War Criminals*, Bd. 1, NO-205; Viktor Brack an Heinrich Himmler, 23.6.1942

[12] Klier, *Die Kaninchen von Ravensbrück*, S. 156 f; Lifton, *Ärzte im Dritten Reich*, S. 320

[13] Lifton, *Ärzte im Dritten Reich*, S. 319ff.

[14] Lifton, *Ärzte im Dritten Reich*, S. 323

[15] Interview von Robert Jay Lifton mit einem Opfer, in: Lifton, *Ärzte im Dritten Reich*, S. 324

[16] Lifton, *Ärzte im Dritten Reich*, S. 324

[17] Klier, *Die Kaninchen von Ravensbrück*, S. 150 siehe auch S. 147 ff; vgl. Bastian, *Furchtbare Ärzte*, S. 75f.

[18] Klier, *Die Kaninchen von Ravensbrück*, S. 151

[19] Klier, *Die Kaninchen von Ravensbrück*, S. 151

[20] Klier, *Die Kaninchen von Ravensbrück*, S. 120

[21] Klier, *Die Kaninchen von Ravensbrück*, S. 120, 224f.

[22] Klier, *Die Kaninchen von Ravensbrück*, S. 121f.

[23] Lifton, *Ärzte im Dritten Reich*, S. 177, 258

[24] Lengyel, *Five Chimneys*, S. 99

[25] Erinnerungen Selma Meerbaum-Eisingers und Hanna Wasilczensko-Lubiczs in: Bromberger, Elling, Freyberg, Krause-Schmitt, *Schwestern, vergeßt uns nicht*, S. 71

[26] Bericht von Hanna Wasilczensko-Lubicz in: Bromberger, Elling, Freyberg, Krause-Schmitt, *Schwestern vergeßt uns nicht*, S. 71

[27] Erinnerungen Selma Meerbaum-Eisingers in: Bromberger, Elling, Freyberg, Krause-Schmitt, *Schwestern vergeßt uns nicht*, S. 71

[28] Klier, *Die Kaninchen von Ravensbrück*, S. 245

[29] Klier, *Die Kaninchen von Ravensbrück*, S. 245

[30] Klier, *Die Kaninchen von Ravensbrück*, S. 245

4. Heinrich Himmlers »Lebensborn e.V.«

[1] zit. nach Lilienthal, *Medizin und Rassenpolitik*

[2] Lilienthal, *Medizin und Rassenpolitik*, S. 56

[3] zit. nach Schmitz-Köster, *Deutsche Mutter*, S. 30f.

[4] Schmitz-Köster, *Deutsche Mutter*, S. 31

[5] Schmitz-Köster, *Deutsche Mutter*, S. 39

[6] Lilienthal, *Lebensborn*, S. 27

[7] Lilienthal, *Lebensborn*, S. 48

[8] Lilienthal, *Lebensborn*, S. 47f.

[9] Lilienthal, *Lebensborn*, S. 66f.

[10] zit. nach Lilienthal, *Lebensborn*, S. 96f.

[11] Lilienthal, *Lebensborn*, S. 149

[12] zit. nach Lilienthal, *Lebensborn*, S. 156

[13] Drolshagen, *Nicht ungeschoren davonkommen*, S. 93f. Für weiterführende Informationen vgl. Kapitel IV/1.

[14] zit. nach Lilienthal, *Lebensborn*, S. 189

[15] zit. nach Beckmann, *Kinder als Opfer des Nationalsozialismus*, S. 16

[16] Lilienthal, *Lebensborn*, S. 209ff.

[17] Lilienthal, *Lebensborn*, S. 228

[18] Schmitz-Köster, *Deutsche Mutter*, S. 29, und Lilienthal, *Lebensborn*, S. 24

5. Eros und Kunst

[1] Der Kunsthistoriker Richard Hamann hielt den Vortrag im August 1945 im Rundfunk der amerikanischen Besatzungszone. Alle Aussagen zit. nach Mathieu, *Kunstauffassungen*, S. 12f.

[2] Hitler, *Mein Kampf*, S. 311ff.

[3] Hitler, *Mein Kampf*, S. 317

[4] Hitler, *Mein Kampf*, S. 312

[5] Hitler, *Mein Kampf*, S. 332

[6] zit. nach Wulf, *Die bildenden Künste*, S. 237

[7] Mathieu, *Kunstauffassungen*, S. 40

[8] zit. nach Mathieu, *Kunstauffassungen*, S. 51

[9] Wulf, *Die bildenden Künste*, S. 6

[10] zit. nach Mathieu, *Kunstauffassungen*, S. 184

[11] Wulf, *Die bildenden Künste*, S. 241

[12] Wulf, *Die bildenden Künste*, S. 242

[13] Kaufmann, *Die deutsche Malerei*, S. 133f.

[14] Mühlfeld, Schönweiss, *Nationalsozialistische Familienpolitik*, S. 118f.

[15] Mosse, *Nationalism and Sexuality*, S. 163

[16] Wulf, *Die bildenden Künste*, S. 211

[17] zit. nach Pini, *Leibeskult*, S. 139

[18] zit. nach Pini, *Leibeskult*, S. 141

[19] Pini, *Leibeskult*, S. 141

[20] Pini, *Leibeskult*, S. 142f.

[21] zit. nach Pini, *Leibeskult*, S. 148

[22] zit. nach Pini, *Leibeskult*, S. 150

[23] zit. nach Pini, *Leibeskult*, S. 150

[24] Mosse, *Nationalism and Sexuality*, S. 171ff.

[25] Mosse, *Nationalism and Sexuality*, S. 173

[26] Hitler, *Mein Kampf*, S. 457f.

III. Die Familie

[1] Thalmann, *Frausein im Dritten Reich*, S. 156; Schoppmann, *Nationalsozialistische Sexualpolitik*, S. 19

1. Die NS-Familie

[1] Scherer, *›Asozial‹ im Dritten Reich*, S. 97; Eichborn, *Ehestandsdarlehen*, S. 60; Schoppmann, *Nationalsozialistische Sexualpolitik*, S. 19; Thalmann, *Frausein im Dritten Reich*, S. 153; Czarnowski, *›Der Wert der Ehe für die Volksgemeinschaft‹*, S. 78

[2] Kasberger, *Heldinnen waren wir keine*, S. 71

[3] Wagner, *Nationalsozialistische Frauenansichten*, S. 82: Gehmacher, *›Völkische Frauenbewegung‹*, S. 139

[4] Wagner, *Nationalsozialistische Frauenansichten*, S. 81

[5] Wagner, *Nationalsozialistische Frauenansichten*, S. 159

[6] Wagner, *Nationalsozialistische Frauenansichten*, S. 159; Kasberger, *Heldinnen waren wir keine*, S. 70; Czarnowski, *›Der Wert der Ehe für die Volksgemeinschaft‹*, S. 78

[7] *N.S. -Frauen-Warte*, 10. Heft, 3, 1934, S. 295

[8] Czarnowski, *›Der Wert der Ehe für die Volksgemeinschaft‹*, S. 92

[9] Thalmann, *Frausein im Dritten Reich*, S. 124

[10] Gehmacher, *›Völkischer Frauenbewegung‹*, S. 138; Schoppmann, *Nationalsozialistische Sexualpolitik*, S. 19

[11] Gehmacher, *›Völkische Frauenbewegung‹*, S. 138f.; Wagner, *Nationalsozialistische Frauenansichten*, S. 45

[12] Schoppmann, *Nationalsozialistische Sexualpolitik*, S. 19: Thalmann, *Frausein im Dritten Reich*, S. 124

[13] Schoppmann, *Nationalsozialistische Sexualpolitik*, S. 30

[14] Gehmacher, *›Völkische Frauenbewegung‹*, S. 127: Eichborn, *Ehestandsdarlehen*, S. 48

[15] Eichborn, *Ehestandsdarlehen*, S. 48-64

[16] Eichborn, *Ehestandsdarlehen*, S. 56

[17] Czarnowski, *›Der Wert der Ehe …‹*, S. 80

[18] Czarnowski, ›*Der Wert der Ehe für die Volksgemeinschaft*‹, S. 83

[19] Czarnowski, ›*Der Wert der Ehe für die Volksgemeinschaft*‹, S. 80

[20] Eichborn, *Ehestandsdarlehen*, S. 58, 60: Schoppmann, *Nationalsozialistische Sexualpolitik*, S. 19

[21] Thalmann, *Frausein im Dritten Reich*, S. 125

[22] Thalmann, *Frausein im Dritten Reich*, S. 125: Scherer, ›*Asozial*‹ *im Dritten Reich*, S. 43

[23] Eichborn, *Ehestandsdarlehen*, S. 56

[24] Wagner, *Nationalsozialistische Frauenansichten*, S. 42, 47, 79

[25] Rede Adolf Hitlers auf dem Parteitag der NSDAP am 8.9.1934

[26] Wagner, *Nationalsozialistische Frauenansichten*, S. 73; Gehmacher, ›*Völkische Frauenbewegung*‹, S. 127, 137; Rede Adolf Hitlers auf dem Parteitag der NSDAP am 8.9.1934

[27] Wagner, *Nationalsozialistische Frauenansichten*, S. 48

[28] *Ausstellung »Frau und Mutter – Lebensquell des Volkes«*, S. 257

[29] Rede Adolf Hitlers auf dem Parteitag der NSDAP am 8.9.1934

[30] Wagner, *Nationalsozialistische Frauenansichten*, S. 44, 79

[31] Kasberger, *Heldinnen waren wir keine*, S. 70; Thalmann, *Frausein im Dritten Reich*, S. 119

[32] Wagner, *Nationalsozialistische Frauenansichten*, S. 77; Gehmacher, ›*Völkische Frauenbewegung*‹, S. 137

[33] Klaus, *Mädchen im Dritten Reich*, S. 54

[34] Klaus, *Mädchen im Dritten Reich*, S. 54ff.

[35] Klaus, *Mädchen im Dritten Reich*, S. 54f.

[36] Klaus, *Mädchen im Dritten Reich*, S. 56

[37] Klaus, *Mädchen im Dritten Reich*, S. 119

[38] Thalmann, *Frausein im Dritten Reich*, S. 130

39 Klaus, *Mädchen im Dritten Reich*, S. 131

40 Zitiert nach Benz, *Deutsche Frau und deutsche Mutter*

41 Czarnowski, *Das kontrollierte Paar. Ehe- und Sexualpolitik im Nationalsozialismus*, S. 39; Dies., *›Der Wert der Ehe‹*, S. 92f.

42 Rede Josef Goebbels auf der Amtswalterinnentagung der NS-Frauenschaft vom 11.12.1934, zitiert nach Thalmann, *Frausein im Dritten Reich*, S. 81; Thalmann, *Frausein im Dritten Reich*, S. 74, 81

43 Czarnowski, *Das kontrollierte Paar*, S. 39

44 Scherer, *›Asozial‹ im Dritten Reich*, S. 39

45 Rede der Reichsfrauenführerin Gertrud Scholtz-Klink auf dem Nürnberger Reichsparteitag am 8.9.1934

46 Klaus, *Mädchen im Dritten Reich*, S. 52; Mühlfeld, Schönweiss, *Nationalsozialistische Familienpolitik*, S. 118; Scherer, *›Asozial‹ im Dritten Reich*, S. 38

47 Scherer, *›Asozial‹ im Dritten Reich*, S. 47f.

48 Czarnowski, *›Der Wert der Ehe für die Volksgemeinschaft‹*, S. 82

2. »Da lernt man wieder das vornehme Sterben« – Krieg im Kinderzimmer

1 Wagner, *Nationalsozialistische Frauenansichten*, S. 140

2 Bab, *›Frauen helfen siegen‹*, S. 73

3 Bab, *›Frauen helfen siegen‹*, S. 73

4 Bab, *›Frauen helfen siegen‹*, S. 72

5 Wagner, *Nationalsozialistische Frauenansichten*, S. 91

6 Rede Adolf Hitlers auf dem Parteitag der NSDAP am 8.9.1934

7 Mühlfeld, Schönweiss, *Nationalsozialistische Familienpolitik*, S. 128; *Völkischer Beobachter* 25./26.12.1938

8 Wagner, *Nationalsozialistische Frauenansichten*, S. 91; Mühlfeld, Schönweiss, *Nationalsozialistische Familienpolitik*, S. 126; Thalmann, *Frausein im Dritten Reich*, S. 129

[9] Mühlfeld, Schönweiss, *Nationalsozialistische Familienpolitik*, S. 203
[10] Mühlfeld, Schönweiss, *Nationalsozialistische Familienpolitik*, S. 130ff.
[11] Mühlfeld, Schönweiss, *Nationalsozialistische Familienpolitik*, S. 199f.
[12] Benz, *Deutsche Frau und deutsche Mutter*, passim; Dies., *Brutsstätten der Nation*, passim
[13] Wagner, *Nationalsozialistische Frauenansichten*, S. 81f.
[14] Benz, *Deutsche Frau und deutsche Mutter*, S. 150
[15] Sosnowski, *The Tragedy of Children*, S. 17
[16] Sosnowski, *The Tragedy of Children*, S. 13, 21ff.; Johansen, *»Ich wollt', ich wäre nie geboren.«*, S. 143
[17] Sosnowski, *The Tragedy of Children*, S. 16f.
[18] Johansen, *»Ich wollt', ich wäre nie geboren.«*, S. 144
[19] Sosnowski, *The Tragedy of Children*, S. 21
[20] Johansen, *»Ich wollt', ich wäre nie geboren.«*, S. 141
[21] Sosnowski, *The Tragedy of Children*, S. 12
[22] Sosnowski, *The Tragedy of Children*, S. 14
[23] Sosnowski, *The Tragedy of Children*, S. 14
[24] Scholtz, *Erziehung und Unterricht unterm Hakenkreuz*, S. 106, 179
[25] Wagner, *Nationalsozialistische Frauenansichten*, S. 140
[26] Wagner, *Nationalsozialistische Frauenansichten*, S. 82ff., 141
[27] Wagner, *Nationalsozialistische Frauenansichten*, S. 85
[28] Bab, *›Frauen helfen siegen‹*, S. 73
[29] Die Neue Gemeinschaft, zitiert nach: Weyrather, *Muttertag und Mutterkreuz*, S. 203

3. »Schweigend ehrt man den Schmerz am besten!« – Familien im Krieg

[1] Larney, *Children of World War II*, S. 136
[2] Meyer, Schulze, *Von Liebe sprach damals keiner*, S. 41
[3] Meyer, Schulze, *Von Liebe sprach damals keiner*, S. 41
[4] Meyer, Schulze, *Von Liebe sprach damals keiner*, S. 49
[5] Kasberger, *Heldinnen waren wir keine*, S. 87
[6] Meyer, Schulze, *Von Liebe sprach damals keiner*, S. 56: Kasberger, *Heldinnen waren wir keine*, S. 87, 89
[7] Meyer, Schulze, *Von Liebe sprach damals keiner*, S. 155
[8] Interview mit Hans Prochow in: Meyer, Schulze, *Von Liebe sprach damals keiner*, S. 69
[9] Interview mit Harry Falk, in: Meyer, Schulze, *Von Liebe sprach damals keiner*, S. 56
[10] Thalmann, *Frausein im Dritten Reich*, S. 154
[11] Kasberger, *Heldinnen waren wir keine*, S. 191
[12] Meyer, Schulze, *Von Liebe sprach damals keiner*, S. 43; Kasberger, *Heldinnen waren wir keine*, S. 92
[13] Kasberger, *Heldinnen waren wir keine*, S. 92
[14] Kasberger, *Heldinnen waren wir keine*, S. 92ff.; Meyer, Schulze, *Von Liebe sprach damals keiner*, S. 135
[15] Kasberger, *Heldinnen waren wir keine*, S. 95
[16] Walter, Eckstein, *Denunziationen*, S. 144
[17] Kasberger, *Heldinnen waren wir keine*, S. 96
[18] Meyer, Schulze, *Von Liebe sprach damals keiner*, S. 50
[19] Kasberger, *Heldinnen waren wir keine*, S. 191; Meyer, Schulze, *Von Liebe sprach damals keiner*, S. 50
[20] Interview mit Edith Eggert, in: Meyer, Schulze, *Von Liebe sprach damals keiner*, S. 51
[21] Meyer, Schulze, *Von Liebe sprach damals keiner*, S. 50
[22] Larney, *Children of World War II*, S. 133f.
[23] Larney, *Children of World War II*, S. 134f.
[24] Larney, *Children of World War II*, S. 136f.; »There was the rough uniforms, the scratchy buttons, sitting on a

man's knees, being caressed and hugged – something especially the girls enjoyed and missed when their fathers left.«: Siehe auch Kasberger, *Heldinnen waren wir keine*, S. 92

[25] Interview mit Dora Brandenburg, in: Meyer, Schulze, *Von Liebe sprach damals keiner*, S. 145f.; Larney, *Children of World War II*, S. 137, 142

[26] Meyer, Schulze, *Von Liebe sprach damals keiner*, S. 51ff.

[27] Johansen, *»Ich wollt', ich wäre nie geboren«*, S. 181; Kasberger, *Heldinnen waren wir keine*, S. 190; Meyer, Schulze, *Von Liebe sprach damals keiner*, S. 52

[28] Interview geführt von Beate Meyer am 24.7.1991

[29] Scholtz, *Erziehung und Unterricht unterm Hakenkreuz*, S. 106, 179; Meyer, Schulze, *Von Liebe sprach damals keiner*, S. 60

[30] Heinl, *»Maifkäfer flieg, dein Vater ist im Krieg …«*, S. 56: siehe auch S. 18, 27ff., 34, 53, 55

IV. Die Front

1. Die Soldaten im Westen

[1] Hitler, *Mein Kampf*, S. 699

[2] Drolshagen, *Nicht ungeschoren davonkommen*

[3] Duras, *Hiroshima Mon Amour*, S. 13

[4] Meldung in *Sunnmøre Arbeideravis*, 4.9.1945, zit. nach Drolshagen, *Nicht ungeschoren davonkommen*, S. 40f.

[5] Osten-Sacken, *Deutsche »War-Brides« nach dem Zweiten Weltkrieg*, passim

[6] Drolshagen, *Nicht ungeschoren davonkommen*, S. 66

[7] Drolshagen, *Nicht ungeschoren davonkommen*, S. 87

[8] Beauvoir, *Kriegstagebuch*, S. 400ff.

[9] Das Zahlenmaterial ist zum größten Teil Drolshagens *Nicht ungeschoren davonkommen*, S. 93ff. entnommen, die verschiedene diesbezügliche Untersuchungen zusammenfaßt, nämlich Madeleine Bunting, *The Model Occupation, The Channel Island under German Rule, 1940-1945*, London 1995; Sander und Johr (Hg.), *BeFreier und Befreite. Krieg, Vergewaltigung, Kinder*. Warring, *Danske tyskerpiger – hverken ofre eller forrædere*, in: Dag Ellingsen, Inga Dóra Björnsdóttir, Anette Warring, *Kvinner, Krig og Kjaerlighet*, Oslo 1995

[10] Lilienthal, *Lebensborn*, S. 163f.

[11] Lilienthal, *Lebensborn*, S. 170ff.

[12] Lilienthal, *Lebensborn*, S. 177

[13] Lilienthal, *Lebensborn*, S. 187f.

[14] Lilienthal, *Lebensborn*, S. 190f.

[15] Internationaler Militärgerichtshof Nürnberg, S. 445f.

[16] Internationaler Militärgerichtshof Nürnberg, S. 447

2. Die Soldaten im Osten

[1] Beck, *Vergewaltigung*, S. 46

[2] Beck, *Vergewaltigung*, S. 35

[3] Bastian, *Furchtbare Soldaten*, S. 94

[4] Beck, *Vergewaltigung*, S. 41

[5] Brownmiller, *Gegen unseren Willen*, S. 60f.

[6] Brownmiller, *Gegen unseren Willen*, S. 56

[7] Beck, *Vergewaltigung*, S. 43f.

[8] Beck, *Vergewaltigung*, S. 47

[9] Brownmiller, *Gegen unseren Willen*, S. 58

[10] Brownmiller, *Gegen unseren Willen*, S. 58

[11] Brownmiller, *Gegen unseren Willen*, S. 58

3. »Frau komm!« – Sexuelle Gewalt bei Kriegsende

[1] Seifert, *Krieg und Vergewaltigung*, S. 2, 7

[2] Seifert, *Krieg und Vergewaltigung*, SS. 2f., 17; vgl. dazu auch: Brownmiller, *Gegen unseren Willen*, S. 55

[3] Seifert, *Krieg und Vergewaltigung*, S. 11

[4] Sander, Johr (Hg.), *BeFreier und Befreite*, S. 21; Seifert, *Krieg und Vergewaltigung*, SS. 7, 18

[5] Sander, Johr (Hg.), *BeFreier und Befreite*, S. 46

[6] Sander, Johr (Hg.), *BeFreier und Befreite*, S. 46

[7] Ryan, *The Last Battle*, SS. 34, 36; Boveri, *Tage des Überlebens*, S. 92

[8] Andreas-Friedrich, *Schauplatz Berlin*, S. 22f.: Boveri, *Tage des Überlebens*, S. 79; Lehndorff, *Ostpreußisches Tagebuch*, S. 40

[9] Ryan, *The Last Battle*, S. 33: Beck, *Vergewaltigung von Frauen*, S. 38

[10] Beck, *Vergewaltigung von Frauen*, S. 38: Seifert, *Krieg und Vergewaltigung*, S. 1; Sander, Johr (Hg.), *BeFreier und Befreite*, S. 48, 54f.

[11] Sander, Johr (Hg.), *BeFreier und Befreite*, S. 47

[12] Beck, *Vergewaltigung von Frauen*, S. 39

[13] Sander, Johr (Hg.), *BeFreier und Befreite*, S. 58

[14] Seifert, *Krieg und Vergewaltigung*, S. 20

[15] Ryan, *The Last Battle*, S. 389; Ehemaliges Ministerium für Vertriebene, Flüchtlinge und Kriegsgeschädigte (Hg.), *Die Vertreibung der deutschen Bevölkerung*, Band 1, S. 297, 299

[16] Ehemaliges Ministerium für Vertriebene, Flüchtlinge und Kriegsgeschädigte (Hg.), *Die Vertreibung der deutschen Bevölkerung*, Band 1, S. 297; siehe auch S. 299

[17] Beck, *Vergewaltigung von Frauen*, S. 39; Ryan, *The Last Battle*, S. 34; Ehemaliges Ministerium für Vertriebene, Flüchtlinge und Kriegsgeschädigte (Hg.), *Die Vertreibung der deutschen Bevölkerung*, Band 1, S. 62E

[18] Andreas-Friedrich, *Schauplatz Berlin*, S. 22; Beck, *Vergewaltigung von Frauen*, S. 39, 41; Boveri, *Tage des Überlebens*, S. 97

[19] Andreas-Friedrich, *Schauplatz Berlin*, S. 24

[20] Sander, Johr (Hg.), *BeFreier und Befreite*, S. 24f.

[21] Andreas-Friedrich, *Schauplatz Berlin*, S. 22; Sander, Johr (Hg.), *BeFreier und Befreite*, S. 24; Ehemaliges Ministerium für Vertriebene, Flüchtlinge und Kriegsgeschädigte (Hg.), *Die Vertreibung der deutschen Bevölkerung*, Band 1, S. 61E

[22] Andreas-Friedrich, *Schauplatz Berlin*, S. 22; Sander, Johr (Hg.), *BeFreier und Befreite*, S. 25

[23] Interview mit Anna Falk, in: Meyer, Schulze, *Von Liebe sprach damals keiner*, S. 133

[24] Boveri, *Tage des Überlebens*, S. 114; Ehem. Ministerium für Vertriebene, Flüchtlinge und Kriegsgeschädigte (Hg.), *Die Vertreibung der deutschen Bevölkerung*, Band 1, S. 299

[25] Hans Graf Lehndorff, *Ostpreußisches Tagebuch*, S. 85; Cornelius Ryan, *The Last Battle*, S. 388; Margret Boveri, *Tage des Überlebens*, S. 128

[26] Lehndorff, *Ostpreußisches Tagebuch*, S. 85

[27] Krockow, *Die Stunde der Frauen*, S. 122; Sander, Johr (Hg.), *BeFreier und Befreite*, S. 26

[28] Ryan, *The Last Battle*, S. 388

[29] Andreas-Friedrich, *Schauplatz Berlin*, S. 25

[30] Sander, Johr (Hg.), *BeFreier und Befreite*, S. 39; Ehemaliges Ministerium für Vertriebene, Flüchtlinge und Kriegsgeschädigte (Hg.), *Die Vertreibung der deutschen Bevölkerung*, Band 1, S. 453

[31] Brownmiller, *Gegen unseren Willen*, S. 79; Sander, Johr (Hg.), *BeFreier und Befreite*, S. 34f., 62

[32] Brownmiller, *Gegen unseren Willen*, S. 79

[33] Brownmiller, *Gegen unseren Willen*, passim

[34] Meyer, Schulze, *Von Liebe sprach damals keiner*, S. 134

V. Im Fadenkreuz

1. Männer mit dem rosa Winkel – Die Verfolgung homosexueller Männer im NS-Staat

[1] Grau (Hg.), *Homosexualität in der NS-Zeit*, S. 33f., siehe auch S. 54ff.

[2] Jellonnek, *Homosexuelle unter dem Hakenkreuz*, S. 99

[3] Jellonnek, *Homosexuelle unter dem Hakenkreuz*, S. 99

[4] Grau (Hg.), *Homosexualität in der NS-Zeit*, S. 31, 125

[5] Meisinger, *Bekämpfung der Abtreibung und Homosexualität*, S. 149

[6] Oxenius, *Zucht und Unzucht*, S. 48

[7] Heinrich Himmler, *Geheime Reden*, S. 94

[8] Sparing, *»… wegen Vergehen nach §175 verhaftet*, S. 69

[9] Meisinger, *Bekämpfung der Abtreibung und Homosexualität*, S. 151

[10] Sparing, *»… wegen Vergehen nach §175 verhaftet«*, S. 70

[11] Grau (Hg.), *Homosexualität in der NS-Zeit*, S. 139ff.

[12] Gürntke, Müller, *»Ihr habt nur das, was ihr verdient«*, S. 124: Grau (Hg.), *Homosexualität in der NS-Zeit*, S. 242f.

[13] Grau (Hg.), *Homosexualität in der NS-Zeit*, S. 54ff.

[14] Sparing, *»… wegen Vergehen nach §175 verhaftet«*, S. 107

[15] Sparing, *»… wegen Vergehen nach §175 verhaftet«*, S. 111ff.

[16] Sparing, *»… wegen Vergehen nach §175 verhaftet«*, S. 109

[17] Müller, *Die alltägliche Angst*, S. 97

[18] Oxenius, *Zucht und Unzucht*, S. 49: Müller, *Die alltägliche Angst*, S. 98; Sparing, *»… wegen Vergehen nach §175 verhaftet«*, S. 84

[19] Grau (Hg.), *Homosexualität in der NS-Zeit*, S. 327ff.

[20] Oxenius, *Zucht und Unzucht*, S. 52f.

[21] Jellonnek, *Homosexuelle unter dem Hakenkreuz*, S. 24f.

[22] Oxenius, *Zucht und Unzucht*, S. 48

[23] *Das Schwarze Korps*, 4.3.1937

[24] Nina Oxenius, *Zucht und Unzucht*, S. 49
[25] Sparing, *»... wegen Vergehen nach §175 verhaftet«*, S. 186
[26] Grau (Hg.), *Homosexualität in der NS-Zeit*, S. 244
[27] Sparing, *»... wegen Vergehen nach §175 verhaftet«*, S. 186
[28] Sparing, *»... wegen Vergehen nach §175 verhaftet«*, S. 187
[29] Sparing, *»... wegen Vergehen nach §175 verhaftet«*, S. 187
[30] Gürntke, Müller, *»Ihr habt nur das, was ihr verdient«*, S. 124; Sparing, *»... wegen Vergehen gegen §175 verhaftet«*, S. 188ff.
[31] Plant, *The Pink Triangle*, S. 169
[32] Gürntke, Müller, *»Ihr habt nur das, was ihr verdient«*, S. 124: Sparing, *»... wegen Vergehen gegen §175 verhaftet«*, S. 166
[33] Gürntke, Müller, *»Ihr habt nur das, was ihr verdient«*, S. 124; Sparing, *»... wegen Vergehen gegen §175 verhaftet«*, S. 166
[34] Sparing, *»... wegen Vergehen gegen §175 verhaftet«*, S. 172
[35] Jellonnek, *Homosexuelle unter dem Hakenkreuz*, S. 141ff.
[36] Jellonnek, *Homosexuelle unter dem Hakenkreuz*, S. 145
[37] Gürntke, Müller, *»Ihr habt nur das, was ihr verdient«*, S. 125f.
[38] Gürntke, Müller, *»Ihr habt nur das, was ihr verdient«*, S. 128

2. Frauenliebe im Dritten Reich

[1] Schoppmann, *Zeit der Maskierung*, S. 11f.; Kokula, *Zur Situation lesbischer Frauen*, S. 29
[2] Kokula, *Zur Situation lesbischer Frauen*, S. 29; Schoppmann, *Zeit der Maskierung*, S. 17
[3] Schoppmann, *Nationalsozialistische Sexualpolitik*, S. 22
[4] Schoppmann, *Zeit der Maskierung*, S. 19f.; Dies., *Nationalsozialistische Sexualpolitik*, S. 22, 50
[5] Bergmann, *Erkenntnisgeist und Muttergeist*, S. 404
[6] Schoppmann, *Nationalsozialistische Sexualpolitik*, S. 50

[7] *Lesben und Faschismus*, S. 166, siehe auch Seiten 166 und 154
[8] Schilling, *Lesben und Faschismus*, S. 165; Schoppmann, *Nationalsozialistische Sexualpolitik*, SS. 22, 32, 101
[9] Kokula, *Zur Situation lesbischer Frauen*, S. 30; Schoppmann, *Zeit der Maskierung*, S. 14
[10] Schoppmann, *Zeit der Maskierung*, S. 14
[11] Schoppmann, *Zeit der Maskierung*, S. 16f.
[12] Kokula, *Zur Situation lesbischer Frauen*, S. 32f.; Schoppmann, *Nationalsozialistische Sexualpolitik*, S. 169
[13] Schoppmann, *Nationalsozialistische Sexualpolitik*, S. 32
[14] Schoppmann, *Zeit der Maskierung*, S. 16f.
[15] Schoppmann, *Nationalsozialistische Sexualpolitik*, S. 24; Dies., *Zeit der Maskierung*, S. 15
[16] Schoppmann, *Nationalsozialistische Sexualpolitik*, S. 24; Dies., *Zeit der Maskierung*, S. 15
[17] Kokula, *Zur Situation lesbischer Frauen*, S. 33
[18] Kokula, *Zur Situation lesbischer Frauen*, S. 30
[19] Schoppmann, *Nationalsozialistische Sexualpolitik*, S. 169, 177
[20] Schoppmann, *Nationalsozialistische Sexualpolitik*, S. 169, 176
[21] Kokula, *Zur Situation lesbischer Frauen*, S. 32; Scherer, *›Asozial‹ im Dritten Reich*, S. 79 ff; Schoppmann, *Zeit der Maskierung*, S. 22; Dies., *Nationalsozialistische Sexualpolitik*, S. 205, 208
[22] Schoppmann, *Nationalsozialistische Sexualpolitik*, S. 208
[23] Schoppmann, *Nationalsozialistische Sexualpolitik*, S. 210
[24] Schoppmann, *Nationalsozialistische Sexualpolitik*, S. 210, 213
[25] Kuckuc, *Der Kampf gegen Unterdrückung*, S. 127f.
[26] Schoppmann, *Zeit der Maskierung*, S. 23
[27] zitiert nach Schilling, *Lesben und Faschismus*, S. 154
[28] Kokula, *Zur Situation lesbischer Frauen*, S. 32

[29] Schoppmann, *Zeit der Maskierung*, S. 11
[30] Schoppmann, *Nationalsozialistische Sexualpolitik*, S. 245
[31] Schoppmann, *Nationalsozialistische Sexualpolitik*, S. 245
[32] Haag, *Eine Handvoll Staub*, S. 138
[33] Schoppmann, *Nationalsozialistische Sexualpolitik*, S. 237
[34] Schoppmann, *Nationalsozialistische Sexualpolitik*, S. 241
[35] Schoppmann, *Nationalsozialistische Sexualpolitik*, S. 240f.
[36] Interview mit Georgia Tanewa vom 3.3.1987, in: Schoppmann, *Nationalsozialistische Sexualpolitik*, S. 240

3. Staatsdirnen und Verfolgte – Prostituierte im Dritten Reich

[1] Buchheim, *Das Boot*, S. 520
[2] Seidler, *Prostitution, Homosexualität, Selbstverstümmelung*, S. 135: Ebbinghaus, *Der Staat*, S. 87
[3] Buchheim, *Das Boot*, S. 520
[4] Seidler, *Prostitution, Homosexualität, Selbstverstümmelung*, S. 165
[5] Ders. S. 145
[6] Die Ausführungen zur Prostitution im Rahmen der Wehrmacht in diesem Kapitel stützen sich auf die einzige Studie zu diesem Thema: Franz Seidler, *Prostitution, Homosexualität, Selbstverstümmelung*, besonders S. 141, 145, 147, 154, 159-165, 174, 177
[7] Ebbinghaus, *Der Staat*, S. 87
[8] Klier, *Die Kaninchen von Ravensbrück*, S. 112: Arndt, *Das Frauenkonzentrationslager Ravensbrück*, S. 142
[9] Klier, *Die Kaninchen von Ravensbrück*, S. 112; Arndt, *Das Frauenkonzentrationslager Ravensbrück*, S. 142
[10] Thalmann, *Frausein im Dritten Reich*, S. 148
[11] Thalmann, *Frausein im Dritten Reich*, S. 148f.
[12] Ebbinghaus, *Der Staat*, S. 88
[13] Seidler, *Prostitution, Homosexualität, Selbstverstümmelung*, S. 184; Ebbinghaus, *Der Staat*, S. 88, 92

[14] Ebbinghaus, *Der Staat*, S. 85, 8, 89
[15] Ebbinghaus, *Der Staat*, S. 85
[16] Zürn, *›A. ist Prostituiertentyp‹*, S. 133; Ebbinghaus, *Der Staat*, S. 85
[17] Zürn, *›A. ist Prostituiertentyp‹*, S. 132f.
[18] Zürn, *›A. ist Prostituiertentyp‹*, S. 137
[19] Seidler, *Prostitution, Homosexualität, Selbstverstümmelung*, S. 135
[20] Zürn, *›A. ist Prostituiertentyp‹*, S. 134
[21] Zürn, *›A. ist Prostituiertentyp‹*, S. 130, 147; Rothmaler, *Die Sozialpolitikerin Käthe Petersen*, S. 81; Ebbinghaus, *Der Staat*, S. 85
[22] Ebbinghaus, *Der Staat*, S. 85; Zürn, *›A. ist Prostituiertentyp‹*, S. 140
[23] Erklärung der Hamburger Sozialbehörde I, EF 70.21, zitiert nach Zürn, *›A. ist Prostituiertentyp‹*, S. 140
[24] Rothmaler, *Die Sozialpolitikerin Käthe Petersen*, S. 75, 80f.
[25] Zürn, *›A. ist Prostituiertentyp‹*, S. 129

4. »Rassenschande – Angriff auf die Reinheit des deutschen Blutes«

[1] »Gesetz zum Schutz des deutschen Blutes und der deutschen Ehre« vom 15.9.1935, Reichsgesetzblatt 1935, I, S. 1146
[2] »Reichsbürgergesetz« vom 15.9.1935, Reichgesetzblatt 1935, I, S. 1146
[3] Koehn, *Mischling, Second Degree*, S. 6
[4] Czarnowski, *›Der Wert der Ehe für die Volksgemeinschaft‹*, S. 80f.
[5] »1. Durchführungsverordnung zum Reichsbürgergesetz«, Reichsgesetzblatt 1935, I, S. 1333
[6] Koehn, *Mischling, Second Degree*, S. 7
[7] Zitiert nach Kohl, *Der Jude und das Mädchen*, S. 73
[8] Kohl, *Der Jude und das Mädchen*, S. 72

[9] Walk (Hg.), *Das Sonderrecht für Juden im NS-Staat*, S. 132
[10] Walk (Hg.), *Das Sonderrecht für Juden im NS-Staat*, S. 317
[11] Thalmann, *Frausein im Dritten Reich*, S. 121
[12] Kohl, *Der Jude und das Mädchen*, passim
[13] Kohl, *Der Jude und das Mädchen*, S. 65
[14] Kohl, *Der Jude und das Mädchen*, S. 260
[15] Steiner, Cornberg, *Willkür in der Willkür*, S. 157
[16] Steiner, Cornberg, *Willkür in der Willkür*, S. 159
[17] Steiner, Cornberg, *Willkür in der Willkür*, S. 156
[18] Steiner, Cornberg, *Willkür in der Willkür*, S. 161f.
[19] Steiner, Cornberg, *Willkür in der Willkür*, S. 153

Traumatisierung durch Schweigen – Ein Nachwort

[1] Martenstein, *Die Mönchsrepublik*, S. 39
[2] Martenstein, *Die Mönchsrepublik*, S. 11ff.
[3] Welzer, *Die anhaltende Macht der Gefühle*, passim
[4] Benz, *Brutstätten der Nation*, passim

Bibliographie

ANDREAS-FRIEDRICH, RUTH, *Schauplatz Berlin. Tagebuchaufzeichnungen 1945 bis 1948*, Frankfurt/M., 1984

ARNDT, INO, »Das Frauenkonzentrationslager Ravensbrück«, in: Wolfgang Benz, Barbara Distel (Hg.), *Frauen – Verfolgung und Widerstand = Dachauer Hefte* 3, Dachau, 1987, S. 125-157

Ausstellung »Frau und Mutter – Lebensquell des Volkes« unter Schirmherrschaft des Stellvertreters des Führers, Reichsparteitag 1939. Archiv, Institut für Zeitgeschichte, München, Db 04.24, S. 257ff.

BAADER, GERHARD, »Rassenhygiene und Eugenik – Vorbedingungen für die Vernichtungsstrategien gegen sogenannte ›Minderwertige‹ im Nationalsozialismus«, in: Johanna Bleker, Norbert Jachertz (Hg.), *Medizin im Dritten Reich*, Köln, 1993, S. 36-42

DERS. , »Menschenversuche in Konzentrationslagern«, in: Johanna Bleker, Norbert Jachertz (Hg.), *Medizin im Dritten Reich*, Köln, 1993, S. 183-190

BAB, BETTINA, »Frauen helfen siegen«, in: Annette Kuhn (Hg.), *Frauen im NS-Alltag. Bonner Studien zur Frauengeschichte*, Pfaffenweiler, 1994, S. 65-96

BASTIAN, TILL, *Furchtbare Ärzte. Medizinische Verbrechen im Dritten Reich*, München, 1995

DERS., *Furchtbare Soldaten. Deutsche Kriegsverbrechen im Zweiten Weltkrieg*, München, 1997

BEAUVOIR, SIMONE DE, *Kriegstagebuch. September 1939 – Januar 1944*, Reinbeck, 1994

BECK, BIRGIT, »Vergewaltigung von Frauen als Kriegsstrategie im Zweiten Weltkrieg?«, in: Andreas Gestrich (Hg.), *Gewalt im Krieg. Ausübung, Erfahrung und Verweigerung von Gewalt in Kriegen des 20. Jahrhunderts*, Münster, 1996, S. 34-51

BECKMANN, ROLF, ALBRECHT KLARE, RAINER KOCH, *Kinder als Opfer des Nationalsozialismus. Materialienband zu »Rosa Weiß« von Roberto Innocenti*, Frankfurt/M., 1986

BEDÜRFTIG, FRIEDEMANN, *Lexikon Drittes Reich*, München, 1997

BENZ, UTE, »Brutstätten der Nation. ›Die Deutsche Mutter und ihr erstes Kind‹ oder der anhaltende Erfolg eines Erziehungsbuches«, in: Wolfgang Benz, Barbara Distel (Hg.), *Medizin im NS-Staat. Täter, Opfer, Handlanger = Dachauer Hefte* 4, Dachau, 1988, S. 144-163

DIES., »Deutsche Frau und deutsche Mutter – die langen Wirkungen der Ideologisierung im Nationalsozialismus«, in: Ortrun Niethammer, *Frauen und Nationalsozialismus. Historische und kulturgeschichtliche Positionen*, Osnabrück, 1996, S. 144-155

BENZ, UTE (HG.), *Frauen im Nationalsozialismus. Dokumente und Zeugnisse*, München, 1993

BERGMANN, ERNST, *Erkenntnisgeist und Muttergeist. Eine Soziosophie der Geschlechter*, Breslau, 1933

BERGMANN, MARTIN S. , MILTON E. JUCOVY, *Generations of the Holocaust*, New York, 1982

Bericht Menschenversuche, Zentrale Stelle der Landesjustizverwaltungen (zur Verfolgung von NS-Verbrechen) in Ludwigsburg, 413, AR 1463/65

BLEUEL, HANS PETER, *Das saubere Reich. Theorie und Praxis des sittlichen Lebens im Dritten Reich*, München, Bern, 1972

BLÜHER, HANS, *Die Rolle der Erotik in der männlichen Gesellschaft*, Stuttgart, (Nachdruck) 1993

BOCK, GISELA, »Die Frauen und der Nationalsozialismus. Bemerkungen zu einem Buch von Claudia Koonz«, in: *Geschichte und Gesellschaft* 15, 1989, S. 563-579

BOVERI, MARGRET, *Tage des Überlebens. Berlin 1945*, Frankfurt/M., 1996

DIES., *Zwangssterilisationen im Nationalsozialismus. Studien zur Rassen- und Frauenpolitik*, Opladen, 1986

BROMBERGER, BARBARA, HANNA ELLING, JUTTA FREYBERG, URSULA KRAUSE-SCHMITT, *Schwestern, vergeßt uns nicht. Frauen im Konzentrationslager: Moringen, Lichtenburg, Ravensbrück 1933-1945* (Katalog zur Ausstellung: Frauen im Konzentrationslager), Frankfurt, 1988

BROWNMILLER, SUSAN, *Gegen unseren Willen. Vergewaltigung und Männerherrschaft*, Frankfurt/M. 1980

Die deutsche Mutter!, in: Die Schule im Dritten Reich. Klassenlesestoff für die neue deutsche Schule, Heft 35, zusammengestellt von Berta Hernhagen (Hg.), Berlin, o. J.

BUCHHEIM, LOTHAR-GÜNTHER, *Das Boot*, München, 1973

CHAMBERLAIN, SIGRID, Gräben zwischen den Generationen. Ein Dressurgeist, der 1945 nicht endete: *Hitler, die deutsche Mutter und ihr erstes Kind.* Über zwei NS-Erziehungsbücher, Buchbesprechung in: *Süddeutsche Zeitung*, 10.1.1998

CONSOLI, MASSIMO, *Homocaust. Il nazismo e la persecuzione degli omosessuali*, Ragusa, 1984

CZARNOWSKI, GABRIELE , »Der Wert der Ehe für die Volksgemeinschaft. Frauen und Männer in der nationalsozialistischen Ehepolitik«, in: Kirsten Heinsohn, Barbara Vogel, Ulrike Weckel (Hg.), *Zwischen Karriere und Verfolgung. Handlungsräume von Frauen im nationalsozialistischen Deutschland*, Frankfurt/M., New York, 1997, S. 78-95

DIES., *Das kontrollierte Paar. Ehe- und Sexualpolitik im Nationalsozialismus*, Weinheim, 1991

DIJK, LUTZ VAN, *Ein erfülltes Leben – trotzdem ... Erinnerungen Homosexueller 1933-45*, Hamburg, 1992

DÖRRZAPF, REINHOLD, *Die Liebe der Jahrhundertmänner*, München, 1997

DROLSHAGEN, EBBA, *Nicht ungeschoren davonkommen. Das Schicksal der Frauen in den besetzten Ländern, die Wehrmachtssoldaten liebten*, Hamburg, 1998

DURAS, MARGUERITE, *Hiroshima Mon Amour*, Frankfurt/M., 1996

EBBINGHAUS, ANGELIKA, »Der Staat – Prostituiertenjäger und Zuhälter«, in: dies., Heidrun Kaupen-Haas, Karl Heinz Roth (Hg.), *Heilen und Vernichten im Mustergau Hamburg. Bevölkerungs- und Gesundheitspolitik im Dritten Reich*, Hamburg, 1984, S. 85-92

EBBINGHAUS, ANGELIKA, »Der Staat – Prostituiertenjäger und Zuhälter«, in: dies., Heidrun Kaupen-Haas, Karl Heinz Roth (Hg.), *Heilen und Vernichten im Mustergau Hamburg. Bevölkerungs- und Gesundheitspolitik im Dritten Reich*, Hamburg, 1984, S. 85-92

ECKLER, IRENE, *Die Vormundschaftsakte 1935-1958. Verfolgung einer Familie wegen »Rassenschande«*, Schwetzingen, 1996

EHEMALIGES BUNDESMINISTERIUM FÜR VERTRIEBENE, FLÜCHTLINGE UND KRIEGSGESCHÄDIGTE (HG.), *Die Vertreibung der deutschen Bevölkerung aus den Gebieten östlich der Oder-Neiße*, Band 1, Nachdruck, Augsburg, 1995

EICHBORN, ULRIKE, »Ehestandsdarlehen. Dem Mann den Arbeitsplatz, der Frau Heim, Herd und Kinder«, in: Annette Kuhn (Hg.), *Frauen im NS-Alltag. Bonner Studien zur Frauengeschichte*, Pfaffenweiler, 1994, S. 48-64

DIES., KARL HEINZ ROTH, MICHAEL HEPP, »Dokumentation. Die Ärztin Herta Oberheuser und die kriegschirurgischen Experimente im Frauen-Konzentrationslager Ravensbrück«, in: dies., (Hg.), *Opfer und Täterinnen. Frauenbiographien des Nationalsozialismus*, S. 250-274

ERNST, ROLAND, CORNELIA LIMPRICHT, »Der organisierte Mann«, in: Cornelia Limpricht, Jürgen Müller, Nina Oxenius (Hg.), *»Verführte« Männer. Das Leben der Kölner Homosexuellen im Dritten Reich*, Köln, 1991, S. 56-66

FEST, JOACHIM, *Das Gesicht des Dritten Reiches*, München, Zürich, 1986

DERS., *Hitler. Eine Biographie*, Berlin, 1998

FEST, JOACHIM, *Das Gesicht des Dritten Reiches*, München, Zürich, 1986

FRAENKEL, HEINRICH, ROGER MANVELL, *Goebbels. Der Verführer*, München, 1998

GEHMACHER, JOHANNA, *›Völkische Frauenbewegung‹. Deutschnationale und nationalsozialistische Geschlechterpolitik in Österreich*, Wien, 1998

GESETZ ZUM SCHUTZE DES DEUTSCHEN BLUTES UND DER DEUTSCHEN EHRE, in: *Reichsgesetzblatt*, 1935, I, S. 1146

GOEBBELS, JOSEPH, *Die Tagebücher von Joseph Goebbels*, hg. von Elke Fröhlich, Teil 1, München, New York, London, Paris, 1987

GOSSWEILER, KURT, *Die Röhm-Affäre. Hintergründe, Zusammenhänge, Auswirkungen*, Köln, 1983

GÖRING, EMMY, *An der Seite meines Mannes. Begebenheiten und Bekenntnisse*, Coburg, 1996

GRAU, GÜNTER (HG.), *Homosexualität in der NS-Zeit. Dokumente einer Diskriminierung und Verfolgung*, Frankfurt, 1993

GRAU, GÜNTER, »Die Verfolgung und Ausmerzung Homosexueller zwischen 1933 und 1945 – Folgen des rassehygienischen Konzepts der Reproduktionssicherung«, in: Achim Thom (Hg.), *Medizin unterm Hakenkreuz*, Berlin, 1989, S. 91-110

GRITSCHENEDER, OTTO, *Der Führer hat sie zum Tode verurteilt*, München, 1993

GÜRNTKE, RUTH, JÜRGEN MÜLLER, »›Ihr habt nur das, was ihr verdient‹. Homosexuelle in Arbeits- und Konzentrationslagern«, in: Cornelia Limpricht, Jürgen Müller,

Nina Oxenius (Hg.), *»Verführte« Männer. Das Leben der Kölner Homosexuellen im Dritten Reich*, Köln, 1991, S. 120-128

HAAG, LINA, *Eine Handvoll Staub*, Frankfurt am Main, 1977

HAMANN, BRIGITTE, *Hitlers Wien. Lehrjahre eines Diktators*, München, 1998

HEGER, HEINZ, *Die Männer mit dem rosa Winkel. Der Bericht eines Homosexuellen über seine KZ-Haft von 1939-1945*, Vastorf, 1989

HEIBER, HELMUT, *Joseph Goebbels*, München, 1988

HEINL, PETER, *»Maikäfer flieg, dein Vater ist im Krieg …« Seelische Wunden aus der Kriegskindheit*, München, 1994

HEINRICH HIMMLER, *Geheime Reden 1939-1945 und andere Ansprachen*, hg. von B. F. Smith, A. F. Peterson, Frankfurt/M., 1974

HERZER, MANFRED, »Hinweise auf das schwule Berlin in der Nazizeit«, in: *Eldorado. Homosexuelle Frauen und Männer in Berlin 1850-1950. Geschichte, Alltag und Kultur*, Berlin, 1984, S. 44-47

HILBERG, RAUL, *Die Vernichtung der europäischen Juden*, 3 Bände, Frankfurt/M., 1990

HITLER, ADOLF, *Mein Kampf*, München, 1935

HITLER, ADOLF, *Rede vom 8. September 1934*, in: *Der Kongreß zu Nürnberg vom 5. bis 10. September 1934. Offiziel-*

ler Bericht über den Verlauf des Reichsparteitages mit sämtlichen Reden, München, 1935

HIX, IRIS-MARIA, »Zwangssterilisierungen: Eine spezielle Form der NS-Frauenpolitik«, in: Annette Kuhn (Hg.), *Frauen im NS-Alltag. Bonner Studien zur Frauengeschichte*, Pfaffenweiler, 1994, S. 232-246

DIES., »Von der ›Fortpflanzungs-‹ zur ›Vernichtungsauslese‹«, in: Annette Kuhn (Hg.), *Frauen im NS-Alltag. Bonner Studien zur Frauengeschichte*, Pfaffenweiler, 1994, S. 270-280

HÖHNE, HEINZ, *Mordsache Röhm*, Reinbek, 1984

HSU-MING, TEO, »The Continuum of Sexual Violence in Occupied Germany 1945-49«, in: *Women's History Review*, 5, 1996, S. 191-218

INTERNATIONALER MILITÄRGERICHTSHOF, *Der Nürnberger Prozeß gegen die Hauptkriegsverbrecher vom 14. November 1945 – 1. Oktober 1946*, Band 6, Nürnberg, 1947

JELLONNEK, BURKHARD, *Homosexuelle unter dem Hakenkreuz. Die Verfolgung von Homosexuellen im Dritten Reich*, Paderborn, 1990

JOHANSEN, ERNA M., *»Ich wollt', ich wäre nie geboren«. Kinder im Krieg*, Frankfurt/M., 1986

JORDAN, ROLF, *Der 30. Juni 1934. Die sogenannte »Röhm-Revolte« und ihre Folgen*, Bremen, 1984

JUNGE, TRAUDL, »Ich war Hitlers Sekretärin«, in: *Amica*, 3/1998

KASBERGER, ERICH, *Heldinnen waren wir keine. Alltag in der NS-Zeit*, Hamburg, 1995

KAUFMANN, F. A., *Die deutsche Malerei*. Deutsche Informationsstelle »Das Deutschland der Gegenwart«, Nr. 11, Berlin, 1941

KLASSEN, GEREON, NINA OXENIUS, »Jugendgruppierungen und Homosexualität«, in: Cornelia Limpricht, Jürgen Müller, Nina Oxenius (Hg.), *»Verführte« Männer. Das Leben der Kölner Homosexuellen im Dritten Reich*, Köln, 1991, S. 67-75

KLAUS, MARTIN, *Mädchen im Dritten Reich. Der Bund Deutscher Mädel (BDM)*, Köln, 1983

KLEE, ERNST, *Auschwitz, die NS-Medizin und ihre Opfer*, Frankfurt/M., 1997

KLIER, FREYA, *Die Kaninchen von Ravensbrück. Medizinische Versuche an Frauen in der NS-Zeit*, München, 1994

KNOPP, GUIDO, *Hitler. Eine Bilanz*, München, 1997

KOEHN, ILSE, *Mischling, Second Degree. My Childhood in Nazi Germany*, New York, 1977

KOHL, CHRISTIANE, *Der Jude und das Mädchen. Eine verbotene Freundschaft in Nazideutschland*, Hamburg, 1997

KOKULA, ILSE, »Zur Situation lesbischer Frauen während der NS-Zeit«, in: *Beiträge zur feministischen Theorie und Praxis 25/26. Lesben. Nirgendwo und überall*, 1989, S. 29-36

KOONZ, CLAUDIA, *Mothers in the Fatherland. Women, the Family and Nazi Politics*, New York, 1987

KROCKOW, CHRISTIAN GRAF VON, *Die Stunde der Frauen. Berichte aus Pommern 1944 bis 1947*, München, 1992

KUBIZEK, AUGUST, *Adolf Hitler. Mein Schulfreund*, Graz, Göttingen, 1953

KUCKUC, INA [d.i. Ilse Kokula], *Der Kampf gegen Unterdrückung. Materialien aus der deutschen Lesbierinnenbewegung*, München, 1975

LAUTMANN, RÜDIGER, »Hauptdevise: bloß nicht anecken«. Das Leben homosexueller Männer unter dem Nationalsozialismus, in: Johannes Beck (Hg.), *Terror und Hoffnung in Deutschland 1933-45. Leben im Faschismus*, Rheinbeck, 1980, S. 366-390

LARNEY, BARBARA, *Children of World War II in Germany. A Life Course Analysis*, Doktorarbeit an der Arizon State University, Ann Arbor, 1994

LEHNDORFF, HANS GRAF VON, *Ostpreußisches Tagebuch. Aufzeichnungen eines Arztes aus den Jahren 1945 bis 1947*, München, 1990

LENGYEL, OLGA, *Five Chimneys. The Story of Auschwitz*, Chicago, 1947

Lesben und Faschismus, in: Heinz-Dieter Schilling (Hg.), *Schwule und Faschismus*, Berlin, 1983, S. 151-173

LIFTON, ROBERT JAY, *Ärzte im Dritten Reich*, Stuttgart, 1988

LILIENTHAL, GEORG, *»Der Lebensborn e.V.«. Ein Instrument nationalsozialistischer Rassenpolitik*, Frankfurt/M., 1993

DERS., Medizin und Rassenpolitik – »Der Lebensborn e.V.« der SS, in: Johanna Bleker, Norbert Jachertz (Hg.), *Medizin im Dritten Reich*, Köln, 1989

MANN, GUNTER, »Biologismus – Vorstufen und Elemente einer Medizin im Nationalsozialismus«, in: Johanna Bleker, Norbert Jachertz (Hg.), *Medizin im Dritten Reich*, Köln, 1993, S. 25-35

MARTENS, STEFAN, *Hermann Göring*, Paderborn, 1985

MARTENSTEIN, HARALD, *Die Mönchsrepublik. Erotik in der deutschen Politik von Adenauer bis Claudia Nolte*, Leipzig, 1997

MATHIEU, THOMAS, *Kunstauffassungen und Kulturpolitik im Nationalsozialismus*, Saarbrücken, 1997

MEISINGER (Kriminalrat, Leiter der Reichszentrale), »Bekämpfung der Abtreibung und Homosexualität als politische Aufgabe«. Vortrag gehalten auf der Dienstversammlung der Medizinaldezernenten und -referenten am 5./6. April 1937 in Berlin, in: Günter Grau (Hg.), *Homosexualität in der NS-Zeit. Dokumente einer Diskriminierung und Verfolgung*, Frankfurt, 1993, S. 147-153

MEYER, BEATE, Interview geführt am 24.7. 1991 in Hamburg. Forschungsstelle für die Geschichte des Nationalsozialismus in Hamburg, in: Ute Benz (Hg.), *Frauen im Nationalsozialismus. Dokumente und Zeugnisse*, München, 1993, S. 84

MEYER, SIBYLLE, EVA SCHULZE, *Von Liebe sprach damals keiner. Familienalltag in der Nachkriegszeit*, München, 1985

MICHEL, KAI, *Vom Poeten zum Demagogen. Die schriftstellerischen Versuche Joseph Goebbels'*, Köln, Weimar, Wien 1999

MITSCHERLICH, ALEXANDER, FRED MIELKE, *Medizin ohne Menschlichkeit. Dokumente des Nürnberger Ärzteprozesses*, Frankfurt/M., 1978

MOSSE, GEORGE L., *Nationalism and Sexuality. Respectability and Abnormal Sexuality in Modern Europe*, New York, 1985

MÜHLFELD, CLAUS, FRIEDRICH SCHÖNWEISS, *Nationalsozialistische Familienpolitik. Familiensoziologische Analyse der nationalsozialistischen Familienpolitik*, Stuttgart, 1989

MÜLLER, DETLEV, JÜRGEN MÜLLER, »Dienstags gesündigt, mittwochs gebeichtet«. Die Sittlichkeitsprozesse gegen die katholische Kirche in den Jahren 1936/37, in: Cornelia Limpricht, Jürgen Müller, Nina Oxenius (Hg.), *»Verführte« Männer. Das Leben der Kölner Homosexuellen im Dritten Reich*, Köln, 1991, S. 76-81

MÜLLER, JÜRGEN, »Die alltägliche Angst. Denunziation als Instrument zur Ausschaltung Mißliebiger«, in: Cornelia Limpricht, Jürgen Müller, Nina Oxenius (Hg.), *»Verführte« Männer. Das Leben der Kölner Homosexuellen im Dritten Reich*, Köln, 1991, S. 96-103

NIEHUSS, MERIT, »Eheschließung im Nationalsozialismus«, in: Ute Gertraud (Hg.), *Frauen in der Geschichte des Rechts. Von der frühen Nazizeit bis zur Gegenwart*, München 1997, S. 851-870

NIETHAMMER, ORTRUN (HG.), *Frauen und Nationalsozialismus. Historische und Kulturgeschichtliche Positionen*, Osnabrück, 1996

N.S. -Frauen-Warte. Die einzige parteiamtliche Frauenzeitschrift

OSTEN-SACKEN, ERNESTINE VON DER, *Deutsche »War-Brides« nach dem Zweiten Weltkrieg. Aus der amerikanischen Besatzungszone in die USA*, Berlin, 1994

OXENIUS, NINA, »Zucht und Unzucht. Homosexuelle und die NS-Bevölkerungsideologie«, in: Cornelia Limpricht, Jürgen Müller, Nina Oxenius (Hg.), *»Verführte« Männer. Das Leben der Kölner Homosexuellen im Dritten Reich*, Köln, 1991, S. 48-55

PAUL, WOLFGANG, *Wer war Hermann Göring*, Esslingen, 1983

PEUSCHEL, HARALD, *Die Männer um Hitler*, Düsseldorf, 1982

PHILIPPON, JEAN, *La nuit des longs couteaux*, Paris, 1992

PINI, UDO, *Leibeskult und Liebeskitsch. Erotik im Dritten Reich*, München, 1992

PLANT, RICHARD, *The Pink Triangle. The Nazi War against Homosexuals*, New York, 1986

PLOETZ, ALFRED, *Die Tüchtigkeit unserer Rasse und der Schutz der Schwachen*, Berlin, 1895

POUTRUS, KIRSTEN, »Ein fixiertes Trauma. Massenvergewaltigungen bei Kriegsende in Berlin«, in: *Feministische Studien*, 13, 1995, S. 120-129

Prominente ohne Maske. Drittes Reich. 1000 Lebensläufe der wichtigsten Personen 1933-1945, München, 1998

REEG, PETER, ›Deine Ehre ist die Leistung‹ – Auslese und Ausmerze durch Arbeits- und Leistungsmedizin im Nationalsozialismus, in: Johanna Bleker, Norbert Jachertz (Hg.), *Medizin im Dritten Reich*, Köln, 1993, S. 191-200

REESE, DAGMAR, »Verstrickung und Verantwortung. Weibliche Jugendliche in der Führung des Bundes Deutscher Mädel«, in: Kirsten Heinsohn, Barbara Vogel, Ulrike Weckel (Hg.), *Zwischen Karriere und Verfolgung. Handlungsräume von Frauen im nationalsozialistischen Deutschland*, Frankfurt/M., New York, 1997, S. 206-222

REICHSBÜRGERGESTZ, in: *Reichsgesetzblatt*, 1935, I, S. 1146

REICHSBÜRGERGESETZ, Erste Verordnung zum, in: *Reichsgesetzblatt*, 1935, I, S. 1333

REITER, RAIMOND, »Unerwünschter Nachwuchs. Schwangerschaftsabbrüche bei ›fremdvölkischen‹ Frauen im NSDAP-Gau Ost-Hannover«, in: Wolfgang Benz, Barbara Distel (Hg.), *Medizin im NS-Staat. Täter, Opfer, Handlanger = Dachauer Hefte* 4, Dachau, 1988, S. 225-236

ROSCHMANN, HANS, *Röhm-Putsch 1934*, Überlingen, 1989

ROTH, KARL HEINZ, »›Auslese‹ und ›Ausmerze‹. Familien- und Bevölkerungspolitik unter der Gewalt der nationalsozialistischen ›Gesundheitsfürsorge‹«, in: Gerhard Baader, Ulrich Schultz (Hg.), *Medizin und Nationalsozialismus. Tabuisierte Vergangenheit – Ungebrochene Tradition*, Frankfurt/M., 1989, S. 152-164

ROTHMALER, CHRISTIANE, »Die Sozialpolitikerin Käthe Petersen zwischen Auslese und Ausmerze«, in: Angelika Ebbinghaus (Hg.), *Opfer und Täterinnen. Frauenbiographien des Nationalsozialismus*, Nördlingen, 1987, S. 75-90

DIES., »Zwangssterilisation nach dem ›Gesetz zur Verhütung erbkranken Nachwuchses‹«, in: Johanna Bleker, Norbert Jachertz (Hg.), *Medizin im Dritten Reich*, Köln, 1993, S. 137-149

RYAN, CORNELIUS, *The Last Battle*, London, 1966

SACHSE, CAROLA, *Siemens, der Nationalsozialismus und die moderne Familie. Eine Untersuchung zur sozialen Rationalisierung in Deutschland im 20. Jahrhundert*, Hamburg, 1990

SANDER, HELKE, BARBARA JOHR (HG.), *BeFreier und Befreite. Krieg, Vergewaltigungen, Kinder*, München, 1992

DIES., ROGER WILLEMSEN, *Gewaltakte. Männerphantasien und Krieg*, Hamburg, 1993

SCHERER, KLAUS, *›Asozial‹ im Dritten Reich. Die vergessenen Verfolgten*, Münster, 1990

SCHMITZ-KÖSTER, DOROTHEE, *Deutsche Mutter bist du bereit ... Alltag im Lebensborn*, Berlin, 1997

SCHMUHL, HANS-WALTER, »Sterilisation, ›Euthanasie‹, ›Endlösung‹. Erbgesundheitspolitik unter den Bedingungen charismatischer Herrschaft«, in: Norbert Frei (Hg.), *Medizin und Gesundheitspolitik in der NS-Zeit;* Sondernummer der Schriftenreihe der Vierteljahrshefte für Zeitgeschichte, München, 1995, S. 295-308

SCHOLTZ, HARALD, *Erziehung und Unterricht unterm Hakenkreuz*, Göttingen, 1985

SCHOLTZ-KLINK, GERTRUD, *Rede vom 8.September1934*, in: *Der Kongreß zu Nürnberg vom 5. Bis 10. September 1934. Offizieller Bericht über den Verlauf des Reichsparteitages mit sämtlichen Reden*, München, 1935

SCHOPPMANN, CLAUDIA, *Nationalsozialistische Sexualpolitik und weibliche Homosexualität*, Pfaffenweiler, 1991

SCHOPPMANN, CLAUDIA, *Zeit der Maskierung. Lebensgeschichten lesbischer Frauen im ›Dritten Reich‹*, Berlin, 1993

SCHUBERT, WERNER, »Die Stellung der Frau im Familienrecht und in den familienrechtlichen Reformprojekten der NS-Zeit«, in: Ute Gerhard, *Frauen in der Geschichte des*

Rechts. Von der frühen Nazizeit bis zur Gegenwart, München, 1997, S. 828-850

Das Schwarze Korps, Zeitung der Schutzstaffeln der NSDAP

SEIDLER, FRANZ, *Prostitution, Homosexualität, Selbstverstümmelung. Probleme deutscher Sanitätsführung 1939-1945*, Neckargemünd, 1977

SEIFERT, RUTH, *Krieg und Vergewaltigung. Ansätze zu einer Analyse;* Arbeitspapier der Sozialwissenschaftlichen Fakultät der Universität der Bundeswehr München, München, 1993

DIES., »Die Männlichkeit von Krieg und Militär. Überlegungen zu einigen Konstruktionsmechanismen und ihren Folgen«, in: *Vergewaltigung. Militär und sexuelle Gewalt – Ursachen und Folgen in Kriegs- und Friedenszeiten.* Beiträge einer Tagung der Evangelischen Akademie Baden 10.-12. September 1993, Bad Herrenalb, 1994, S. 7-18

SOSNOWSKI, KIRYL, *The Tragedy of Children under Nazi Rule*, New York, 1983

SPARING, FRANK, *»... wegen Vergehen nach § 175 verhaftet«. Die Verfolgung der Düsseldorfer Homosexuellen während des Nationalsozialismus*, Düsseldorf, 1997

STEINER, JOHN M., JOBST FREIHERR VON CORNBERG, »Willkür in der Willkür. Befreiungen von den antisemitischen Nürnberger Gesetzen«, in: *Vierteljahrshefte für Zeitgeschichte*, 46, 1998, S. 143-188

STEPHENSON, JILL, *Women in Nazi Society*, London, 1975

STOLL, ULRICH *Mit Hansi zum Endsieg*, Die Woche, 16.4.1999

STÜMKE, HANS-GEORG, *Homosexuelle in Deutschland. Eine politische Geschichte*, München, 1989

SOHNS, WALTER, *Wir waren Bunkerkinder. Erinnerungen an meine Kindheit im Zweiten Weltkrieg. Eine Autobiographie*, Aachen, 1997

SPEER, ALBERT, *Erinnerungen*, Berlin, 1969

THALMANN, RITA, *Frausein im Dritten Reich*, München, Wien, 1984

TOELLNER, RICHARD, »Ärzte im ›Dritten Reich‹«, in: Johanna Bleker, Norbert Jachertz (Hg.), *Medizin im Dritten Reich*, Köln, 1993, S. 11-24

TOLSTOY, NIKOLAI, *Night of the long knives*, New York, 1972

Trials of War Criminals Before the Nuernberg Military Tribunal Under Control Councillor No. 10 (Aerzteprozeß), Bd. 1

TUNSCH, THOMAS, »Ausmerzung des Entarteten«. Einige Aspekte der Schwulenverfolgung in Deutschland, in: Burchard Brentjes (Hg.), *Wissenschaft unter dem NS-Regime*, Berlin, 1992, S. 122-131

TYRELL, ALBRECHT, *Führer befiehl … Selbstzeugnisse aus der »Kampfzeit« der NSDAP*, Bindlach, 1991

ULSHÖFER, HELMUT (HG.), *Liebesbriefe an Adolf Hitler. Briefe in den Tod*, Frankfurt/M., 1994

Völkischer Beobachter. Kampfblatt der national-sozialistischen Bewegung Großdeutschlands

WAGNER, LEONIE, *Nationalsozialistische Frauenansichten. Vorstellungen von Weiblichkeit und Politik führender Frauen im Nationalsozialismus*, Frankfurt/M., 1996

WALK, JOSEPH (HG.), *Das Sonderrecht für die Juden im NS-Staat. Eine Sammlung der gesetzlichen Maßnahmen und Richtlinien – Inhalt und Bedeutung*, Heidelberg, Karlsruhe, 1981

WELTER, ELMAR, BENJAMIN ECKSTEIN, »Denunziationen: Ein Element der NS-Frauenöffentlichkeit«, in: Annette Kuhn (Hg.), *Frauen im NS-Alltag. Bonner Studien zur Frauengeschichte*, Pfaffenweiler, 1994, S. 132-145

WELZER, HARALD, »Die anhaltende Macht der Gefühle. Die NS-Zeit in der Erinnerung«, in: *Psychologie Heute*, 6, 1997, S. 53-56

Weißbuch über die Erschießungen am 30. Juni 1934. Authentische Darstellung der deutschen Bartholomäusnacht, Moskau, Leningrad, 1935

WEYRATHER, IRMGARD, *Muttertag und Mutterkreuz. Der Kult um die ›deutsche Mutter‹ im Nationalsozialismus*, Frankfurt/M., 1993

WULF, JOSEPH, *Die bildenden Künste im Dritten Reich. Eine Dokumentation*, Frankfurt/M., Berlin, Wien, 1983

WYKES, ALAN, *Joseph Goebbels*, Rastatt, 1986

ZÜRN, GABY, ›A. ist Prostituiertentyp‹. Zur Ausgrenzung und Vernichtung von Prostituierten und moralisch nicht-angepaßten Frauen im nationalsozialistischen Hamburg, in: Projektgruppe für die vergessenen Opfer des NS-Regimes in Hamburg e.V. (Hg.), *Verachtet – verfolgt – vernichtet. Zu den ›vergessenen‹ Opfern des NS-Regimes*, Hamburg, 1986, S. 128-151

Namensverzeichnis

BORMANN, MARTIN (* Halberstadt, 17. Juni 1900; † Berlin, 2. Mai 1945) B. tritt 1927 der NSDAP bei. Im Juli 1933 wird er zum Stabsleiter Rudolf Heß' ernannt. In dieser Funktion organisiert B. die Bautätigkeiten der Hitlervilla auf dem Obersalzberg und verwaltet das Privatvermögen des Führers. 1941 folgt die Ernennung zum Leiter der Reichskanzlei. Zwei Jahre später wird B. Sekretär des Führers. Bei Euthanasieaktionen, im Kampf gegen die Kirchen und bei der Verfolgung der Juden zeichnet er sich durch beispiellose Brutalität aus. Nach dem Krieg wird B. in den Nürnberger Prozessen in Abwesenheit zum Tode verurteilt. Erst 1973 wird festgestellt, daß er bereits im letzten Kriegsjahr bei dem Versuch umgekommen war, aus dem belagerten Berlin zu fliehen.

BRACK, VIKTOR (* Haaren, 9. November 1904; † Landsberg am Lech, 2. Juni 1948) B. beginnt seine braune Karriere 1936/37 als Chauffeur des Reichsführers der SS, Heinrich Himmler. Bereits zwei Jahre später wird der Volkswirt zum stellvertretenden Leiter der Kanzlei Adolf Hitlers ernannt. Von dort aus organisiert er die Euthanasie-Aktion »T4«. Während des Krieges spielt B. eine führende Rolle beim Aufbau der Vernichtungsmaschinerie der Konzentrationslager. Im Nürnberger Ärzte-Prozeß wird er am 20. August 1947 zum Tode verurteilt und ein Jahr darauf im bayerischen Landsberg hingerichtet.

CLAUBERG, CARL (* Wupperhof, 28. September 1898; † Kiel, 9. August 1957) C. ist der verantwortliche Arzt der Massensterilisationsversuche in Auschwitz und Ravensbrück. Bei Kriegsende gerät er in sowjetische Kriegsgefangenschaft. 1955 wird er erneut verhaftet, stirbt jedoch vor Beginn seines Prozesses.

DARWIN, CHARLES (* Shrewsbury, 12.Februar 1809; † Down, 19. April 1882) In den Jahren 1831 bis 1836 begleitet der englische Gentleman und Naturwissenschaftler die Forschungsreise Kapitän Fitzroys nach Südamerika und in den Pazifik. Bei der Auswertung seiner Forschungsergebnisse in den Jahren nach 1842 gibt D. die jahrhundertealte Vorstellung von der Unveränderlichkeit der Arten auf. 1859 erscheint sein epochemachendes Werk *Von der Entstehung der Arten durch natürliche Zuchtwahl*. D.s Lehre von der Evolution der Arten hat weitreichende Auswirkungen in der Biologie und den Geisteswissenschaften.

FRICK, WILHELM (* Alsenz/Pfalz, 12. März 1877; † Nürnberg, 16. Oktober 1946) 1923 nimmt der Jurist am Putschversuch Hitlers in München teil. Seiner Inhaftierung entzieht sich F. jedoch durch die Wahl in den Reichstag, in dem er die Fraktionsführung der NSDAP übernimmt. 1930 wird er in Thüringen erster NSDAP-Minister in einer Landesregierung, drei Jahre später Mitglied des ersten Kabinetts Adolf Hitlers. Als Innenminister hat F. entscheidenden Anteil an der Gleichschaltung der Länder und der Abfassung der Nürnberger Gesetze, am Ausbau des Polizeistaates und des NS-Terrors. In Nürnberg wird er nach dem Krieg wegen Verbrechen gegen den Frieden zum Tod durch Erhängen verurteilt.

HEYDRICH, REINHARD (* Halle, 7. März 1904; † Prag, 4. Juni 1942) 1922-1930 dient H. in der Marine. 1931 tritt er in NSDAP und SS ein. Am 1. März 1934 folgt seine Ernennung zum SS-Gruppenführer. In dieser Funktion baut H. den Sicherheitsdienst (SD) der SS auf. 1932 wird er zum Chef der Sicherheitspolizei und des SD ernannt. Im Gegensatz zu seinem Vorgesetzten Heinrich Himmler ist H. kein Ideologe, sondern ein pragmatisch veranlagter Machtmanager. Am 31. Juli 1942 betraut ihn Göring in einem Brief mit der »Endlösung der Judenfrage«. Einige Monate später wird H. als SS-Obergruppenführer stellvertretender Reichsprotektor in Böhmen und Mähren. Im Januar 1942 leitet er die Wannsee-Konferenz (Beschluß des Holocaust). Am 27. Mai 1942 lauern H. acht per Fallschirm in Prag abgesetzte britische Agenten auf und schießen auf ihn. Einige Tage später erliegt er seinen Verletzungen.

KAHR, GUSTAV RITTER VON (* Weißenburg/Bayern, 29. November 1862; † Dachau, 30. Juni 1934) 1920/21 wird der Jurist Ministerpräsident einer Rechtskoalition in München. Sein Ziel ist es, Bayern zu einer autoritären »Ordnungszelle« der Weimarer Republik auszubauen. Als Generalstaatskommissar wird K. 1923 erneut mit der Exekutivgewalt in Bayern betraut. Aus dieser Position heraus will er mit Hilfe Hitlers in Deutschland eine Diktatur errichten. Hitler ist mit der ihm zugedachten Rolle jedoch nicht zufrieden und putscht. Dabei zwingt er K., ihn zu unterstützen. Dieser schlägt daraufhin den Putschversuch mit bayerischen Polizeieinheiten nieder. 1924-30 ist K. Präsident des bayerischen Verwaltungsgerichtshofs. 1934 wird er im Zuge des Röhmputsches ermordet.

KEITEL, WILHELM (* Helmscherode/Harz, 22. September 1882; † Nürnberg, 16. Oktober 1946) K. wird bereits im Ersten Weltkrieg zum Artillerie- und Generalstabsoffizier befördert. Am 1. Oktober 1935 wird der Berufssoldat zum Chef des Wehrmachtsamtes ernannt. Drei Jahre später folgt seine Berufung zum Chef des Oberkommandos der Wehrmacht durch Hitler. Damit gehört K. zum inneren Planungsstab von Hitlers Kriegsplänen. Ein Jahr nach Kriegsbeginn wird er zum Generalfeldmarschall befördert. Ebenfalls 1940 nimmt K. in Compiègne die französische Kapitulationsurkunde, Hitlers größten Triumph, entgegen. Er selbst muß am 8. Mai 1945 im sowjetischen Hauptquartier, Karlshorst, die bedingungslose Kapitulation des Dritten Reiches unterzeichnen. Nach dem Krieg spricht ihn das Internationale Militärtribunal in allen Anklagepunkten schuldig. Am 16. Oktober 1946 wird K. durch den Strang hingerichtet. Seine Bitte um Erschießung als Offizier lehnen die Nürnberger Richter ab.

KRAEPELIN, EMIL (* Neustrelitz, 15. Februar 1856; † München, 7. Oktober 1926) Der Münchener Psychologieprofessor leistet einen wichtigen Beitrag zur Beschreibung der Schizophrenie als Krankheit und erforscht die Wirkungen von Alkohol und Medikamenten auf die Psyche. Während des Dritten Reiches ist besonders K.s Auffassung, Homosexualität sei eine vererbte Krankheit, die von einem Homosexuellen durch Ansteckung auf den anderen übertragen werden kann, von fataler Bedeutung.

LEY, ROBERT; (* Niederbreidenbach/Bergisches Land, 15. Februar 1890; † Nürnberg, 25. Oktober 1945) Bereits zwei Jahre nach seinem Beitritt zur NSDAP, 1923, wird der Chemiker Gauleiter des Gaues Rheinland-Süd. Wegen Alkoholismus wird er 1928 aus den Diensten der I.G. Farben entlassen. Zwei Jahre später zieht L. in den Reichstag ein und wird Nachfolger von Gregor Strasser im Amt des Reichsorganisationsleiters der NSDAP. Als Leiter der Deutschen Arbeitsfront (DAF) ist er seit 1933 Chef der größten NS-Organisation (25 Millionen Mitglieder). In dieser Funktion gründet L. das Erholungswerk »Kraft durch Freude« und betätigt sich auch im Bildungssektor (Ordensburgen; Adolf-Hitler-Schulen). L. hat außerdem entscheidenden Einfluß auf die Kriegsproduktion der Wirtschaft und den Einsatz von Zwangsarbeitern. In alliierter Haft nimmt er sich nach dem Krieg das Leben.

LÖSENER, BERNHARD († 1952; Jurist) L. tritt erst 1931 der NSDAP bei. Von der nationalsozialistischen Machtübernahme bis 1942 ist er Referent für Rasserecht im Innenministerium. 1935 arbeitet L. während des Nürnberger Reichsparteitages vier Fassungen der Rassegesetze aus. Hitler entscheidet sich für die mildeste Version. 1943 wird er als Richter ans Reichsverwaltungsgericht berufen. Im Zuge der Säuberungsaktionen nach dem Attentat vom 20. Juli 1944 wird L. von der Gestapo inhaftiert. Nach dem Krieg stellt ihn die »German Mission« der internationalen jüdischen Hilfsorganisation »Joint Distribution Committee« ein. Aus dieser Funktion heraus wird er später Regierungsdirektor der Kölner Oberfinanzdirektion.

LUTZE, VIKTOR (* Bevergern/Westfalen, 28. Dezember 1890; † bei Hannover, 2.5.1943) L. schlägt 1912 die Berufssoldatenlaufbahn ein. 1922 tritt er der NSDAP bei, im Jahr darauf der SA. 1928 steigt er zum SA-Obergruppenführer Ruhr auf. Zwei Jahre später wird L. in den Reichstag gewählt. Im März 1933 wird er zum Oberpräsidenten von Hannover ernannt. In dieser Funktion trägt er Hitler Informationen über die angeblichen Putschpläne Ernst Röhms zu. Nach dessen Ermordung im Sommer des darauffolgenden Jahres wird L. Röhms Nachfolger im Amt des Stabschefs der SA.

MENGELE, JOSEF (* Günzburg, 16. März 1911; † Embu/ Brasilien, 7. Februar 1979) M. promoviert 1931 in Philosophie, sieben Jahre später auch noch in Medizin. 1937 tritt er in die NSDAP, ein Jahr darauf in die SS ein. Zwei Jahre nach Kriegsbeginn nimmt M. als Arzt der SS-Division »Wiking« am Rußlandfeldzug teil. Aufgrund einer Verwundung wird er zwei Jahre später zur Dienststelle Auschwitz als SS-Standortarzt versetzt. Hier leitet M. die Selektionen der neu ankommenden Häftlinge und zahlreiche medizinische Versuche, die fast immer mit dem Tod enden. 1945 gerät er in amerikanische Kriegsgefangenschaft, wird jedoch bereits im gleichen Jahr wieder entlassen. Vier Jahre später entkommt er nach Südamerika. Die Bundesregierung setzt zehn Millionen DM auf seine Ergreifung aus.

MOLOTOW, WJATSCHESLAW (* Kurkaka, 9. März 1890; † Moskau, 8. November 1986) Der Mitbegründer der *Prawda* gehört seit 1906 der bolschewistischen Partei Rußlands an. Während der Oktoberrevolution spielt M. eine entscheidende Rolle. 1925 wird er Mitglied des Politbüros und enger Mitarbeiter Stalins. In den dreißiger Jahren ist er Präsidiumsmitglied der Komintern und Vorsitzender des Rates der Volkskommissare. Von hier steigt er in das Amt des Außenministers auf (1939 – 1949 und 1953 – 1956). In dieser Funktion schließt er 1939 die deutsch-sowjetischen Verträge ab und vertritt die UdSSR auf den internationalen Konferenzen der Kriegs- und Nachkriegszeit. 1956 wird M. erster stellvertretender Ministerpräsident. Noch vor Jahresfrist wird er allerdings seiner Ämter enthoben. M. wird nun zunächst als Botschafter in die Mongolei, ab 1961 als Vertreter der Sowjetunion bei der Internationalen Atomenergie-Organisation nach Wien geschickt.

PAPEN, FRANZ VON (* Werl/Westfalen, 29. Oktober 1879; † Obersasbach/Baden, 2. Mai 1969) Als erzkonservativer, ehemaliger Offizier sitzt P. bis 1932 für die Zentrums-Partei im Reichstag. Nach der Entlassung des Zentrums-Kanzlers Heinrich Brüning durch Reichspräsident Hindenburg bricht er mit seiner Partei. Als Nachfolger Brünings fügt P. der Verfassung der Weimarer Republik durch den Erlaß einer Notverordnung nach der anderen schweren Schaden zu. Die Weltwirtschaftskrise bekommt er nicht in den Griff. 1932 wird er durch Kurt von Schleicher ersetzt; im Bündnis mit Hitler bekämpft P. seinen Nachfolger und bereitet somit den Boden für die faschistische Machtübernahme. Während des Dritten Reiches dient er als Botschafter in Wien und Ankara. Bei den Nürnberger Prozessen wird P. freigesprochen.

PLOETZ, ALFRED (* Swinemünde, 22. August 1860; † Herrsching/Oberbayern, 20. März 1940) Die Schriften des Arztes und Erbbiologen beeinflussen entscheidend die nationalsozialistische Rassenlehre. Schon in seiner Jugend gründet P. einen Geheimbund, dessen Mitglieder schwören, nur blonde und blauäugige Mädchen zu heiraten. Seit 1904 gibt er das *Archiv für Rassen- und Gesellschaftsbiologie* heraus. Ein Jahr später ist P. einer der Mitbegründer der »Gesellschaft für Rassenhygiene«. 1907 und 1910 gründet er die Geheimbünde »Ring der Norda« und »Nordischer Ring«. Nach der faschistischen Machtübernahme wird er zum Mitglied des Sachverständigenbeirates für Bevölkerungs- und Rassenpolitik am Reichsinnenministerium ernannt, 1937 auch zum Ehrenmitglied der »Deutschen Gesellschaft für Rassenforschung«.

RÖHM, ERNST (* München, 28. November 1887; † München-Stadelheim, 1. Juli 1934) Nach dem Ersten Weltkrieg spielt der Soldat im bayerischen Freikorps »Epp« eine wesentliche Rolle bei der Niederschlagung der Räteherrschaft in München. 1919 lernt R. Adolf Hitler kennen und tritt der NSDAP bei. Vier Jahre später beteiligt er sich an Hitlers gescheitertem Putschversuch in München. 1928 wird Röhm von der bolivianischen Regierung als Militärberater nach Südamerika geholt. Bereits ein Jahr später nimmt er jedoch dankbar Hitlers Angebot an, Stabschef der SA zu werden. R. macht aus der »Parteiarmee« eine schlagkräftige Truppe, die sich durch Straßenschlachten und ihren Kampf gegen Kommunisten einen Ruf als Schlägerbande erwirbt. Nach der Machtergreifung ernennt Hitler seinen Duzfreund zum Minister ohne Geschäftsbereich. Wegen angeblicher Putschpläne sowie der politisch unliebsamen Linie Röhms (»zweite Revolution«; Eingliederung der Wehrmacht in die SA) wird er im Juli 1934 im Rahmen einer großangelegten Mordaktion erschossen.

ROMMEL, ERWIN (* Heidenheim an der Brenz, 15. November 1891; † Herrlingen bei Ulm, 14. Oktober 1944) Der bereits im Ersten Weltkrieg mit hohen Würden geehrte Berufsoffizier wird nach 1939 zu Deutschlands beliebtestem Feldherrn, der auch beim Gegner hohes Ansehen genießt. 1940 dient R. in Frankreich, in den nächsten beiden Jahren wird er als »Wüstenfuchs« des Afrikafeldzuges endgültig zur Legende. Die materielle Überlegenheit der Briten kann er in Libyen bis 1942 durch eine kühne Kriegstaktik ausgleichen. Ab 1944 wieder in Frankreich, erkennt Rommel schnell die Sinnlosigkeit einer Fortsetzung des Krieges und appelliert an Hitler. Als angeblicher Mitwisser des Attentatsversuches vom 20. Juli wird R. 1944 zum Selbstmord gezwungen.

SCHLEICHER, KURT VON (* Brandenburg, 7. April 1882; † Berlin, 30. Juni 1934) Nach rascher Militärkarriere wird S. 1929 als General zum Staatssekretär im Reichswehrministerium ernannt. In dieser Funktion wird er zum Drahtzieher der Regierung Heinrich Brünings. Nach dessen Absturz hievt S. drei Jahre später Franz von Papen in das Amt des Ministerpräsidenten. Noch im November desselben Jahres übernimmt Schleicher selbst die Amtsgeschäfte und versucht mit einer »linken« Koalition, Arbeitslosigkeit und Massenarmut zu bekämpfen. Adolf Hitler und die SPD vereiteln sein Nothilfeprogramm. Zur Bekämpfung der NSDAP verlangt S. 1933 vom Reichspräsidenten die zeitweise Aussetzung der Verfassung. Der Reichspräsident lehnt ab. S. tritt zurück und räumt das Feld für die Machtübernahme der Nationalsozialisten. Aus Rache für seinen Kampf gegen die NSDAP läßt Hitler S. im Zuge des Röhmputsches ermorden.

SCHOLTZ-KLINK, GERTRUD (* Adelsheim/Baden, 9. Februar 1902) 1928 tritt S. in die NSDAP ein. Durch ihre politische Zurückhaltung, ihre elf Kinder und ihr nordisches Aussehen bietet sie sich den Nazis als Reichsfrauenführerin an. 1934 wird sie Leiterin des weiblichen Arbeitsdienstes und Reichsführerin der NS-Frauenschaft. 1950 wird S. im Rahmen eines Entnazifizierungsverfahrens als eine der Hauptschuldigen des Dritten Reiches zu 30 Monaten Haft und zum Verlust der bürgerlichen Ehrenrechte verurteilt.

STRASSER, GREGOR (* Geisenfeld/Oberbayern, 31. Mai 1892; † Berlin, 30.6.1934) Während des Ersten Weltkriegs dient der gelernte Apotheker als Offizier. 1921 tritt er in die NSDAP ein. Zwei Jahre später nimmt S. an Hitlers Putschversuch in München teil und leitet während Hitlers Festungshaft in Landsberg den Wiederaufbau der Partei. 1926-1930 ist S. Propagandaleiter der NSDAP. 1927 wird er auch zum Reichsorgansiationsleiter ernannt. In diesen Funktionen will er die NSDAP zu einer linken Arbeiterpartei machen. Kurt von Schleicher hofft deshalb, 1932 mit Hilfe S. s die NSDAP spalten und Hitler bekämpfen zu können. Im Zuge des Röhmputsches nimmt Hitler 1934 Rache an seinem ehemaligen Rivalen.

STREICHER, JULIUS (* Fleinhausen bei Augsburg, 12. Februar 1885; † Nürnberg, 16. Oktober 1946) Der gelernte Volksschullehrer tritt 1921 der NSDAP bei. Nach der Gründung des Hetzblattes *Der Stürmer* wird S. zwei Jahre später vom Schuldienst suspendiert. Seine Karriere in der NSDAP ist steil. 1923 nimmt er am Hitlerputsch teil, 1928 wird S. Gauleiter von Franken, 1933 Reichstagsabgeordneter. Im selben Jahr organisiert er in Hitlers Auftrag den ersten Judenboykott. 1935 spielt S. eine bedeutende Rolle beim Zustandekommen der Nürnberger Gesetze. Aufgrund seines krankhaften Antisemitismus trägt S. entscheidend zur Verschärfung der Judenverfolgung bei und bereitet dem Völkermord den Weg. 1946 wird er vom Nürnberger Militärgerichtshof wegen Verbrechen gegen die Menschlichkeit zum Tode verurteilt.

STUCKART, WILHELM (* Wiesbaden, 16. November 1902; † Hannover, 15. November 1953) S. kämpft nach dem Ersten Weltkrieg im Freikorps »Epp« in Bayern und im Ruhrkampf gegen die französische Besatzungsmacht. 1922 tritt er in die NSDAP ein. Nach seiner Promotion zum Dr. jur. wird er nach der Machtübernahme der Nazis Staatssekretär im preußischen Unterrichtsministerium. 1935 wechselt er ins Innenministerium. In dieser Position hat S. wesentlichen Anteil an der Abfassung der Nürnberger

Gesetze. Später schreibt er einen Kommentar zu dem Gesetzeswerk. 1942 nimmt er an der Berliner Wannseekonferenz zur »Endlösung der Judenfrage« teil und erhält zwei Jahre später den Ehrenrang eines SS-Obergruppenführers. Aus Mangel an Beweisen wird S. 1949 lediglich zu vier Jahren Haft verurteilt.

THIERACK, OTTO (* Wurzen/Sachsen, 19. April 1889; † Lager Eselheide/Sennelager bei Paderborn, 22. November 1946) 1914 promoviert T. zum Doktor der Rechte, 1926 steigt der Staatsanwalt ans Oberlandesgericht Dresden auf. Nach seinem Beitritt zur NSDAP im Jahr vor der Machtergreifung wird T. kommissarischer Justizminister in Sachsen, 1935 Mitglied des Reichsgerichts und ein Jahr später Präsident des für Hoch- und Landesverratsdelikte zuständigen »Volksgerichtshofs«. 1942 wird er von Hitler zum Reichsjustizminister ernannt. In dieser Funktion ist T. maßgeblich an der Umformung der Gerichte zu einem Terrorinstrument beteiligt. Am 22. November 1946 nimmt er sich im alliierten Kriegsgefangenenlager Eselheide das Leben, um einem Prozeß zu entgehen, dessen Ausgang von vornherein feststeht – Schuldspruch.

DE VRIES, HUGO (* Haarlem, 16. Februar 1848; † Lunteren/Holland, 21. Mai 1935) Der niederländische Biologe entdeckt die lange Zeit in Vergessenheit geratenen Mendelschen Vererbungsgesetze wieder und begründet in der Nachfolge Charles Darwins die Mutationslehre.

WAGNER, GERHARD (* Neu-Heiduk/Oberschlesien, 18. August 1888; † München, 25. März 1939) Während des Ersten Weltkriegs dient der Mediziner als Frontsanitäter. Nach 1919 schließt sich W. den Freikorps »Epp« und »Oberland« an. 1929 tritt der in München niedergelassene

Arzt der NSDAP bei. Noch im selben Jahr gründet er den NS-Ärztebund, drei Jahre später wird er dessen Führer. 1933 wird W. in den Reichstag gewählt. Ein Jahr darauf wird er zum Reichsärzteführer und zum Beauftragten des Führerstellvertreters, Rudolf Heß, für Gesundheitsfragen ernannt.

Alle biographischen Angaben wurden den im Literaturverzeichnis genannten Büchern von Friedemann Bedürftig, *Lexikon Drittes Reich*, München, 1997 und *Prominente* ohne *Maske. Drittes Reich. 1000 Lebensläufe der wichtigsten Personen 1933-1945*, München, 1998 entnommen.